La personnalisation de la peine dans le code pénal

site : www.librairieharmattan.com
diffusion.harmattan@wanadoo.fr
e.mail : harmattan1@wanadoo.fr

ISBN : 2-7475-9516-1
EAN : 9782747595162

Isabelle Dréan-Rivette

La personnalisation de la peine dans le code pénal

L'Harmattan

L'Harmattan
5-7, rue de l'École-Polytechnique ; 75005 Paris
FRANCE

L'Harmattan Hongrie
Könyvesbolt
Kossuth L. u. 14-16
1053 Budapest

Espace L'Harmattan Kinshasa
Fac..des Sc. Sociales, Pol. et Adm. ; BP243, KIN XI
Université de Kinshasa – RDC

L'Harmattan Italia
Via Degli Artisti, 15
10124 Torino
ITALIE

L'Harmattan Burkina Faso
1200 logements villa 96
12B2260
Ouagadougou 12

Collection Sciences criminelles

dirigée par Robert Cario

La collection ***Sciences criminelles*** se destine à la publication de travaux consacrés à l'analyse complexe du phénomène criminel. Multidisciplinaire par définition, elle a vocation à promouvoir les réflexions critiques portées par les disciplines impliquées, dont l'angle d'approche spécifique enrichit la connaissance globale du crime, tant en ce qui concerne les protagonistes (infracteur, victime, société) que les stratégies d'intervention sociale (prévention, répression, traitement). En France comme à l'étranger.

Les contributions, émanant de chercheurs, de praticiens de la justice ou du travail social, empruntent la forme d'ouvrages de doctrine, de recherches collectives ou d'actes de rencontres scientifiques.

Deux séries complètent la Collection. Le ***Traité de sciences criminelles***, multi-auteurs, présente sous la forme de manuels les principales disciplines qui composent les sciences criminelles : philosophie criminelle, criminologie, politique criminelle, droit criminel, procédure pénale, criminalistique, médecine légale et victimologie.

Les ***Controverses*** rassemblent de courts essais sur des questions majeures de la connaissance scientifique dans le champ criminologique. En pointant leurs contradictions, (re)découvertes et zones d'ombre, les réflexions participent à une meilleure compréhension de la complexité des conduites humaines.

Derniers ouvrages parus

L.M. Villerbu (Dir.), Dangerosité et vulnérabilité

R. Cario (Dir.), Victimes : du traumatisme à la restauration. Vol. 2

F. Archer, Le consentement en droit pénal de la vie humaine

INAVEM (Dir.), La victimisation des aîné(e)s

A. Boulay (Dir.), Victimes : de l'image à la réalité

R. Cario, A. Gaudreault (Dir.), L'aide aux victimes : 20 ans après

M. Korn. Ces crimes dits d'amour

M. Jaccoud (Dir.), Justice réparatrice et médiation : convergences ou divergences ?

D. Salas (Dir.), Victimes de guerre : en quête de justice

Traité de sciences criminelles

6. M. Baril, L'envers du crime

7-1. J.P. Allinne, Gouverner le crime. Histoire des politiques criminelles françaises : 1789-1920

7-2. J.P. Allinne, Gouverner le crime. Histoire des politiques criminelles françaises : 1920-2002

Controverses

R. Cario, L'aîné(e) victime. La fin d'un tabou ?

Y. Le Pennec, Centre fermés, prisons ouvertes. Luttes sociales et pratiques éducatives spécialisées

R. Cario, La prévention précoce des comportements criminels. Stigmatisation ou bientraitance sociale ?

R. Cario, P. Mbanzoulou (Dir.), La victime est-elle coupable ?

P. Mbanzoulou, N. Tercq, La médiation familiale pénale

A Mickaël, Marie-Aliénor et …

Principaux sigles et abréviations

Act. Psych	Actualités psychiatriques
AIC	Annales internationales de criminologie
Al	Alinéa
APD	Archives de philosophie du droit
Arch. Pol. Crim	Archives de politique criminelle
Art	Article
AS	Année sociologique
Bull crim	Bulletin des arrêts de la Cour de Cassation
Bull Psych	Bulletin de psychologie
CE	Conseil d'Etat
CEDH	Convention Européenne des Droits de l'Homme
CESDIP	Centre de recherches sociologiques sur le droit et les institutions pénales
Coll.	Collection
CP	Code pénal
CPP	Code de procédure pénale
D	Revue Dalloz
DC	Revue Droits et Cultures
Dév. et soc	Revue Déviance et Société
ENAP	Ecole Nationale d'Administration Pénitentiaire
GP	Revue Gazette du palais

ICSH	Institut de Criminologie et de Sciences Humaines
Ibid	Ibidem, même référence
In	Dans
Infra	Ci-dessous
J.C.P	Jurisclasseur périodique
L	Loi
NCP	Nouveau code pénal
Op cit	Dans l'ouvrage précité
PEP	Projet d'exécution de peine
RAP	Revue de l'Application des peines
RDCP	Revue de droit pénal et de criminologie
R.D.P	Revue de Droit pénal
Rev. Sc. Crim	Revue de sciences criminelles et de droit pénal comparé
Revue penit	Revue Pénitentiaire
RICPT	Revue internationale de criminologie et de police technique
RIDP	Revue internationale de droit pénal
RIDS	Revue internationale de défense sociale
RIPC	Revue internationale de politique criminelle
RPDP	Revue pénitentiaire et de droit pénal
Supra	Ci-dessus
TIG	Travail d'intérêt général

Préface

Le parcours réalisé par Isabelle Dréan Rivette est un parcours hors du commun. Juriste et pénaliste un souci permanent a traversé ses travaux universitaires et l'a amené à chercher dans les Sciences Humaines Cliniques des éléments de prospective d'une activité professionnelle mûrissant en de longs temps. Titulaire d'un DEA de Psychologie, d'un DESS de Cliniques Criminologiques à l'Université de Rennes 2, elle termine ses travaux de doctorant en réintégrant le champ des Sciences Criminelles et pénales.

Une telle traversée aurait pu être sauvage se perdant dans des considérations pseudo-psychologiques ou au contraire entraînant son propre art dans une formule juridiciste. Ici, éthique et épistémologie par leur présence ouverte et revendiquée n'ont cessé de baliser des espaces et des frontières de compétences.

Deux références disciplinaires conjuguent leurs efforts et leurs effets pour obliger une pensée renouvelée sur la responsabilité tant pénale que psychologique. Et c'est à prendre les textes aux mots comme les pratiques dans leurs ritualités qu'elle propose de nouveaux paradigmes. Ainsi fait-elle le pari que sous une apparente synonymie les notions de personnalisation et d'individualisation de la peine se réfèrent, au fond à des mises en perspectives très différentes de l'homme, de son destin...et des textes de lois et de ses praticiens. Elle se situe dans un contexte criminologique anthropologique, embrassant à la fois le droit et la psychologie et affirme : « l'analyse se portera sur le droit comme norme ainsi que sur les développements au sein de l'institution judiciaire ».

Les mots n'avaient l'air de rien ; ils véhiculaient un débat ancien et permanent en sciences humaines. Entre socialisation essentielle et conflictualité fondatrice, une notion maîtresse entraîne des psychologies aux bords extrêmes. La question de la norme a divisé en deux champs les savoirs psy, les pertinences opposées de l'écart (à la norme) et du conflit (fondamental) : une référence à la psychologie individuelle ou psychologie des types et des catégories sur fond de normes statistiques ou de types idéaux. Une référence à la nécessité d'aborder tout fait psychique par le biais d'un appareil théorique interprétant a priori (par exemple l'inconscient comme système) privilégiant la singularité idiomatique, déclinant une subjectivité selon les voies de rationalité du système et exigeant pour cela moins de la norme statistique (les principes de psychologie individuelle) que des modèles soumis à l'épreuve et à l'expérimentation clinique (principes de la psychologie dynamique). C'est ainsi que « la norme sanctionnatrice » va devoir être entendue non plus sous la catégorie des types (de crimes, d'activités criminelles, de criminels) mais dans l'injonction à prendre en compte les impératifs d'un destin singulier à partir d'un cadre général, instituant certes mais subordonnés à d'autres intérêts, parfois immergés dans ceux-ci et au risque d'une méconnaissance de ses principes quand s'inventent des criminels emblématiques.

Le débat organisé par Isabelle Dréan-Rivette sur l'article 132-24, section II du Titre III du Livre Premier du NCP « des modes de personnalisation de la peine » est l'objet de perspectives engagées en Sciences Humaines Cliniques : il fut un temps long avant que ne se discriminent personne et individu. C'est par la voie des modifications psychiques offertes (thérapies, psychopédagogie, éducation spécialisée, renouvellement des pratiques pénales...) que cette distinction s'est réalisée sans que pour autant elle ne soit pas encore contestée. Pareillement l'auteur constate : « les termes d'individualisation et de personnalisation sont pour certains parfaitement synonymes » sauf à concevoir qu'ils ne renvoient pas aux mêmes personnes, personnes morales, personnes physiques. Dans tous les cas comme précédemment, elle le souligne, il s'agit de l'ouverture à une autre politique : ici criminelle, ailleurs de santé publique, construisant un autre type de délinquant et ailleurs, une autre manière d'être malade, débile, etc. Débat de fait tout autant technique que politique dès lors que le doute s'installe.

D'un coté comme de l'autre la question renouvelle le rapport entre un fait et ses determinations ou causalités, dans une saisie a priori contextuelle. Ce que l'auteur tend à démontrer c'est qu'on ne peut réduire la personne du délinquant à ses activités délinquantes pas plus qu'il n'est possible d'être dans la seule économie pénale. En introduisant la capacité discrétionnaire du juge, du fait politique (subjectif) se réincarne. Dans la construction proposée par les Sciences Humaines Cliniques si un fait exprime « quelque chose » de la personnalité d'un individu, la personnalité elle-même se constitue comme symptôme d'une histoire et si la personne a à rendre compte de ce qu'elle est, ou encore de ce qui lui est échu, elle n'est jamais (dans ses faits criminels par exemple) que l'une des facettes expressives de cette construction, non réductible. Sujet psychique, sujet psychologique et sujet juridique ne se confondent pas mais bien des risques à le faire sont rendus possibles par la proximité des analyses et des intérêts.

Précisant son contexte de propositions et d'argumentations, l'analyse psycho-criminologique, Isabelle Dréan-Rivette engage un débat sur la sanction et la peine qui l'écrit sociétalement : le sens de celle-ci, « en situation », i.e. en envisageant non seulement la capacité juridique abstraite mais les possibilités d'amendement et de transformation, dans des situations et des opportunités socio- et psycho-historiques. Ce qui entraîne de poser une série de fondements critiques : égalité juridique/disparités subjectives, instrumentalisation du délinquant (thèse de Michel Foucault)/ alliance inconditionnelle et réhabilitations renouvelables (Jacques Ellul), égalité de droit/ diversité de fait, différenciation de droit/ équité de fait, égalités des droits/non identité des personnes... Fondements impliqués dans les dispositions du NCP, et à l'instar des propos de Mireille Delmas Marty : « pouvoirs de plus en plus importants dans la determination de la peine, sa mesure, dans ses modalités d'exécution, sa nature », et qui poursuit « la perspective n'est plus de se protéger contre cet individualisme mais au contraire de le dépasser ».

Cette aventure éthique et sa pratique axiologique sont ensuite explorées dans le quotidien des pratiques judiciaires et des représentations offertes, imposées, implicites, une forme d'ethnographie du champ pénal où se travaillent les positions tant subjectives qu'objectives du juge, du criminel, de la victime dans un chassé croisé de références, personne, personnalité, personnage, individu, Théâtre de la controverse certes mais théâtre où se jouent aussi tous les malentendus entre les acteurs se mouvant dans des temporalités différentes : il est pour l'auteur l'occasion de proposer une analyse institutionnelles dont la méthodologie réalise un véritable « audit » de la fonctionnalité de la sanction et de sa pratique concrète. Il serait vain de penser une quelconque possibilité de prise de conscience et de changements (quand l'énoncé de la peine dans le rappel de la loi donne lieu à un travail psychique) sans que ne se modifie en même temps les modes de présence des acteurs de la scène judiciaire dont les utopies ou les politiques concourent à dire le droit et à interpréter la parole émise : deux acteurs sont là en place essentielle, l'avocat et le juge d'application des peines. Plus un, dont la présence et la fonction ont traversé le processus induit par l'analyse du champ pénal : l'expert. On le voit c'est tout autant le prononcé de la peine que son exécution qui font problème, questionnement et débat, ouvertures et crispations.

Loick M. Villerbu, Psychologue, Expert près des tribunaux, Professeur de psychologie à l'Université de Rennes II, Directeur de l'Institut de Criminologie et Sciences Humaines.

Georges Fournier, Professeur de droit pénal et sciences criminelles à l'Université de Rennes I, Doyen honoraire.

Introduction

L'année 1994 a vu l'avènement de ce qui reste appelé aujourd'hui encore le Nouveau Code pénal (N.C.P). Conscient de l'obsolescence de ses principes, le législateur affichait le désir de s'adapter à la société contemporaine. Aussi, ce nouveau code marquera-t-il un éloignement progressif par rapport aux conceptions légalistes de 1810, conférant par la même, des pouvoirs grandissants à la personne du juge dans la determination de la peine. Il affirme également le désir d'établir une nouvelle hiérarchie des valeurs, au sommet de laquelle se trouvent l'homme et la vie humaine. Loin devant la défense des biens, à la différence de la hiérarchie établi par le code napoléonien.

C'est dans un tel contexte, que trouve place la Section II du Titre III du Livre Premier du nouveau code intitulé « Des modes de personnalisation des peines » et plus particulièrement : l'article 132-24 objet de cette étude qui dispose : « dans les limites fixées par la loi, la juridiction prononce les peines et fixe leur régime en fonction des circonstances de l'infraction et de la personnalité de son auteur. Lorsque la juridiction prononce une peine d'amende, elle détermine son montant en tenant compte également des ressources et des charges de l'auteur de l'infraction ».

L'accueil réservé à ce texte fut partagé si l'on se réfère à l'interprétation qui en a été faite à la fois par la circulaire d'application du Nouveau Code pénal et par les auteurs de doctrine. La circulaire précitée en date du 14 mai 1993 expose en effet que « La section II consacrée aux modes de personnalisation des peines regroupe des dispositions qui, quand elles ne sont pas nouvelles, figurent toutes aujourd'hui dans le Code de procédure pénale.(....) Un article préliminaire - l'article

132-24 - rappelle le principe que le code actuel ne pose que de manière partielle ».

S'agissant des auteurs, la tendance est partagée entre ceux qui ne font aucunement état de ce nouvel article et ceux, qui considèrent « les termes d'individualisation et de personnalisation comme étant parfaitement synonymes, le premier étant selon eux seulement plus adapté lorsque les mesures concernées sont susceptibles de s'appliquer à des personnes morales [1]. Si l'apparence de la formulation choisie par le législateur renvoie indéniablement au concept de personne, il semble toutefois que l'on ne puisse se réduire à une telle vision des choses. Il est possible de comprendre que l'idée qui a gouverné le choix du terme de personnalisation, a été déterminée par la reconnaissance de la responsabilité aux personnes morales qui est venue s'ajouter à celles des personnes physiques. En ce sens, le mot personnalisation paraît effectivement plus adapté que celui d'individualisation lorsqu'il s'agit de s'adresser notamment à des personnes morales. Sans être fausse, cette explication semble toutefois pour le moins réductrice. Il semble en effet qu'au-delà de ce souci de cohérence terminologique se cachent des considérations juridiques et pénologiques d'une plus grande ampleur.

L'intérêt est de voir que le passage opéré de l'individualisation à la personnalisation peut être considéré comme révélateur d'un choix de politique criminelle, caractérisant une nouvelle représentation de la personne du délinquant.

Une determination subjective de l'infraction, qu'il semble préférable d'appeler une determination de l'infraction centrée sur la personne du criminel, ou à partir de la personne du délinquant ; c'est-à-dire une determination mixte de la peine qui obéit toujours à des considérations d'ordre objectif ce qui est la nature même de l'infraction. Mais cette determination de la peine et c'est tout à fait nouveau, obéit également et largement à des considérations d'ordre subjectif. En d'autres termes, c'est le crime ou l'infraction commise qui est et reste le fondement de la

1. Sur ce point voir F. Desportes et F. Le Guhenec, *Le Nouveau Droit Pénal, Tome I Droit Pénal Général*, Economica, Paris, 2000, p. 776 et s.

peine basé en cela sur un principe objectif ; mais c'est le criminel c'est-à-dire la personne délinquante qui en constitue le critère d'application selon des déterminants subjectifs.

La commission d'une infraction revêt dans notre droit positif un caractère purement personnel. La peine s'applique exclusivement à la personne criminelle. Elle n'engage qu'elle seule et ne concerne aucun autre individu.

Toutefois, si ce principe de personnalité des peines apparaît de nos jours comme une évidence, il n'en a pas été toujours ainsi. Comme le rappelle S. Frossard [2]. dans les sociétés primitives, la responsabilité comme les sanctions avaient un caractère collectif. Le sentiment d'appartenance au groupe était très fort et l'individu n'avait pas d'existence juridique marquée. Puis peu à peu, avec l'apparition de nouvelles philosophies et nouvelles religions qui mettent l'accent sur l'individu, s'est développée l'idée selon laquelle seule la personne qui a commis une infraction ou y a participé, peut subir une peine. Ce principe de personnalité des peines fut ensuite consacré à la période révolutionnaire. Ainsi, l'article 2 du décret du 21 janvier 1790 dispose-t-il « les délits et les crimes étant personnels, le supplice d'un coupable et les condamnations infamantes quelconques n'impriment aucune flétrissure à sa famille ».

Aujourd'hui ce principe présenté par certains comme un principe fondamental [3]. de droit est communément consacré par le droit positif. Le principe de personnalité des peines apparaît comme la conséquence logique du principe de responsabilité du fait personnel inscrit dans le Code pénal à l'article 121-1 au terme duquel « nul n'est responsable que de son propre fait ». Le caractère individuel gouvernant la commission d'une infraction en droit positif est également et surtout représenté par un autre principe fondateur :le principe d'individualisation de la peine, devenu dans le nouveau Code pénal : principe de personnalisation de la peine.

---

2. S. Frossard, « Quelques réflexions relatives au principe de personnalité des peines », *R.S.C* 1998, p. 703.

3. P. Poncela, *Droit de la peine*, Thémis Droit Privé, 1995, p. 41.

La modification sémantique opérée mérite toutefois une attention particulière. Il semble en effet que les deux termes d'individualisation et de personnalisation ne soient pas de parfaits synonymes. L'étude du passage de l'un à l'autre révèle une perception nouvelle du droit pénal qui n'est pas seulement évolutive. Certes, les définitions générales qui sont données à chacun de ces principes sont globalement identiques. L'individualisation comme la personnalisation sont toutes deux considérées comme des lignes directrices qui « consistent à adapter une mesure ou une sanction à la personnalité propre et à la situation particulière d'un individu »[4]. Il apparaît toutefois après analyse, que ces deux principes soient porteurs d'un même fondement, qui consiste à adapter au mieux la nature de la peine à l'individu à qui elle s'adresse, mais que leurs contenus et applications se révèlent fondamentalement différents. Le passage de l'un à l'autre traduit donc une évolution mais surtout porte en lui une perception toute nouvelle du droit pénal.

Le principe d'individualisation en tant que technique juridique (l'individualisation peut être légale, judiciaire et administrative pour reprendre la répartition empruntée à Saleilles[5]) et principe de droit pénal qui vise à tenir compte des différences entre les individus pour ne pas commettre d'injustice, n'est exposé que de façon implicite dans le code napoléonien. La circulaire en date du 14 mai 1993 dit de ce principe qu'il est « posé de manière partielle »[6]. Le terme même d'individualisation est en effet tout simplement absent du code de 1810. Il est juste évoqué dans certains ouvrages de droit pénal qui en précisent sa valeur. C'est la raison pour laquelle il est rapidement conclu que le principe d'individualisation de la peine constitue un principe général de droit[7], c'est-à-dire un

---

4. G. Cornu, *Vocabulaire juridique*, PUF, Paris, 2000.

5. R. Saleilles, *L'individualisation de la peine*, Alcan, Paris, 1898.

6. V. *supra*, p. 14.

7. Cette précision d'ordre constitutionnel et notamment indiquée dans la circulaire d'application du Code pénal en date du 14 mai 1993 qui précise « un article préliminaire - l'article 132-24- rappelle le principe du général de l'individualisation judiciaire de la peine ».

principe n'ayant pas de valeur constitutionnelle, à la différence d'un principe dit fondamental. De même, « l'ancêtre » de l'article 132-24 du N.C.P, constitué par l'article 41 de l'Ancien Code pénal (A.C.P), ne fait lui non plus aucunement référence, de manière explicite au principe d'individualisation des peines. Ce dernier se contente en effet de préciser que « dans les limites fixées par la loi, le montant de l'amende est déterminé en tenant compte des circonstances de l'infraction, ainsi que des ressources et charges des prévenus. En outre, le tribunal, pour des motifs graves d'ordre médical, familial, professionnel ou social, pourra décider le fractionnement du paiement de l'amende ».

Dans cette définition l'élément fondamental retenu est moins l'individualisation que la peine, constituée en l'espèce seulement par l'amende pouvant être prononcée.

C'est la raison pour laquelle, il est possible de conclure que le Code pénal de 1810 n'évoque le principe général d'individualisation de la peine que d'une manière que l'on peut qualifier d'implicite. De la même manière, que l'on peut désigner d'objective la determination de la peine choisie par ce code dans le sens où, les éléments que le juge se doit de prendre en compte pour prononcer la sanction, que sont notamment « les circonstances de l'infraction, les ressources et les charges du prévenu » constituent autant d'éléments qui par définition sont objectifs.

Ainsi entendu le principe d'individualisation de la peine consiste à adapter la peine à la spécificité de l'auteur de l'infraction, mais dans le cadre du paradigme issu de la période révolutionnaire ; c'est-à-dire un système juridique tout entier objectif, gouverné par le principe général d'égalité entre les individus. Dans un tel contexte, respecter le principe d'individualisation consiste alors à appliquer pour une même infraction la même peine quel qu'en soit l'auteur. Il renvoie ainsi à une certaine forme de généralité. On s'adresse à une catégorie générale et abstraite de délinquants. En cela l'individualisation obéit à un principe général que l'on peut qualifier d'égalité arithmétique. Ce nouveau paradigme pénal se traduit par le principe juridique d'égalité. Il s'agit en effet d'assurer l'égalité de tous les citoyens devant la loi. Le but est de parvenir à une société égalitaire. C'est le légalisme qui va permettre au souci d'égalitarisme de prendre forme. La loi stable et égale pour tous doit prévaloir sur la jurisprudence ou la coutume considérées comme plus aléatoires. C'est l'avènement des principes juridiques d'égalité et de légalité qui constituent une avancée remarquable. Avec ces deux principes c'est également une certaine forme de sécurité juridique qui est apportée aux justiciables. Le juge qui doit respecter les deux principes précités a en outre l'obligation de motiver désormais ses décisions selon un raisonnement juridique précis. C'est l'avènement du syllogisme judiciaire. Certes dans un tel système le juge voit son pouvoir d'individualisation considérablement réduit. Il est même qualifié par certains auteurs comme n'étant qu'un « distributeur de peines »[8] chargé d'appliquer rigoureusement le principe de légalité : pour telle infraction, telle peine. Le système juridique mis en place se caractérise donc par son aspect systématique et intangible. Ce premier paradigme, malgré certains inconvénients a néanmoins constitué une avancée remarquable. Il permettait au droit de se créer en assurant une égalité entre les individus et en posant les bases d'une méthodologie rigoureuse et certaine. Avec les principes de légalité et d'égalité des gardes-fous étaient ainsi posés. On sait à l'avance pour chaque infraction commise la peine qui sera prononcée. Ce paradigme issu de la période révolutionnaire a perduré jusqu'à la moitié du XXème siècle. Pour advenir dans un tel contexte marqué à la fois par des conflits mondiaux et des guerres coloniales, il fallait en effet se liguer contre le conflit. Cette lutte contre le conflit était structurante pour la société.

Le principe d'individualisation ainsi perçu entraîne une conception de la peine spécifique qu'il s'agit de préciser. Dans un tel contexte fondé sur l'égalité et la légalité, caractérisé par une application stricte du droit, la peine ne constitue qu'un outil pour parvenir à ce but. La peine est tout imprégnée de compor-

---

8. Cette formule qui est celle du Doyen Bouzat était originellement utilisé pour qualifier les pouvoirs du juge sous l'empire du Code pénal de 1791. Elle est néanmoins reprise en l'espèce dans le sens où elle illustre parfaitement la conception légaliste ici rappelée. Sur ce point voir : J-F Chassaing, « Les trois codes français et l'évolution des principes fondateurs du droit pénal contemporain », *R.S.C* 1993, p. 443.

tementalisme. En ce sens, elle est l'outil, le moyen qui permet de gérer le comportement délinquant [9] qui, dans cette conception, est considéré comme déterminé et contrôlé uniquement de façon mécanique par l'action de l'environnement. Dans une telle conception, l'individu délinquant fait l'objet d'une instrumentalisation. La peine n'est alors que la réponse tout aussi froide et automatique que la conception de l'homme délinquant qui est visée ici. Il n'est alors pas étonnant que le travail de peine réalisé dans le cadre de l'individualisation ne parvienne qu'à des résultats peu satisfaisants. Celui-ci est alors synonyme d'obligation et de contrainte à transformer les représentations que le délinquant peut avoir de lui ou de son acte. L'effet ne peut être dès lors que limité dans de telles circonstances. Le principe d'individualisation de la peine fait alors écho à une forme particulière d'individualisme ayant une connotation péjorative et contre laquelle il s'agit de se protéger. Il s'agit en effet d'une idéologie porteuse de dangers en ce qu'elle se caractérise par une certaine forme d'exclusivité. Il en résulte en conséquence une sérieuse mise à mal des structures sociales constitutives du droit. Il s'agit de cet individualisme si souvent stigmatisé et dénoncé en ce qu'il coupe l'individu de tout lien social. Dans ce contexte, l'individualisation de la peine est gouvernée par le principe de légalité et d'égalité arithmétique qui deviennent autant de gardes fous contre toute dérive.

Le principe de personnalisation quant à lui, répond au même souci de determination de la peine en fonction du particularisme de la personne à qui elle s'adresse, mais cette fois dans le cadre d'un nouveau paradigme issu et formalisé par le Code pénal de 1994 : c'est-à-dire dans un système juridique mixte dans lequel la subjectivité prend une place grandissante. Dans un tel contexte, respecter le principe de personnalisation consiste à s'adapter à la particularité que présente la personne délinquante à juger. La personnalisation renvoie ici à un principe non plus de généralité mais d'unicité, qui doit être appliqué de manière

---

9. Il s'agit bien ici de la gestion d'un comportement. On ne s'adresse absolument pas à une personne mais bien à un individu général et abstrait. Cette gestion n'est alors que le temps où dure l'incarcération.

spécifique à chacun des auteurs d'infraction. On s'adresse ici à la particularité d'une personne délinquante et non plus à une catégorie de délinquants. En d'autres termes, le principe d'individualisation vient affirmer l'idée selon laquelle tous les individus sont égaux. Le principe de personnalisation vient confirmer cette idée mais en la précisant : les individus sont tous égaux, mais ils ne sont pas tous identiques. En ce sens, le principe de personnalisation de la peine obéit à un principe d'égalité que l'on peut qualifier de géométrique, au sens d'une géométrie variable.

Ainsi entendu, le principe de personnalisation de la peine consiste à adapter la peine à la spécificité de l'agent délinquant mais dans le cadre d'un nouveau paradigme [10]. Après 1945, une ère de paix s'instaure. Avec la fin de « la culture de conflit » [11] vient la possibilité de s'affranchir d'une pensée de type sociétal, global et universel pour en développer une autre de type plus individualiste. L'individu dans tout ce qu'il a de singulier peut désormais advenir. Ce changement se traduit par un certain nombre de mutations sociétales, politiques, intellectuelles notamment avec le développement des sciences juridiques et humaines. Cette nouvelle société n'est plus gouvernée par un souci d'égalité entre les individus, mais plus par un désir de liberté et surtout de singularité, considéré comme valeur fondamentale. On assiste alors à une montée en puissance de l'individu. Dans un tel contexte à coté de la loi qui reste la référence de rigueur et de cohérence de l'ordre juridique [12], viennent s'ajouter des

---

10. A-M Favard évoque à ce titre la prise de conscience qui c'est réalisée ces dernières années de « l'impérieuse nécessité d'un traitement différentiel aménagé selon les caractéristiques cliniques spécifiques de chaque type de délinquant », « Du paradigme clinique à la réalité des pratiques », *in Actes du colloque L'individualisation de la peine : 100 ans après Saleilles*, p. 215 et s.

11. L'expression est de Marcel Gauchet dans son ouvrage, *La démocratie contre elle même*, Gallimard, 2002.

12. Sur ce point voir l'ouvrage de Ch. Perelman qui précise que depuis la Révolution française « et pendant plus d'un siècle, en mettant au premier plan la légalité et la sécurité juridique, on avait accentué l'aspect systématique du droit et l'aspect déductif du raisonnement judiciaire. On avait répandu l'idée que ce dernier ne se différenciait guère du raisonnement purement formel : ce rapprochement entre le droit et les mathématiques devaient garantir le fonctionnement prévisible et impartial des Cours et des tribunaux. Cette façon de voir subordonnait, plus nettement que jamais, le pouvoir judiciaire

principes généraux de droit plus souples permettant un certain pragmatisme [13] et une meilleure adaptation aux caractéristiques subjectives de l'agent. Le processus de determination de la sanction ne résulte plus uniquement de la stricte application de critères exclusivement objectifs. Désormais viennent s'ajouter des éléments supplémentaires, de nature subjective, prenant en compte la spécificité et la singularité de l'auteur de l'infraction.

Avec le développement de ces règles de droit non écrites que constituent les Principes Généraux de Droit (PGD), au premier rang desquels se trouve le principe d'individualisation, on assiste ainsi à une certaine réduction du formalisme juridique. De même, un large pouvoir d'interprétation est reconnu au juge dans le choix de la peine. Ce dernier n'est plus en effet un « distributeur de peines » [14] comme sous l'ancien paradigme. Il est en effet devenu un acteur essentiel dans le processus de determination de la sanction [15]. L'importance de son rôle n'a été qu'accrue par le Code pénal de 1994 qui, en abolissant les minima et maxima, laisse ainsi au juge une totale liberté d'appréciation quant au choix de la peine [16]. Le principe de personnalisation de la peine fait donc, quant à lui, écho à une forme

---

au pouvoir législatif et favorisait une vision étatique est légaliste du droit », Ch. Perelman, *Méthodes du droit, Logique juridique Nouvelle rhétorique*, Dalloz, 1979, p. 136-137.

13. « Nous assistons depuis quelques dizaines d'années à une réaction qui, sans aller jusqu'à un retour au droit naturel, à la manière propre aux XVIIe et XVIIIe siècles, confie néanmoins au juge la mission de rechercher, pour chaque litige particulier, une solution équitable et raisonnable, tout en lui demandant de rester, pour parvenir, dans les limites de ce que son système de droit l'autorise à faire. Mais on lui permet, pour réaliser la synthèse recherchée entre l'équité et la loi, d'assouplir celle-ci grâce à l'intervention croissante des règles de droit non écrites, représentées par les principes généraux du droit et la prise en considération des topiques juridiques. Cette nouvelle conception accroît l'importance du droit prétorien, en faisant du juge l'auxiliaire et le complément indispensable du législateur », *op. cit.*, p. 137.

14. V. *supra*, p. 18.

15. M. Delmas-Marty évoque à ce titre « un éloignement progressif par rapport aux conceptions légalistes de 1810 en reconnaissant au juge des pouvoirs de plus en plus importants quant à la determination de la peine, sa mesure, dans ses modalités d'exécution puis dans sa nature », in « Le Nouveau Code pénal » *numéro spécial de la R.S.C*, 1993, p. 433.

16. Entres ces deux extrêmes il y a eu un certain nombre de dispositions qui sont venues apporter des modifications.

tout autre d'individualisme, connoté nettement plus positivement. L'individualisme rattaché au principe de personnalisation se rattache à une idéologie de reconnaissance de l'individu comme sujet. Il s'agit d'un individualisme, entendu au sens d'une quête d'affirmation et de reconnaissance de l'individu dans sa singularité, qui prend en compte ses aspirations, ses compétences et potentialités, sa liberté de choisir et d'agir. Dans ce contexte la personnalisation de la peine est gouvernée par un principe de spécificité et d'égalité géométrique qui deviennent non plus les garde-fous mais les moteurs du processus de determination de la peine. La perspective n'est plus de se protéger contre cet individualisme. Elle vise au contraire à le dépasser. Le principe de personnalisation de la peine emporte également une conception spécifique de la peine. Dans ce contexte, elle n'est plus un outil ou une fin au service d'une stratégie comportementaliste. Au contraire, la peine devient un moyen au service du développement de la personne. Celle-ci est considérée comme active et dotée d'une capacité propre de penser qui interagit avec son environnement et qui ne fait pas que subir passivement les influences de ce dernier. Le processus de determination de la peine est donc à chaque fois unique puisqu'il est variable d'une personne à l'autre, en fonction de son histoire personnelle. Le travail de peine possible dans le cadre de la personnalisation prend alors un sens tout autre que dans la démarche d'individualisation. L'engagement de la personne dans le processus de determination de la peine devient désormais possible. Ce n'est plus en effet la contrainte qui caractérise ce travail mais bien la souplesse et la flexibilité, permettant ainsi de moduler au mieux la peine en fonction des besoins individuels du délinquant. Divers critères sont utilisés pour mener à bien cette tache complexe : l'histoire de vie du sujet, mais également sa trajectoire biographique, sa dynamique identitaire et l'infraction entendue à la fois comme processus de transformation de soi et d'interpellation de la loi, soit autant de critères qui renvoient à des dimensions constitutives de la singularité subjective de la personne délinquante. Ainsi, il devient possible de développer un processus de determination de la peine plus précis, prenant en compte ou tentant de comprendre de manière plus affinée les interactions entre les variables personnelles et sociales en jeu au cœur de la commission de l'infraction. Cette « pratique pédagogique » de la peine implique une certaine forme d'éducabilité pénale qui permet au travail de peine de prendre un sens tout autre. Celui-ci est alors synonyme de conditions flexibles et diverses permettant d'offrir la possibilité au délinquant de transformer les représentations qu'il se fait de son acte. Le travail de peine dégagé de toute idée de contrainte se transforme en possibilité de mettre en œuvre un processus de transformation.

Le présent ouvrage a ceci de particulier qu'il utilise comme principe directeur l'outil spécifique que constitue l'approche psycho-criminologique. C'est en effet au moyen de ce prisme spécifique que va être déterminé le regard porté sur le droit pénal et l'analyse qui en sera faite. C'est la raison pour laquelle il convient de préciser le cadre épistémologique dans lequel se situe l'ensemble de la réflexion [17]. Raymond Gassin dans Criminologie [18], souligne toute la complexité de cette matière, précisant en cela qu'il n'existe pas une criminologie mais bien des criminologies. Ainsi, l'auteur dresse-t-il un historique des oppositions concernant la compréhension même du concept de criminologie qu'il regroupe en trois catégories [19]. Il s'agira en l'espèce de reprendre ces distinctions mais sans les opposer de manière systématique. Bien au contraire, l'idée sera plus de montrer à quel point chacune de ces oppositions vient révéler une certaine conception de la criminologie en lien direct avec les concepts d'individualisation et de personnalisation.

Ainsi, l'individualisation semble être gouvernée par un droit pénal que l'on peut qualifier d'objectiviste, c'est-à-dire un droit considéré comme une science normative. Dans ce sens la ré-

---

17. Reprenant en cela les termes de Michel Foucault il s'agit ici de « repérer les conditions qui rendent possible l'émergence d'un savoir ». M. Foucault, *Les mots et les choses, une archéologie des sciences humaines*, Gallimard, 1966, p. 13.

18. R. Gassin, *Criminologie*, Précis Dalloz, Paris, 1994.

19. « On a vu s'opposer tour à tour les conceptions de la criminologie, science du délit et science du délinquant, de la criminologie, sciences des facteurs de la délinquance et science des processus du passage à l'acte criminel et aujourd'hui de la criminologie de l'action criminelle et de la criminologie de la réaction sociale », *op. cit.*, p. 7.

flexion sur le phénomène criminel prend alors la forme d'une « criminologie étroite » [20], c'est-à-dire une science pure se proposant d'étudier « les causes » et « les lois » de la délinquance. Il n'y a donc absolument pas d'opposition entre le fait de considérer la criminologie comme une science du délit [21], une science des facteurs et une science de l'acte, qui dans une perspective causaliste veut mette en évidence les causes de la délinquance et les lois de son développement, créant ainsi une criminologie étiologique [22].

A l'opposé, la personnalisation semble quant à elle être gouvernée par un droit pénal mixte c'est-à-dire qui reste objectif sur un certain nombre de points, mais qui se double d'une fonction subjective. Comme le souligne Raymond Gassin la réflexion sur le phénomène criminel comporte alors deux faces [23] : « une science théorique mais également une science appliquée » [24]. Dans ce sens, la criminologie peut alors être entendue comme une science du délinquant [25], une science des

20. R. Gassin, *Criminologie*, Précis Dalloz, Paris, 1994, p. 6.

21. Raymond Gassin reprend pour expliquer cette notion la définition d'Emile Durkheim « nous constatons l'existence d'un certain nombre d'actes qui présentent tous ce caractère extérieur que, une fois accomplis, ils déterminent de la part de la société cette réaction particulière qu'on nomme la peine. Nous en faisons un groupe sui generis, auquel nous imposons une rubrique commune : nous appelons crime tout acte puni et nous faisons du crime ainsi défini, l'objet d'une science spéciale, la criminologie », E. Durkheim, *Les règles de la méthode sociologique*, 13ème édition, 1956, p. 33.

22. *Op. cit.*, p. 6 et suivantes.

23. *Op. cit.*, p. 7.

24. L'auteur rappelle à ce titre que cette position était celle défendue par Jean Pinatel. Sur ce point il renvoie notamment à : J.Pinatel, « La criminologie, ses problèmes fondamentaux », *R.I.D.P*, 1951, p 101-109 ; « Criminologie et droit pénal », *R.S.C*, 1953, p. 593-608 ; « Nature de la criminologie », *R.S.C*, 1955, p. 710-717 ; *Criminologie*, Ed Spes, 1ere édition 1960 et 3ème édition 1979, n°2 et s ; *Traité de droit pénal et de criminologie*, t.III, *Criminologie*, 1ere édition 1963 et 3ème édition 1975, n°2 à 12 ; « Les rapports de la criminologie et des sciences de l'homme », *R.S.C*,1996, p. 107-112 ; « Perspective d'avenir de la Criminologie », *in La Criminologie, Bilan et perspectives, Mélanges offerts à Jean Pinatel*, 1980, p. 261-270. Adde : La société criminogène, 1971, p. 15-18.

25. Ce point de vue était défendu notamment par Etienne de Greeff pour qui « la criminologie, c'est l'ensemble des sciences criminelles sans doute, mais c'est aussi l'homme criminel. C'est lui qu'on rencontre et on rencontre en même temps les problèmes », E. de Greeff, « La double orientation de la criminologie », *in Travaux de la semaine internationale de Strasbourg (mai 1954)*, p. 26.

processus c'est-à-dire une science dynamique, du processus de passage à l'acte, mais également une science interactionniste, complexe et multidisciplinaire [26] qui vise à montrer comment le système judiciaire crée de la délinquance. C'est à cette seconde conception de la criminologie que se rattacheront les développements du présent ouvrage avec une spécificité psycho-criminologique caractéristique telle qu'elle est enseignée dans le cadre de l'Institut de Criminologie et de Sciences Humaines (ICSH) [27] de l'Université de Rennes II. C'est-à-dire une approche de la criminologie par les sciences humaines et la psycholo-

---

26. Il s'agit de la criminologie interactionniste, organisationnelle, victimologique....

27. Le département de psychologie de l'Université de Haute Bretagne de Rennes II a développé depuis 1994 tout un ensemble d'enseignements de criminologie et de psychologie judiciaire qui couvrent les trois cycles des études universitaires. Ces enseignements qui privilégient la référence aux sciences humaines et particulièrement à la psychologie et psychopathologie font une place de choix au droit pénal et aux sciences criminelles.

La spécificité de l'Institut de Criminologie et de Sciences Humaines (ICSH) se caractérise par une pluralité d'approches de l'acte délinquant et de son auteur. Cette diversité se traduit essentiellement par trois types de psychologies dont chacune prendra place dans les développements ultérieurs. Il s'agit d'une part de la psychologie légale et pénale qui prend pour objet d'études les concepts centraux du droit pénal et des sciences criminelles comme ceux de responsabilité et de culpabilité. Cette matière s'intéresse donc au fondement même du droit de punir. Mais la psychologie légale et pénale s'étend également aux concepts fondateurs des sciences humaines comme ceux de socialisation, de transgression, de normalisation et de contrainte institutionnelle qui leur sont consubstantiels.

La psychologie légale et pénale se distingue de la psychologie judiciaire qui quant à elle étudie les apports de la psychologie sociale et de psychologie clinique appliqués à la compréhension des mécanismes dans le déroulement du processus judiciaire. La psychologie judiciaire porte particulièrement sur les différents moments que sont enquête, instruction et le jugement. Elle est ainsi amenée à analyser du point de vue des mécanismes psychologiques impliqués dans la conduite de l'enquête et les stratégies dans la recherche des preuves, le témoignage oculaire, les questions de l'expertise psychologique ou les dynamiques dans la formation de l'intime conviction et de la décision chez les juges et jurés.

Il existe enfin un troisième type de psychologie. Il s'agit de la psychologie criminologique. Cette discipline met l'accent sur la référence à la psychopathologie ou à la méthodologie clinique en criminologie tant du point de vue des pratiques d'intervention que des pratiques de recherches. Elle comprend la psychopathologie du passage à l'acte, l'analyse psycho criminologique et psychopathologique des conduites criminelles, aux dynamiques subjectives et constructions cliniques en criminologie, à l'observation et l'analyse de la clinique institutionnelle.

gie qui essaye d'être plus large que l'identification de l'expert, qui ne se contente pas d'interroger le criminel et sa victime, mais qui réfléchit sur le sens de la peine, qui questionne le droit et essaie de se positionner et comprendre les pratiques institutionnelles judiciaires. Il s'agit d'une réflexion qui se pose dans une approche systémique ; une pensée et une position qui se rattachent à la pensée institutionnaliste et à la phénoménologie structurale.

Les présents travaux se situent aux confins de ces trois types de psychologies [28]. La réflexion menée sur les représentations actuelles de la pénologie recourera à la psychologie légale et pénale en ce qu'elle vient interroger la réflexion sanctionnatrice et les fondements de punir. En analysant les processus et dynamiques des mécanismes de jugement tout au long du processus de determination de la peine il sera utilisé la psychologie judiciaire. Enfin, la psychologie criminologique sera exploitée par l'étude de la mise en œuvre de la personnalisation tant dans une dimension personnelle et subjective pour chacun des acteurs judiciaires que dans une dimension plus générale de type institutionnel. C'est cette psycho criminologie qui, appliquée à la norme sanctionnatrice va permettre de mettre à jour une certaine « phénoménologie du droit pénal » qui va consister à retracer le développement de la norme pénale. Il s'agira en l'espèce de nommer, retracer la généalogie de la nouvelle norme pénale édictée à l'article 132-24 du Code pénal de 1994 en analysant son émergence, ses objectifs, ses modes de développement et manifestations concrètes qui sont bien souvent non comprises. L'analyse portera donc sur le droit pénal entendu comme norme, ainsi que sur ses développements au sein de l'institution judiciaire. Il ne s'agira nullement d'une psychologisation du droit pénal qui consisterait à vouloir étudier la personne délinquante dans ses rapports au droit.

---

28. Sur ce point voir également : I. Dréan-Rivette, *« Essai sur la determination de la peine »*, Mémoire de DEA de Sciences Humaines, Université de Rennes II, 1999, ainsi que *« Les mécanismes de jugement dans l'élaboration de la sanction »*, Rapport de fin d'études, DESS de Cliniques Criminologiques, Université de Rennes II, 2000.

Ce nouvel éclairage, apporté par les sciences humaines permettra ainsi de décaler le regard pour ainsi approcher le droit positif sous un autre angle que celui purement juridique. Ce faisant, il permettra de mieux rendre compte de l'évolution des paradigmes pénaux. Cette perspective particulière d'étude montrera ainsi comment le passage opéré de l'individualisation à la personnalisation de la peine peut être considéré comme révélateur d'un choix de politique criminelle caractérisant une nouvelle représentation que le droit se fait de la personne délinquante. C'est donc ici tout l'enjeu de cet ouvrage qui consiste à émettre l'hypothèse suivante : le nouveau principe de personnalisation de la peine reconnu expressément par le Code pénal de 1994 traduit l'émergence d'un nouveau paradigme pénal dont il s'agit de rendre compte. Cependant, la prise de conscience de cette nouveauté juridique n'est pas aisée et répond à deux obligations : La première consiste à démontrer l'existence même de ce nouveau principe de droit que constitue le principe de personnalisation de la peine, en quoi celui-ci ne s'oppose pas aux principes d'individualisation et d'égalité mais en constitue la mise en œuvre concrète, affinée et précisée dans le cadre d'un nouveau paradigme pénal (Partie I).

Il s'agit ensuite de montrer toute la complexité de cette nouvelle approche juridique du phénomène criminel et de proposer un outil, en l'espèce l'approche psycho-criminologique, pour repenser l'infraction avec cette rationalité contemporaine qui accorde une place grandissante à la subjectivité (Partie II).

I. Le principe de personnalisation : Une nouvelle approche de la determination de la peine

Ce qui est appelé aujourd'hui encore le Nouveau Code pénal est entré en vigueur le 1er mars 1994. Depuis sa création, il a fait l'objet de multiples ouvrages et articles de doctrine de la part des plus grands juristes [29].

De manière générale tous se sont accordés à dire qu'il s'agissait d'un ensemble législatif important qui avait pour but principal de répondre aux évolutions sociétales. L'idée générale était de présenter aux citoyens, un ensemble cohérent qui rassemblerait tout le droit pénal. Les auteurs soulignent les innovations que le nouveau Code pénal présente rappelant que « c'est en matière de responsabilité pénale qu'il renferme la plus grande nouveauté, en instituant la responsabilité pénale des personnes morales (article 121-2) et en rénovant l'irresponsabilité pour cause de démence ». Ils ajoutent que « dans le domaine des peines, il rétablit une échelle normale de sanctions (avec un échelon intermédiaire entre la réclusion à perpétuité et la réclu-

---

29. Sur ce point voir entre autre : J. Pradel, « Le Nouveau Code pénal », *ALD*, 1993 comm légis, p.163 ; J. Pradel, « Le Nouveau Code pénal français, aperçu sur sa partie générale », *RDPC*, 1993, p. 923 ; G. Vermelle, *Le nouveau droit pénal*, Connaissance du droit, Dalloz, 1994 ; F. Desportes et F. Le Guhenec, *Le nouveau droit pénal*, Economica, 7éme édition, 2000 ; F. Desportes et F. Le Guhenec, « Présentation des dispositions du nouveau Code pénal » *J.C.P*, 1992- I- 3615 ; *Réflexions sur le nouveau Code pénal*, sous la direction de Christine Lazerges, Pédone, 1995 ; « Le Nouveau Code pénal » numéro spécial de la *R.S.C*, 1993, n° 3 avec la participation de B. Bouloc, J-F Chasaing, P. Couvrat, V. Dervieux, G. Giudicelli-Delage, G.Lhoro, B. Pasquier et P. Poncela avant-propos de M. Delmas-Marty ; G. Roujou de Boubée, F. Francillon, B. Bouloc, Y. Mayaud, *Code pénal commenté*, Dalloz, 1996.

sion à temps de vingt ans), il maintient les alternatives à l'emprisonnement et apporte des précisions sur le compte de certaines peines. Sans doute, il supprime les circonstances atténuantes qui ne présentaient plus guère intérêt » [30]. L'ensemble des réflexions de droit pénal sur le droit pénal fondamental pour expliquer les évolutions du droit positif n'en demeure pas moins incomplet pour une appréciation globale. L'analyse est en effet portée sur des points techniques précis : la responsabilité des personnes morales, l'échelle des peines... Or c'est précisément cette spécificité de l'analyse qui empêche de penser de manière plus globale et distanciée les mutations de la matière pénale [31]. Aussi, c'est la raison pour laquelle l'objet de la partie consistera non pas à vouloir expliciter de manière précise et exhaustive les nouveaux points de vue développés par le nouveau Code pénal [32] mais tentera au contraire de mettre à jour le nouveau paradigme pénal issu du nouveau code à partir des dispositions de l'article 132-24 consacrées au principe de personnalisation de la peine. Cette perspective originale, d'inspiration épistémologique aura pour but de permettre de développer un regard différent sur le droit pénal contemporain. Elle rendra ainsi possible la lecture

30. G.Stéphani, G.Levasseur, B. Bouloc, *Droit Pénal Général*, 17ème édition, Précis Dalloz, 2000.

31. Pour tenter d'échapper à cet inconvénient et développer une analyse plus distanciée du droit pénal, l'approche psychocriminologique sera utilisée. Ces développements feront l'objet de la partie II. V. *infra*, p. 108 et s.

32. L'étude ne porte pas tant sur l'analyse de l'ensemble des différents modes de personnalisation offerts par le nouveau Code pénal c'est-à-dire par exemple la possibilité de demander à bénéficier d'une semi-liberté d'un fractionnement peine, d'une suspension peine, d'un ajournement de peine, d'une dispense de peine, ou d'une libération conditionnelle etc... pour voir leurs conditions de mise en œuvre. Ce travail a déjà fait l'objet de réflexions multiples de la part des auteurs et ne présente pas fondamentalement un caractère novateur.

Voir sur ce point par exemple : sur l'ajournement et la dispense de peine : P. Couvrat « Ajournement de peine, dispense de peine, voies de recours », *R.S.C*, 1985, chr. 621 ; J. Larguier, « Le domaine de l'ajournement et de la dispense de peine », *R.S.C*, 1982,chr.jurisp. 597 ; A. Vitu, « L'ajournement du prononcé de la peine, nature du délai d'ajournement », *R.S.C*, 1985, p.567.

Dans cette étude il s'agira au contraire d'analyser et de replacer l'intérêt et le sens même de ces nouvelles peines dans une perspective générale.

de ce nouvel article [33] qui contient un principe fondamentalement moderne qui met la personne délinquante au centre même du dispositif pénal.

Cette nouvelle approche de la determination de la peine, au sein de laquelle la personne délinquante est le personnage central, trouve son fondement dans le nouveau principe de personnalisation de la peine visé à l'article 132-24 du Code pénal. L'analyse de ce principe montre en effet que celui-ci est porteur d'une nouvelle représentation du droit et surtout de l'auteur des faits. C'est ce principe que vient formaliser le droit positif faisant une place grandissante au droit subjectif. Le principe de personnalisation de la peine est consacré à l'article 132-24 du nouveau Code pénal au terme duquel : « dans les limites fixées par la loi, la juridiction prononce les peines et fixe le régime en fonction des circonstances de l'infraction et de la personnalité de son auteur. Lorsque la juridiction prononce une peine d'amende, elle détermine son montant en tenant compte également des ressources et charges de l'auteur de l'infraction ». L'appréciation de la portée et du sens même de ce nouveau principe doit passer par une identification de celui-ci. Il s'agit ici de définir pour mieux approcher ce principe qui fait une place grandissante à l'individu délinquant.

Ce n'est qu'une fois ce principe clairement identifié qu'il sera possible d'analyser les modalités concrètes de sa mise en œuvre et de son application.

TITRE I. - Identification du principe de personnalisation

Le principe de personnalisation de la peine a été accueilli de manière assez unanime par l'ensemble de la doctrine qui n'a vu en lui qu'une forme modernisée et adaptée du principe d'individualisation de la peine [34]. Il semble pourtant que ce principe visé à l'article 132-24 dépasse la simple modification sémantique et

---

33. Lequel n'a paradoxalement pas fait l'objet de développement de la part des auteurs.

34. V. *supra* p. 14 et s.

soit à la fois révélateur et porteur d'une nouvelle philosophie de la peine.

Chapitre I. - Spécificité terminologique du terme de personnalisation

Le législateur de 1994, soucieux de permettre une determination de la peine la plus adaptée à la personne qui en fera l'objet, a fait un choix terminologique. Celui-ci traduit le désir de donner une existence concrète au principe général d'individualisation des peines, par un terme précis : celui de personnalisation. Toutefois, cette spécificité terminologique semble recouvrir une réalité complexe qu'il s'agit de faire apparaître pour mieux en apprécier la portée. En effet, l'expression de personnalisation en ce qu'elle se différencie de celle d'individualisation renvoie à une diversité de termes comme ceux de personne, personnalité ou personnage pour lesquels des distinctions sont nécessaires. Le recours à la sémantique [35] permettra de décrypter cette nouvelle philosophie de la peine encore latente ; et partant une nouvelle représentation du délinquant .

---

35. Une importance toute particulière doit en effet être portée au langage du droit. Gérard Cornu dans son ouvrage Linguistique Juridique en fournit les raisons : « Ainsi apparaît-il d'emblée que le langage juridique instrument d'élaboration de la loi (au sens générique du terme) du jugement, des conventions et même de la littérature juridique, participe à la fonction législative (ou réglementaire), à la fonction juridictionnelle, à l'activité contractuelle, à la création doctrinale, à l'action administrative. Le langage accompagne toutes les sources et voies du droit. Il circule dans tous les canaux de la création et de la réalisation du droit », G. Cornu, *Linguistique Juridique*, Domat, Montchrétien, Collection Droit Privé, 1990, p. 28.

Sur ce point voir également *: Le langage du droit, Archives de philosophie du droit*, T 19. 1974 ; J-L Sourioux et P. Lerat, *Le langage du droit*, PUF, Collection SUP, 1ère édition, 1975 ; H. Batiffol, « Observations sur la spécificité du vocabulaire juridique », *Mélanges Marty*, 1978, p. 35-44 ; T. Ivainer, « Introduction à un discours sur le langage du droit », *J.C.P* 1983.I.3097 ; F. Gény, *Science et technique en droit privé positif*, III, Elaboration technique du droit positif, Sirey, chap.8, Le langage (mots et phrases) instrument de la technique juridique, n°254-260, p. 448-492 ; P. Reuter, « Quelques réflexions sur le vocabulaire du droit international », *Mélanges Trotrabas, LGDJ*, 1970, p. 423 et s ; G. Kalinowski, *Introduction à la logique juridique. Éléments de sémiotique juridique, logique des normes et logique juridique*, Paris, LGDJ, 1965 ; A-J Arnaud, *Essai d'analyse structurale du Code civil français, La règle du jeu dans la paix bourgeoise*, Préface de Michel Villey, postface de Georges Mounin, LGDJ, 1973.

Section I. - *Approche sémantico [36]- linguistique du terme de personnalisation*

Le choix de l'expression « personnalisation de la peine » est tout à fait significatif.

Il illustre et traduit la pensée du législateur au moment de la rédaction du Code pénal [37].

§- I. - Signifiant du mot personnalisation

Le terme même de personnalisation renvoie à la notion générale et abstraite de personne juridique. C'est-à-dire tout être possédant des droits et des devoirs. Ces sujets de droit peuvent être des personnes physiques ou personnes morales. Peu d'auteurs d'ailleurs ont accordé de l'intérêt à ce concept élaboré et nommé de manière explicite dans le nouveau Code pénal [38]. Toutefois, cette première approche sémantique, en se limitant d'une certaine façon au seul signifiant du terme personnalisation, ne semble pas permettre d'apprécier la réalité complexe de ce concept [39]. C'est la raison pour laquelle il paraît souhaitable de poursuivre la réflexion linguistique initiée par le signifiant, par l'étude du signifié du terme de personnalisation. Le vocabu-

---

36. La sémantique se rapporte ici à l'étude de particulière de la linguistique juridique qui participe à l'élaboration et à la réalisation du droit. Elle a pour objet l'étude du langage du droit en s'attachant au vocabulaire juridique et aux effets de celui-ci.

37. Ces propos sont à relier à ceux de Gérard Cornu qui dans l'introduction de l'ouvrage précité indique « Quand on commence à saisir le langage (notamment celui du droit) pour ce qu'il est toujours, à savoir un fait linguistique, on en arrive à le saisir également pour ce qu'il est aussi très souvent (et cumulativement) sous la toise du droit, à savoir l'objet d'une norme, ou au moins, d'une normalisation juridique », *op. cit.*, p. 14.

38. Rares sont les auteurs à relever l'existence de cette nouvelle terminologie. Pour ceux qui la retiennent, ils considèrent les termes d'individualisation et de personnalisation comme de parfaits synonymes, le second étant selon eux seulement plus adapté lorsque les mesures concernées sont susceptibles de s'appliquer à des personnes morales. En ce sens voir notamment F.Desportes et F.Le Guhenec, *Le Nouveau Droit Pénal*, Tome1 Droit Pénal Général, Economica, Paris, 2000, p. 776 et s.

39. Cette première analyse est à rapprocher de l'expression « vocabulaire juridique » citée par Gérard Cornu. Son existence est évidente et se donne à voir immédiatement. « Le vocabulaire juridique est au sein d'une langue, l'ensemble des termes qui ont, dans cette langue, un ou plusieurs sens juridiques. Ce vocabulaire juridique se distingue du discours juridique », *op. cit.*, p. 20.

laire juridique et ici le nouveau terme de personnalisation tel qu'il se donne à voir, expressément sous les dispositions de l'article 132- 24 du Nouveau Code pénal ne permet pas d'en apprécier toute la portée. Le discours juridique s'intéressera plus quant à lui au sens qu'il convient de donner à ce nouveau terme.

§- II. - Signifié du mot personnalisation

Cette seconde approche sémantique permet de constater que les évidences qui ont gouverné le choix du terme de personnalisation ne sont en fait qu'apparentes [40]. Le concept abstrait de personnalisation interroge à la fois par son aspect néologique et polysémique.

La définition du terme de personnalisation est précédée dans le dictionnaire juridique élaboré par le Doyen Cornu de la qualification particulière de « néologisme » du verbe personnaliser [41]. Le législateur en effectuant ce choix particulier de ne pas recourir au terme d'individu(alisation) mais bien à celui de personne(alisation), fait œuvre de création. Il donne naissance à un concept juridique jusqu'ici inconnu du droit pénal. Cette création terminologique n'est sans doute pas le fruit du hasard. Elle emporte un certain nombre d'implications relatives au processus de determination de la peine.

Le terme de personnalisation se traduit par une complexité linguistique compte tenu de son caractère de néologisme. Cette complexité est renforcée par une seconde caractéristique d'ordre polysémique. Force est de constater la relative latitude

---

40. Reprenant en cela les propos de Gérard Cornu concernant le discours juridique, il sera souligné que « Son existence [au discours juridique] n'est pas aussi évidente que celle du vocabulaire juridique. Mais son importance est tout aussi considérable, comme donnée de base du langage du droit. En partant de l'une de ses manifestations visibles, on pourrait d'abord observer que le langage du droit n'est pas seulement dans les termes qu'il emploie, mais aussi dans les textes qui produit (...). Il reste à comprendre l'essentiel : en quoi l'énoncé du droit est linguistiquement spécifique. De toute évidence, cette spécificité ne tient pas au terme de l'énoncé, car elle se ramènerait à celle du vocabulaire. La juridicité du discours tient à sa finalité. Est juridique tout discours qui a pour objet la création ou la réalisation du droit », *op. cit.*, p. 21.

41. G. Cornu, *Dictionnaire de vocabulaire juridique*, Association Henri Capitant, PUF, 1998.

d'abstraction qu'entretient l'ambiguïté du référent personnalisation. On peut s'interroger sur l'origine étymologique du concept. La dimension polysémique du terme de personnalisation ne permet pas de savoir s'il renvoie à la personnalité, à la personne, ou au personnage délinquant. Au terme de la définition posée par le Doyen Cornu, la personnalisation consiste dans « l'action d'adapter une solution, mesure ou sanction à la personnalité de celui qu'elle concerne » [42]. Le concept de personnalisation renverrait donc à celui de personnalité, lui même complexe. Une première analyse apportée au vocable juridique de personnalisation permet de renvoyer vers celui de personnalité qui n'en est pas moins complexe.

Section II. - ***Analyse sémantique du terme de personnalisation***

La personnalité toujours selon le Doyen Cornu renvoie à « l'aptitude à être titulaire de droit et assujetti à des obligations qui appartiennent à toutes les personnes physiques et dans des conditions différentes aux personnes morales » [43]. Cette définition générale fait bien apparaître les deux catégories de sujets de droit que sont les personnes physiques et les personnes morales. Différentes par leur nature, elles le sont également devant le droit.

§- I. - La personnalité juridique appliquée aux personnes physiques

La catégorie de sujets de droit constituée par les personnes physiques permet au concept de personnalisation de révéler pleinement tout son sens.

La lecture des débats parlementaires [44] qui a précédé l'élaboration du Code pénal et plus particulièrement l'article

---

42. Ibid.

43. Ibid, p. 616.

44. Assemblée Nationale 2ème séance du 12 octobre 1989, J.O du 13 octobre 1989, p. 3512 et s.

132-24 relatif aux différents modes de personnalisation des peines confirme l'idée selon laquelle les mesures proposées s'adresse bien à des personnes physiques. En effet, l'article précité qui portait alors la numérotation 132-22 disposait que « dans les limites prévues par la loi ou le règlement, la juridiction prononce les peines et fixe leur régime en tenant compte des circonstances de l'infraction, de la personnalité du prévenu, de son état psychique ou neuropsychique, de ses ressources et de ses charges, de ses mobiles, ainsi que de son comportement après l'infraction, notamment à l'égard de la victime » [45]. Cette proposition, fut l'objet de nombreuses critiques [46] et ne fut retenue. Les parlementaires lui préféraient une rédaction plus synthétique « plutôt que d'accumuler des notions (...) qui donneront lieu à des difficultés d'application » [47]. Néanmoins, il semble intéressant de faire état de cette première ébauche textuelle législative, dans la mesure où elle permet de rendre compte de l'esprit qu'animait le législateur au cours de la préparation du Code pénal. Ainsi, avec des expressions telles que « personnalité du prévenu, état psychique ou neuropsychique, comportement après l'infraction », est-il possible de soutenir l'idée selon laquelle les rédacteurs du code entendaient bien s'adresser à des personnes physiques.

Il en est de même, s'agissant des modes de personnalisation des peines évoqués de manière exhaustive aux articles 132-25 et suivants du Code pénal, qui à la seule exception des dispositions relatives au sursis simple, s'adressent de toute évidence à des personnes physiques. Ainsi, l'article 132-25 relatif à la semi-liberté dispose que « lorsque la juridiction de jugement prononce une peine égale ou inférieure à un an d'emprisonnement,

---

45. Ibid.

46. A ce propos J. Toubon relevait alors « la rédaction de cet article ne me paraît pas constituer un progrès par rapport au texte actuel du Code pénal. Il va de soi que le juge en tient compte, mais il va de soi aussi qu'il tient compte de bien d'autres éléments (...) Mieux vaudrait retenir une rédaction plus synthétique et plus proche du Code pénal actuel, plutôt que d'accentuer des notions qui ne sont absolument pas exhaustives ou qui à mon avis, donneront lieu à bien des difficultés d'application et en particulier, à une masse de décisions nouvelles de jurisprudence pendant des années et des années », Ibid.

47. Ibid.

elle peut décider à l'égard du condamné qui justifie, soit de l'exercice d'une activité professionnelle, soit de son assiduité à un enseignement ou une formation professionnelle ou encore d'un stage ou d'un emploi temporaire en vue de son insertion sociale, soit de sa participation essentielle à la vie de famille, soit de la nécessité de subir un traitement médical, que la peine d'emprisonnement sera exécutée sous le régime de la semi-liberté. » De même, l'article 132-27 concernant le fractionnement de peine précise « en matière correctionnelle, la juridiction peut, pour motif grave d'ordre médical, familial, professionnel ou social, décider que l'emprisonnement prononcé pour une durée d'un an au plus sera, pendant une période n'excédant pas trois ans, exécuté par fractions, aucune d'entre elles ne pouvant être inférieure à deux jours ».

Le régime des peines établi par le Code pénal est donc dominé par une option fondamentale : l'individualisation de la peine. La section du code consacrée à ce thème s'ouvre d'ailleurs par l'article 132-24 précité qui donne des directives générales au juge pour le choix de la peine. Celle-ci doit donc être choisie « en fonction des circonstances de l'infraction et de la personnalité de son auteur ». Il est à noter sur ce point que la France a fait un choix différent d'un certain nombre de pays européens, du Canada ou des Etats-Unis où la plupart des textes récents choisissent comme critère principal de determination de la peine « la proportionnalité » [48] et prévoient des critères objectifs de gravité, tels que le préjudice causé ou le danger résultant de l'infraction.

---

48. Sur ce point voir : P. Poncela, *Droit de la peine*, PUF, Thémis, Collection Droit privé, 2001, p. 90 et M-C Desdevises qui dans son rapport intitulé « Les risques des standards pénologiques » reprend bien cette caractéristique française en retenant « Le droit français, semble donc à l'écart du mouvement de standardisation des peines observé dans de nombreux pays, spécialement les pays anglo-saxons. Ce mouvement est lié à un durcissement de la répression en particulier aux Etats-Unis ; la tendance à la standardisation est expliquée par un souci d'égalité devant la justice pénale en Grande-Bretagne. Notre système juridique semble lui, rebelle à la notion de guide-lines, sortes de guides du choix de la peine qui ne laissent plus au juge qu'à déterminer, d'après les circonstances objectives de l'espèce, la hauteur de peine qu'il convient d'appliquer », « Les risques des standards pénologiques » *in Actes du colloque « L'individualisation de la peine : cent ans après Saleilles »*, Erès, 2001, p. 227 et s. Voir également A. Garapon, « Peine fixe v. individualisation : analyse d'un clivage culturel », *Justices, Revue générale de droit processuel*, n°9 janv-mars 1998, p. 137.

Classiquement, la notion de personnalité appliquée à la personne physique renvoie à des principes de droit pénal s'attachant à établir l'existence ou non d'un discernement ; lesquels principes renvoient eux-mêmes aux dispositions de l'article 122-1 et suivants, lequel détermine la responsabilité ou irresponsabilité du délinquant au moment des faits. Cette appréciation et cette analyse de la personnalité comportent donc un certain niveau d'imprécision, le droit pénal ne traite que d'une manière très générale de la personnalité de l'auteur de l' infraction.

La procédure pénale elle aussi accorde de l'importance à la notion de personnalité. Ces développements se retrouvent plus particulièrement sous les dispositions de l'article 81 du Code de procédure pénale. Au terme de cet article « le juge d'instruction procède, conformément à la loi, à tous les actes d'information qu'il juge utile à la manifestation de la vérité ». A ce titre, le magistrat est amené à constituer un dossier de personnalité qui a pour objet de fournir à l'autorité judiciaire sous une forme objective, des éléments d'appréciation sur le mode de vie passé et présent du mis en examen [49]. Ce dossier de personnalité se compose de deux volets différents.

L'enquête de personnalité visée à l'alinéa 6 de l'article 81 est réalisée généralement par un agent du service pénitentiaire d'insertion et de probation. Sa mission consiste à établir un rapport détaillé portant notamment sur la situation matérielle (ressources et charges), le milieu social et familial (éducation reçue), le comportement général de l'intéressé. Le but de ce rapport doit tendre à mettre en évidence tout trouble susceptible d'influencer le comportement, les caractéristiques et les aspects de sa personnalité, les conditions et les circonstances entourant la personne mise en cause lors des faits.

L'alinéa 8 du même article dispose en outre que « le juge d'instruction peut prescrire un examen médical, un examen psychologique ou ordonner toutes mesures utiles ». L'expertise médicale ne peut être l'œuvre que d'un docteur en médecine.

49. En matière délictuelle ce dossier est facultatif.

Elle est généralement réalisée par des praticiens hospitaliers ayant une expérience psychiatrique. Ces derniers doivent répondre à un certain nombre de questions précises : l'examen du sujet révèle-t-il chez lui des anomalies mentales ou psychiques ? L'infraction reprochée au sujet est-elle ou non en relation avec de telles anomalies ? Le sujet présente-t-il un état dangereux ? Est-il accessible à une sanction pénale ? Etait-il atteint au moment des faits d'un trouble psychique ou neuropsychique ayant aboli ou altéré son discernement ou le contrôle de ses actes ? Est-il opportun d'envisager une injonction de soins dans le cadre d'un suivi socio-judiciaire ? L'examen psychologique quant à lui est réalisé par un psychologue. Au même titre que l'expert médecin, le psychologue est soumis à un certain nombre de questions précises auxquelles il se doit de tenter d'apporter des éléments de réponse. Il s'agit par exemple de décrire la personnalité du mis en examen telle qu'elle est apparue au travers du ou des entretiens afin de déterminer l'émotivité, la sensibilité, l'influencabilité, le niveau d'intelligence, de fournir des données sur la compréhension des faits reprochés au mis en examen....

Ces types d'examen ont pour objet de permettre la connaissance la plus précise des divers aspects de la personnalité du prévenu ou de l'accusé. Ainsi, le juge de la juridiction de jugement amené à sanctionner ultérieurement est en mesure d'utiliser de façon adéquate la marge dont il dispose légalement pour la fixation de la peine.

La notion de personnalité appliquée aux personnes physiques telle qu'elle est définie par le droit positif se rattache donc à un ensemble de qualités et d'éléments objectifs quantifiables, mesurables. Elle renvoie à une certaine matérialité des faits, elle tend à objectiver des déficits, des carences dans la structuration de la personnalité. Mais il s'agit d'une représentation déterminée pour une large part par des considérations générales et abstraites puisque les mêmes questions s'appliquent à tous les individus. Le risque est donc grand de donner une définition incomplète de la personnalité d'une personne physique puisque l'ensemble des éléments précités s'attache à définir la personnalité d'un point de vue technique. Sans faire état de ce qui constitue l'essence même des personnes physiques c'est-à-dire leur aspect humain, de personne humaine. On revient ainsi à la notion de personne physique et ce qui en constitue son essence même. Celle-ci est définie par le Doyen Cornu de la manière suivante : « la personne considérée en sa totalité physique et psychique (corps et esprit) ; comme une entité magnifiée en tant qu'elle est porteuse de toutes les valeurs prééminentes inhérentes à l'espèce humaine » [50], c'est-à-dire la personne humaine. Ainsi peut-on constater que la personnalité appliquée aux personnes physiques renvoie au concept plus général de personne. La personnalisation renvoie à la personnalité et de fait à la personne. Le concept de personnalisation renvoie au terme de personnalité appliqué aux personnes physiques, mais retrouve une notion beaucoup plus large, qui la transcende : la personne humaine, qui s'oppose à la personne morale. L'expression de « personne humaine » se retrouve d'ailleurs dans la seconde partie de la présentation du projet de Code pénal présentée par Robert Badinter à l'Université de Paris I le 19 décembre 1985 où il est amené à préciser la nouvelle exigence gouvernant l'élaboration du Code pénal. Il s'agit « de défendre la personne humaine » et non plus de privilégier la défense de l'Etat comme le faisait le code napoléonien. « Le Nouveau Code pénal doit prendre pour fin première la défense de la personne humaine et tendre à assurer son plein épanouissement en la protégeant contre toutes les atteintes. Le Code pénal doit être un code humaniste dont l'exigence essentielle est de défendre la personne humaine » [51].

---

50. Dictionnaire juridique précité, p. 616 et 617.

51. Projet de Nouveau Code pénal, Dalloz, Paris, 1988, p. 32. Dès le début de l'ouvrage, il est rappelé « Sans doute la loi pénale a-t-elle beaucoup évolué depuis 1810 par l'individualisation de la peine. Des lois successives ont permis au juge la prise en considération de plus en plus large de la personnalité du criminel. Ainsi ont été introduites dans notre droit les circonstances atténuantes (1832), la récidive et le sursis simple (1886), le sursis avec mise à l'épreuve (1958), l'ajournement du prononcé de la peine (1975). Le droit pénal des mineurs a fait son apparition en 1912 et gagné son autonomie en 1945. L'exécution des peines a connu le même mouvement d'individualisation avec la libération conditionnelle (1891), la permission de sortie (1958), la semi-liberté (1970), *op. cit.*, p. 8.

De la même manière il s'agit de souligner le fait que le nouveau code est inspiré par les droits de l'homme. « Sur quelle valeur est fondée aujourd'hui la société française ?

§- II. - La personnalité juridique appliquée aux personnes morales

Les personnes morales sont des entités purement abstraites et donc par essence non susceptibles d'être incarnées ou personnifiées par une personne. Pour cette raison, le législateur recourt au mécanisme précis de la personnalité juridique pour donner corps à leur existence. A partir de ce concept de personnalité juridique, un groupement, un organisme ou toute autre entité sociale peuvent être considérés comme un sujet de droit en soi, c'est-à-dire une entité distincte des membres qui la composent.

Et le législateur adapte le droit en vigueur en fonction de l'objet de son application. Il existe en effet un ensemble de dispositions spécifiques relatives aux personnes morales.

Ainsi, on constate le souci du législateur dans le Code pénal de 1994 de déterminer la peine d'une manière sans cesse plus adéquate et plus juste à la spécificité du délinquant qui en fait l'objet. Mais cette personnalisation des peines appliquée aux personnes morales ne constitue pas l'objet de cette étude car l'étendue de sa mise en œuvre demanderait des développements qui ne trouveraient pas leur place ici [52].

Sur quel principe s'accorde aujourd'hui la quasi unanimité des Français ? Les droits de l'homme. Ce sont eux qui fondent la conscience française de notre temps. Sans doute y a-t-il dans le corps social des divergences ou des différences sur les conditions d'exercice ou sur les garanties de ces droits. Mais les Français comme les citoyens des autres nations de l'Europe occidentale reconnaissent que les droits de l'homme constituent le fondement moral de notre civilisation. Ils constituent l'affirmation d'une éthique sociale fondée sur une certaine idée de l'Homme considéré comme un être libre titulaire de droits fondamentaux dont le respect s'impose à tous, y compris l'Etat », *op. cit.*, p. 31.

52. Sur ce point : Collectif, « La mise en œuvre de la répression à l'encontre des personnes morales », *R.S.C*, 1996, p. 262 -315 ; F. Desportes, « Le nouveau régime de la responsabilité pénale des personnes morales », *J.C.P*, 1993, ed.E. 219 ; P-G. Trousse, « Sanctions pénales et personnes morales », *RDPC*, 1975-1976, p. 720 ; J.d'Haenes, « Sanctions pénales et personnes morales », *RDPC*, 1975-1976,p. 731 ; P. Le Cannu, « Les sanctions applicables aux personnes morales en raison de leur responsabilité pénale », *Les Petites Affiches*, 1993, n° 120, p. 16 ; B.Bouloc, « Généralités sur les sanctions applicables aux personnes morales », *Revue des Sociétés*, 1993, p. 364 ; B.Bouloc, « La responsabilité pénale des entreprises en droit français », *Revue Internationale Droit Comparé,* 1994, p. 669 ; F-J. Pansier, « La responsabilité pénale des personnes morales », *GP*, 1996 n° 88 p. 2 ; A. Maron et J-H. Robert, « Cent personnes

Il convient ici de replacer la thèse soutenue en l'espèce, pour montrer la façon dont celle-ci se distingue et même s'oppose à celle communément retenue par les auteurs précités [53]. L'idée consiste à démontrer pour dépasser le paradoxe contenu dans la définition de la personnalisation telle qu'elle a été présentée par ces auteurs. Il sera en effet réfuté l'idée selon laquelle le terme de personnalisation a fait l'objet d'un choix particulier déterminé exclusivement par la nouvelle responsabilité des personnes morales [54]. Mais, il s'agira à partir du choix terminologique de personnalisation qui était fait par le législateur, de révéler le potentiel contenu dans le Nouveau Code pénal. Ce potentiel semble bien dépasser la simple sémantique. Le choix du terme de personnalisation n'a pas été exclusivement gouverné par la présence des personnes morales aux côtés des personnes physiques. L'étude des différents modes de personnalisation élaborés par le Code pénal, qui se trouvent aux dispositions 132-25 et suivantes, tout comme l'étude sémantique du concept montre que la personnalisation ne s'adresse qu'à des personnes physiques [55]. Ce serait donc un non sens dans le cadre de cette thèse d'affirmer que le terme de personnalisation serait applicable aux personnes morales. Si en effet, en ce qu'il renvoie à la personne dans sa dimension ontologique et existentielle, le terme de personnalisation peut être applicable aux personnes physiques, il n'en est pas de même pour les personnes morales.

---

morales pénalement condamnées », *Revue Droit Pénal*, 1998, chroniques n° 22,24 et 28 ; L.Vichnievsky, « Le bilan sommaire de la mise en œuvre de la répression à l'encontre des personnes morales », *R.S.C*, avril-juin 1996 p. 228 ; N.Stolowy, « La responsabilité pénale des personnes morales : une application pratique », *Les Petites Affiches* 1994, n° 150, p. 10 ; C.Legunehe, M.E Cartier, R.Merle, « La responsabilité pénale des personnes morales : évolution ou révolution ? », *J.C.P*, 1994, ed. E. sup. numéro 5, p. 29 ; C. Ducouloux-Favard, « Quatre années de sanctions pénales à l'encontre des personnes morales », *Dalloz*, 1998, chronique 395 ; M. Boizard, « Amende, confiscation, affichage ou communication de la décision », *Revue des Sociétés*, 1993, p. 330.

53. Notamment F.Desportes et F. Le Guhenec, *Le Nouveau Droit Pénal, Tome I Droit Pénal Général*, Economica, Paris, 2000, p. 776 et s.

54. Ce qui ne retire en rien l'intérêt fondamental à accorder à ces sujets de droit spécifiques que sont les personnes morales.

55. Ceci fonde l'approche psychocriminologique qui sera développé ultérieurement. V. *infra*, p. 108 et s.

La personnalisation de la peine dans sa dimension qualitative, intelligible c'est-à-dire porteuse de sens pour l'auteur de l'infraction n'est pas applicable aux personnes morales. Ce type particulier de sujet de droit par essence abstrait n'est pas en mesure de porter un regard réflexif et introspectif sur son parcours délinquantiel. Avec les personnes morales, la personnalisation de la peine reste dans une dimension quantitative, adaptative et intelligente. C'est la raison pour laquelle, privé de toute la dimension humaine caractéristique d'une personne (humaine), le terme d'individualisation sera choisi pour caractériser la détermination de la peine des personnes morales [56].

Section III. - *Portée sémantique du terme de personnalisation*

Il nous faut revenir au terme de « personne », qui est à distinguer de celui d'individu. Sans pour autant opposer les deux termes de personnalisation et d'individualisation, il s'agira de démontrer que la personnalisation recouvre une réalité beaucoup plus complexe que celle d'individualisation qu'elle englobe traduisant ainsi une nouvelle philosophie de la peine.

§- I. - Spécificité de linguistique générale

La lecture d'un certain nombre de dispositions du Code pénal, au premier rang desquelles se trouve l'article 132-24 met en lumière le choix particulier du législateur de ne pas recourir au terme d'individu(alisation) mais bien à celui de personne(alisation). L'individu, en ce qu'il renvoie au sens étymo-

---

56. Cette position théorique postule que l'homme dans sa dimension humaine devient le centre de réflexion. Cette perception spiritualiste s'inspire des travaux de la commission de révision du Code pénal. Ainsi, le Projet de Code pénal présenté par Robert Badinter le 19 décembre 1985 retient que « le nouveau Code pénal doit prendre pour fin première la défense de la personne humaine et tendre à assurer son plein épanouissement en la protégeant contre toutes les atteintes, qu'elles visent sa vie, son corps, ses libertés, sa sûreté, sa dignité ; son environnement. Pour exprimer les valeurs de notre temps, le nouveau Code pénal doit être un code humaniste » *in Projet de nouveau Code pénal*, Dalloz, Paris, 1988, p. 32. Ce positionnement théorique contemporain se distingue des philosophies personnalistes du XIXème siècle qui ne reconnaissaient l'Homme que dans sa dimension abstraite.

logique du terme, à un tout qui ne se partage pas, a donc été exclu. Il lui a été préféré le terme de personne(alisation).

Etymologiquement le terme individu signifie indivisible, qui ne peut pas être divisé, c'est-à-dire réduit à d'autres determinations que lui même. Il est donc d'emblée conçu ontologiquement comme une partie constitutive de la réalité. Il fait partie d'un tout sans lequel il ne pourrait exister. Définir un individu revient à dresser l'ensemble des éléments spécifiques le caractérisant par opposition au général, commun ou collectif. Dans ce sens, l'individu ne peut jamais faire l'objet d'une approche qui lui serait entièrement propre et personnelle puisque « partie d'un tout » par essence il ne peut donc se définir que par comparaison au tout auquel il se rattache.

Le droit n'échappe pas à cette spécificité étymologique. Quand il ne s'intéresse qu'à l'individu, le droit pénal traite l'homme délinquant de la même manière, c'est-à-dire en se plaçant toujours du point de vue de la généralité, de l'individualité ne laissant par conséquent aucune place à la singularité, à tout ce qui rend un individu unique. L'individualité qui permet d'identifier en isolant l'homme comme un élément d'un tout, constitue la première étape essentielle à la définition, y compris de l'homme délinquant. Nécessaire, cette étape n'en demeure pas moins insuffisante pour mener à bien une étude approfondie de l'homme. A ce stade, l'individualité à besoin d'être complétée par la singularité, l'unicité, c'est-à-dire le caractère qui est propre à chaque homme. Ainsi, on ne se place plus du point de vue de la généralité inhérente à l'individu, mais bien sur le terrain inhérent à la personne. Sans renvoyer à la même réalité de l'être humain, ces deux termes ne s'opposent pas mais se complètent dans le sens où il est possible de dire que la personne trouve son enracinement dans son individualité mais qu'elle la transcende notamment par ses caractéristiques morales et métaphysiques.

La personne [57] (humaine) est en effet plus qu'un simple individu répondant à la définition de sa nature : elle est capable de développer des différences substantielles qui viennent s'ajouter aux différences spécifiques rencontrées dans tout homme en général. La personne humaine n'existe donc plus seulement comme un simple exemplaire (un élément) appartenant à son espèce (un tout). Elle existe également comme une substance unique. Cette idée d'unicité, de singularité spécifique qui demande à être mise à jour se retrouve d'ailleurs dans les étymologies grecque et latine du mot : la personne renvoie à la notion grecque « d'hypostasis » [58] qui signifie « qui est posé au dessous » et à la notion de « persona » signifiant « masque de théâtre » [59]. Dans ce sens, la personne doit être entendue comme la « substance », pour reprendre les termes de St Thomas d'Aquin [60], c'est-à-dire de sujet substantiel. Le sujet auquel renvoie la substance peut être compris « en tant qu'elle existe par soi et non dans un autre, on appelle substentia, car subsister se dit de ce qui existe en soi-même et non en autre chose ».

La substance en tant que réalité individuée appartient donc à une espèce mais elle jouit en outre d'une identité absolument unique, irréductible à l'ensemble des qualités extérieures qui la caractérisent. Elle transcende même son appartenance à l'espèce. Ainsi la personne humaine n'est-elle pas un simple individu répondant à la définition de sa nature : elle est capable de développer des différences substantielles, qui viennent s'ajouter aux différences spécifiques rencontrées dans tout homme en général.

---

57. J-M. Trigeaud, « La Personne », conférence au Centre de philosophie du droit de l'Université de Paris II, du 7 mars 1989, *Archives de Philosophie du Droit*, t. 34, p. 103 et s.

58. C. Grzegorczyk, « Le sujet de droit : trois hypostases », *Archives de Philosophie du Droit*, t 34, p. 9 et s.

59. Sur ce point J-M. Trigeaud rappelle « Au commencement était le masque de l'acteur ... La personne ne fut primitivement qu'un personnage et c'est comme telle qu'elle surgit sur la scène du droit, avant de prendre une signification plus profonde, avant de viser le juste indivisiblement moral et juridique en son essence », *op. cit.*, p. 103.

60. St Thomas d'Aquin, *Somme théologique*, la, qu.29 art1,2, seconde édition, Vrin 1998 p. 367-389.

La personne, à la différence de l'individu permet d'insister sur l'unicité de chacun [61]. Cette différence de degré et de nature entre individu et personne se retrouve en droit. Le droit pénal ne fait qu'appliquer au langage juridique cette distinction de linguistique générale et c'est ce qui explique le passage notionnel d'individualisation à la personnalisation.

§- II. - Spécificité de linguistique juridique

Loin d'une opposition, c'est plutôt une complémentarité qui existe entre les termes d'individu et de personne ; laquelle trouve un prolongement dans les deux principes juridiques d'individualisation de la peine et de personnalisation de la peine.

Le premier principe constitue un principe général, fixant les grandes lignes de l'obligation qui est faite au juge de s'adapter de la manière la plus juste à l'individu, entendu comme catégorie à laquelle elle s'adresse.

Le second principe est une application différenciée du principe précédent. La personnalisation de la peine tente alors d'approcher pour mieux la comprendre, la personne du délinquant [62]. Aussi, loin d'opposer les deux termes d'individualisation et de personnalisation, il s'agit de souligner

---

61. E. Jacquement, *Penser l'humain*, Edition Le pommier, Fayard, Collection 4×4, 2000.

62. La personnalisation de la peine renvoie en effet à la personne du délinquant et pas seulement à la personnalité de celui-ci. A ce titre, au regard des principes juridiques le principe de personnalisation des peines renvoie bien à quelque chose de spécifique (la personne) qui doit être distingué de la personnalité.

Le principe juridique de personnalité des peines constitue en effet déjà un principe de droit à part entière qui ne peut nullement être rattaché à la personnalisation telle qu'elle est visée à l'article 132-24 du Code pénal.

Ce principe de personnalité est en effet le principe selon lequel la peine ne doit frapper que le seul coupable : il n'y a que celui qui a commis le crime qui doit en porter la peine. Sur ce point V. *supra* p. 15.

leur aspect complémentaire. La personnalisation comprend l'individualisation mais l'inverse n'est pas vrai [63].

Le principe d'individualisation de la peine, reste d'une certaine façon au niveau de la généralité et de l'individualité par opposition à la singularité qui caractérise la personnalisation. A ce propos, Roger Vienne écrit « l'individualisation de la mesure pénale (...) garde un caractère collectif. Il s'agit de scruter le passé, individuel ou social du délinquant, d'étudier sa personnalité présente et cela pour dégager des enquêtes, tests, observations, examens etc... ainsi effectués certains traits considérés comme caractéristiques qui conduiront à un classement. Et ce classement, donnant naissance à un certain nombre de catégories considérées comme homogènes, conduira lui même à l'application d'un système de rééducation et de réadaptation spéciale parce qu' adapté à chacune de ces catégories » [64]. Certes, il s'agit ici d'une première étape en vue de la meilleure adaptation de la peine au délinquant concerné. L'individualisation constitue une première approche de la personnalité de l'auteur de l'infraction. Elle est indispensable dans le sens où elle permet de procéder à des groupements par affinités, de rattacher chaque individu à une catégorie qui semble se rapprocher le plus de ce qu'il est. Dans ce sens l'individualisation concerne les mesures pénales. Elle se manifeste concrètement par la multiplications du nombre des sanctions possibles mises à la disposition du juge. Cet élargissement des moyens d'action, qui se repère objectivement par l'accroissement toujours plus important de la typologie des différentes sanctions possibles, constitue autant d'illustrations traduisant une volonté de s'adapter au plus grand nombre

---

63. Il est à noter que cette distinction entre ces deux concepts était déjà présente dans les écrits d'un certain nombre d'auteurs antérieurs à l'élaboration du Code pénal de 1994. Leur argumentation sera d'ailleurs en partie reprise pour expliciter la différence entre ces deux termes. Voir sur ce point : R. Vienne, « De l'individualisation à la personnalisation de la mesure » (A propos du 75ème anniversaire de la parution de l'ouvrage de Saleilles), *R.S.C*, 1973, p. 177 et E. Rotman, « L'évolution de la pensée juridique sur le but de la sanction pénale », *R.S.C*, 1973, p. 163.

64. R. Vienne, « De l'individualisation à la personnalisation de la mesure » (A propos du 75ème anniversaire de la parution de l'ouvrage de Saleilles), *R.S.C*, 1973, p. 177 et s.

d'individualités possibles. Cette adaptation quantitative de la peine, initiée en partie par le Code pénal de 1810 s'inscrit dans la démarche d'une justice d'inspiration commutative fondée sur une sorte d'égalité arithmétique. Nécessaire [65], cette étape n'en demeure pas moins insuffisante. Cette démarche reste en effet dans une large mesure très standardisée, catégorielle voire stigmatisante pour le délinquant qui en fait l'objet, dont l'étude de la personnalité limitée à une structure psycho-physique historiquement déterminée fait de lui une « variante individuelle d'un type » pour reprendre les termes des Professeurs Kempe et Buytendijk du courant d'Utrecht [66]. Et ces auteurs d'ajouter « c'est un non sens capital que d'espérer jamais apprendre à connaître l'intériorité d'un délinquant en se bornant à rassembler les aspects sociaux, psychologiques etc.. des structures de la personnalité en tout, qui dès lors n'est effectivement pas que la somme des parties composantes à cette connaissance ne nous révèlera jamais que des apparences superficielles (...) on sera fatalement déçu si on espère des typologies psychologiques ou sociologiques qu'elles permettent plus qu'une meilleure approche des structures de la personnalité » [67]. Ainsi, l'individualisation ne constitue finalement qu'une première étape nécessaire dans le processus de determination de la peine en fonction de la spécificité de l'auteur de l'infraction.

Mais elle doit être prolongée par une phase complémentaire venant affiner l'étude de la personne du délinquant. « L'individualisation est un moyen et non pas une fin en soi ;

---

65. Roger Vienne à propos de l'individualisation précise « il s'agit évidemment d'une inéluctable nécessité : tant pour éviter un gaspillage de moyens que pour permettre une meilleure approche de la personnalité profonde de l'intéressé, il est indispensable de procéder à des groupements par affinités et de pourvoir, d'après celles-ci, à une action collective qui à ce stade, ne peut que demeurer standardisée. Mais à ce stade, il faut le dépasser. L'individualisation est un moyen et non une fin en soi : elle est la voie qui, dans le but d'assurer la resocialisation du sujet, doit conduire à la « personnalisation » », *op. cit.*, p. 196.

66. G.Th. Kempe, « Vers une criminologie mieux fondée » et « Le point de vue du criminologue » *in Criminologie et philosophie pénale de l'école d'Utrecht*, Cujas, 1959, p. 81 et s. et p. 103 et s.

67. Ibid.

elle est la voie qui, dans le but d'assurer la resocialisation du sujet, doit conduire à la personnalisation » [68].

Le principe juridique de personnalisation de la peine en ce qu'il se rattache étymologiquement à la notion de la personne semble permettre de compléter et d'achever le processus de determination de la peine initié par le principe d'individualisation. Il s'agit de poursuivre la réflexion en acceptant l'idée selon laquelle le sujet délinquant n'est pas réductible à une somme de résultats, tests ou expertises en tout genre. La personnalisation consiste à approcher pour mieux comprendre la substance de l'homme, telle qu'elle a été définie précédemment.

Appliquée au droit pénal, c'est tenter de comprendre l'axiome, le schème affectivo-moteur déterminant qui a poussé le sujet délinquant à agir. Il s'agit de prendre conscience des déterminismes intérieurs qui ont présidé au passage à l'acte criminel et en quoi ces déterminismes et ce passage à l'acte ont un sens dans la vie de l'auteur de l'infraction.

De cette manière, la personnalisation devient un moyen privilégié pour aborder la subjectivité du délinquant par essence unique. Le principe général et abstrait d'individualisation, trouve ici une application concrète pour chaque cas d'espèce. Dans ce sens, la personnalisation concerne le sujet pénal c'est-à-dire l'auteur de l'infraction et non plus les mesures pénales comme c'était le cas dans l'individualisation. Elle se manifeste par l'affirmation de la nécessité de prendre en compte la personnalité du délinquant dans le processus de determination de la sanction. Cet approfondissement dans les moyens d'action désormais mis à la disposition du juge (clairement établi par l'obligation qui lui est faite à l'article 132-24 de s'intéresser à la personne du délinquant en plus de l'acte) traduit une volonté de s'adapter à la singularité de chaque délinquant. Cette adaptation qualitative de la peine, augurée par le Code pénal de 1994

---

68. R. Vienne, « De l'individualisation à la personnalisation de la mesure » (A propos du 75ème anniversaire de la parution de l'ouvrage de Saleilles), *R.S.C*, 1973, p. 177.

s'inscrit dans la démarche d'une justice d'inspiration distributive fondée sur une sorte d'égalité géométrique.

Cette conception de la personnalisation présente un risque que certains nomment « le caractère discrétionnaire du pouvoir de personnalisation des peines » [69] où le juge n'a aucune nécessité à justifier son pouvoir répressif. Ils dénoncent « cet état du droit positif qui débarrasse la pratique judiciaire de l'obligation de s'interroger sur le fondement du droit de punir. Le même tribunal peut ainsi un jour, sans se contredire, se laisser submerger par la compassion au récit de la vie d'un prévenu, puis le lendemain se persuader dans une affaire semblable, que les circonstances exigent que l'on fasse exemple. Ainsi, les criminologues ont beau jeu de montrer que les tribunaux, tout en taisant les motifs du choix des peines, n'en sont pas moins inspirés par des motifs sociologiques, moraux, politiques ou religieux, étrangers aux desseins du législateur et de surcroît variables selon les ressorts territoriaux ». Ces auteurs, au premier rang desquels se trouve Jacques Henri Robert [70], dénoncent la disparité dans le prononcé des peines.

La personnalisation consiste à placer le délinquant au centre du processus pénal, étant entendu qu'il est le seul à pouvoir donner un sens à la peine ainsi prononcée. C'est donc en partant de la personne délinquante et en réfléchissant à partir de celle-ci que la peine la plus adaptée peut être choisie. Ce faisant, la personnalisation, entendue comme moyen de determination de la peine en fonction du délinquant, existe dans tous les sens du terme. Il s'agit d'une volonté de comprendre la personne criminelle avec tout ce qu'elle revêt de caractère substantiel. Cette compréhension est rendue possible par la personne elle même. La personnalisation telle qu'elle vient d'être définie implique deux conséquences caractérisant une nouvelle représentation du délinquant et une nouvelle philosophie de la peine. Le délinquant se voit reconnaître une place et un rôle tout à fait nou-

69. Sur ce point voir : J-C. Soyer, *Manuel de Droit Pénal et Procédure Pénale*, LGDG, Paris 1995, p. 175 ; et du même auteur, *Justice en perdition*, Plon, 1982.

70. J-H. Robert, *Droit Pénal Général*, PUF, Thémis Droit Privé, Paris, 1999, p. 379 et s.

veaux. Le processus de réflexion initié à partir de l'auteur de l'infraction se traduit par la reconnaissance de son identité personnelle, ce qui rend alors possible l'altérité. Cette notion prend ici deux aspects successifs et complémentaires. Elle consiste d'une part à prendre conscience de l'autre : c'est la personne délinquante qui réalise la différence existante entre elle et la personne du juge ou de la victime. L'altérité est alors synonyme de distanciation et de différence.

Mais l'altérité consiste également pour le délinquant à prendre conscience, à partir de la présence de l'autre, d'aspects jusqu'ici inconnus de sa propre personnalité. C'est en effet dans la confrontation à l'autre que la personne peut être en mesure de découvrir des aspects de sa personnalité dont elle ne soupçonnait même pas l'existence. Ce deuxième aspect de l'altérité renvoie directement à la figure mythologique de Janus.

A. - La reconnaissance d'une identité personnelle

Le principe de personnalisation de la peine, en reconnaissant et affirmant la nécessité de comprendre la personne du délinquant dans ce qu'elle a de plus profond et en acceptant que celle-ci participe activement à cette démarche la concernant, lui confère ainsi un statut tout à fait nouveau. Pour la première fois en effet le sujet délinquant assiste à la reconnaissance de son identité personnelle. Il a désormais une place et un rôle bien définis dans le processus judiciaire dans lequel jusqu'ici il n'était bien souvent que l'objet de mesures diverses. Avec le principe de personnalisation, il est en mesure de devenir un sujet actif du processus de determination de la peine. Il a la possibilité de devenir acteur de sa réhabilitation. Il prend part à la réparation au titre de ce qu'il est une personne.

D'une certaine manière, se trouve institutionnalisée la reconnaissance de la personne [71] qui a déjà été initiée par des dis-

---

71. Roger Vienne explicite le terme de personnalisation dans ce sens lorsqu'il expose « Il faut en venir à une « personnalisation » des mesures, de toutes les mesures de quelques types qu'elles soient, à cette personnalisation dont Saleilles avait d'ailleurs pressenti la nécessité lorsqu'il parle d'une « individualisation pour chacun en particulier ». Cette personnalisation passe d'abord par l'adhésion du sujet à la mesure qui lui est

positions législatives ou doctrinales. En effet, le processus de reconnaissance de la personne du délinquant [72] est corroboré par les grandes tendances du droit actuel qui se caractérise par une diversification plus grande des sanctions pour adapter au mieux la peine à la personnalité du délinquant [73].

Les différentes fonctions de la peine se voient ainsi élargies : à coté des fonctions sociales à caractère expiatoire et rétributif en sont apparues progressivement d'autres, plus individuelles, de resocialisation et de réadaptation. Différentes lois sont également intervenues dans le sens d'une reconnaissance toujours plus grande du délinquant, avec la création notamment de la médiation pénale, de la composition pénale voire la loi du 15 juin 2000 relative à la juridictionnalisation de l'application des peines [74]. Ce mouvement de reconnaissance juridique de l'identité personnelle du délinquant, représenté et institutionnalisé par le principe de personnalisation des peines ne constitue que la première étape de la nouvelle représentation du délinquant.

B. - La possibilité de l'altérité

La reconnaissance et l'affirmation par le droit de la personne du délinquant sollicite de la part du sujet une prise de conscience de son unicité et de sa spécificité. Il réalise qu'il est une entité à part entière et singulière qui se distingue des autres

---

imposée : on n'éduque et l'on ne rééduque personne contre son gré. [il faut] la nécessité de cette « coopération active » de l'intéressé à son traitement », *op. cit.*, « De l'individualisation à la personnalisation de la mesure » (A propos du 75ème anniversaire de la parution de l'ouvrage de Saleilles), *R.S.C*, 1973, p. 194 -195.

72. Ce processus de reconnaissance de la personne ne se limite pas seulement au délinquant. Elle est également envisageable pour la victime dont la place est désormais bien définie également. On assiste en effet depuis quelques années à une réelle prise de conscience et développement de la victimologie. Sur ce point voir V. *infra* p. 179.

73. L'abolition des circonstances atténuantes va dans ce sens.

74. Il est en effet intéressant de noter que la personne du délinquant est reconnue aux différents stades de la procédure, stade du prononcé de la peine mais également au niveau de l'exécution de la peine. C'est la personne dans sa globalité qui est reconnue. Elle peut être simple prévenue, accusée ou condamnée.

membres de la société à laquelle il appartient. Son existence étant reconnue, il devient alors possible au délinquant de reconnaître lui même les personnes qui l'entourent, la victime et les membres de l'institution judiciaire étant au premier rang. De l'altérité naît la singularité. C'est la prise de conscience du « je » réalisée par la reconnaissance juridique de la personne du délinquant qui rend possible la prise de conscience de « l'autre ». Une rencontre devient alors possible entre délinquant et juge. Un dialogue, c'est-à-dire la réunion de deux personnes, peut voir le jour [75].

La personnalisation, en ce qu'elle permet la rencontre de deux personnes, prend alors tout son sens. Elle se caractérise par ce que Saleilles nommait déjà en 1898, comme la condition nécessaire pour « une individualisation, de la peine pour chacun en particulier » c'est la reconnaissance d'une « similitude des individualités, qui repose sur la reconnaissance d'autrui comme semblable » [76].

La socialité devient possible. Une véritable relation personnalisée peut s'établir au sein de laquelle, chacun des intervenants que sont le délinquant et le juge, ont une place et un rôle égaux. Cette idée se retrouve également sous la plume de Roger Vienne [77], qui développant sa conception de ce qu'il nommait en 1973 « la personnalisation » reprenait l'expression d'Etienne De Greeff « s'il faut lutter contre la criminalité (...) on ne peut oublier que l'influence directe sur l'homme vivant et souffrant ne peut se faire utilement que sous une forme humaine, susceptible de rencontrer d'âme à âme le drame vécu du prévenu ou du criminel » [78].

Dans le cadre d'une telle rencontre, la personne délinquante n'est plus réduite à faire l'objet d'une sanction. Elle devient un

---

75. Les conditions rendant possible cette réunion feront l'objet de développements dans la seconde partie. Sur ce point voir *infra* p. 155 et s.

76. R. Saleilles, *L'individualisation de la peine*, Alcan, Paris 1898.

77. R. Vienne, « De l'individualisation à la personnalisation de la mesure » (A propos du 75ème anniversaire de la parution de l'ouvrage de Saleilles), *R.S.C*, 1973, p. 177.

78. E. De Greeff, *in Actes du Congrès de Criminologie de 1950*, t VI, p. 302.

sujet à partir duquel une sanction peut être pensée, réfléchie et élaborée pour être adaptée. C'est donc une nouvelle représentation du délinquant qui est sous-jacente dans le principe de personnalisation de la peine énoncée par le législateur : le délinquant joue un rôle actif dans le processus d'exécution de la sanction. Avec la personnalisation de la peine, c'est également une nouvelle philosophie de la peine qui émerge, directement influencée par le sujet délinquant devenu véritablement acteur.

La peine devient en effet intelligible, c'est-à-dire porteuse de sens pour la personne amenée à l'exécuter [79]. La rencontre et le dialogue entre le juge et le délinquant permettent à chacun d'eux d'exercer un rôle qui leur est propre. Le juge va ainsi être en mesure de représenter et d'incarner l'altérité. En tant que représentant de la société et de l'institution judiciaire, il va nommer l'acte commis de manière précise : violence, vol, atteinte sexuelle...permettant une réinscription dans le symbolique. Mais cette désignation, à la fois juridique et symbolique qui n'est jamais totalement détachée de la peine, s'établit toujours en fonction de la personne du sujet délinquant et en lien direct avec lui. Le but recherché, est lui, de rendre possible une représentation active de la loi où la référence légale deviendra présente. Or, cette représentation symbolique n'est possible que si elle est en lien direct avec l'histoire personnelle du délinquant. Dans ce cas, la peine prend alors un sens pour lui. Elle devient intelligible [80]. Elle permet au délinquant de se réapproprier son histoire, d'intégrer l'acte qu'il a commis dans sa propre vie et d'être en mesure de reconstituer sa propre cohérence narrative.

---

79. G. du Mesnil du Buisson va plus loin soutenant que le caractère intelligible de la peine peut être applicable « tant pour les personnes (condamné, victime(s), famille(s)) que pour le corps social et ses institutions », in « Réflexion sur les rôles du juge et du médecin dans l'intelligibilité de la peine et son évolution, le mariage de Thémis et d'Hippocrate à l'épreuve de la durée », *R.S.C*, 1995 p. 840.

80. A ce titre l'auteur retient : « désormais depuis plus d'un siècle, le but de la sanction n'est plus uniquement une obligation de subir le châtiment - telles sont les fonctions d'expiation, d'intimidation et de neutralisation (temporaires ou à perpétuité dans notre droit) traditionnellement dévolues à la peine. En effet, par-delà cette obligation de subir émerge une nouvelle fonction de la sanction pénale par laquelle le condamné d'acteur passif (de figurant ?) est conduit à devenir le sujet de la peine, de même qu'il s'est révélé l'auteur de l'infraction », *op. cit.*, p. 840.

La peine est supposée remettre au travail un processus d'auto-reflexivité du sujet délinquant [81], elle est certes synonyme de contrainte, mais cette contrainte a désormais un sens. Elle se différencie de la contrainte physique qui résulte de l'interventionisme unilatéral du juge.

La peine a donc un sens, puisqu'elle est rattachée à la vie de la personne délinquante, qui elle même à un sens puisque re-connue par le principe de personnalisation de la peine.

Intelligible parce que porteuse de sens, la peine peut donc être comprise par le sujet délinquant. Cette compréhension pénale, ce travail de peine constitue l'étape nécessaire pour une peine pleinement assumée. Il devient alors possible de développer « un consensus autour de la signifiance de la peine » [82]. La peine, une fois devenue intelligible et compréhensible pour le sujet délinquant, change de nature à ses yeux : elle suscite interrogation et action. Elle n'est plus limitée à une attente et une arithmétique de date, elle est remise en cause personnelle du condamné. » Ce n'est pas la souffrance de la détention qui provoque l'amendement mais bien le sens de celle-ci s'inscrivant dans une logique de justice » [83]. La peine peut devenir auto-assumée dans la mesure où elle est en lien direct avec une réelle prise de conscience des déterminismes intérieurs qui ont présidé au passage à l'acte. Le sujet délinquant est alors en mesure de jouer un rôle actif dans l'exécution de sa peine, « la sanction pénale n'est pas alors un traitement dans le sens d'inculcation autoritaire de principes, mais une orientation qui repose plus dans la propre activité créatrice » [84]. Le même auteur ajoute citant Kierkegaard « ce ne sont pas les idées qui changent les hommes, il ne suffit pas de connaître une passion par sa cause pour la supprimer, il faut la vivre...bref SE travailler ».

---

81. A. Garapon et D. Salas, « Pour une nouvelle intelligence de la peine », *Revue Esprit*, octobre 1995.

82. G. du Mesnil du Buisson, « Réflexion sur les rôles du juge et du médecin dans l'intelligibilité de la peine et son évolution, le mariage de Thémis et d'Hippocrate à l'épreuve de la durée », *R.S.C*, 1995 p. 844.

83. E. De Greeff, *in Actes du Congrès de Criminologie de 1950*, t VI, p. 302.

84. E. Rotman, « L'évolution de la pensée juridique sur le but de la sanction pénale », *R.S.C*, 1973, p. 163.

Ce faisant, la personne délinquante devient véritablement actrice de sa peine. Elle passe alors du statut de sujet de droit à celui de responsable. Intelligible et resocialisatrice, la peine se découvre aussi des vertus pédagogiques [85]. Cette conception de l'homme n'est pas partagée par tous les auteurs. Pour certains, en effet, le bon comportement du délinquant, après la déclaration de culpabilité, ne constitue rien d'autre que la condition d'une impunité plus ou moins complète [86].

En recourant au terme de personnalisation, les rédacteurs du Code pénal dépassaient la simple individualité. Cette nouvelle terminologie ainsi que ses conséquences impliquaient un contenu implicite qu'il était nécessaire de mettre à jour.

Chapitre II. - Spécificité constitutionnelle du principe de personnalisation

L'évolution du droit pénal est marquée par une prise en compte progressive de la personne du justiciable [87]. Qu'elle soit accusée, prévenue ou victime, la personne est désormais placée au centre de la réflexion juridique.

Ce changement sociologique des représentations de l'homme a donné lieu à des mutations profondes de la pénalité dont la réécriture du principe d'individualisation de la peine en principe de personnalisation de la peine en est l'illustration la plus saisissante. Les figures de la pénalité ont donc changé. Ce sont précisément ces dernières qu'il s'agit de traduire au niveau des prin-

---

85. On retrouve ici une des idées de Platon qui attribuait à la sanction répressive une fonction éducative. A ses yeux nul n'étant méchant volontairement, le criminel est un ignorant qui ne sait pas faire la distinction entre le bien et le mal. « Celui qui veut punir judicieusement ne punit pas à cause de l'injustice qui est chose passée, car il ne saurait faire que ce qui est fait ne soit pas fait, mais il punit en vue de l'avenir afin que le coupable ne retombe plus dans l'injustice et que son châtiment retienne ceux qui en sont témoins » Platon, Protagoras.

86. M-L Rassat, *Droit Pénal*, PUF, 2ème édition, 1999 ; J-C Soyer, *Droit pénal et procédure pénale*, LGDJ, 14ème édition, 1999.

87. En ce sens voir les éléments introductifs précités faisant état de la montée en puissance de l'individualisme *op. cit.*,, Marcel Gauchet *« La démocratie contre elle-même »*, Gallimard, Paris, 2002.

cipes de droit, c'est-à-dire des sources textuelles du droit. L'ensemble des changements opérés par le droit pénal se doit en effet de trouver sa traduction en termes de principes de droit pour devenir pleinement utile, c'est-à-dire répondre à sa vocation d'universalité.

Le principe d'individualisation formulé pour la première fois sous la plume de Raymond Saleilles en 1898 [88] a connu une extension significative ainsi qu'une mise en œuvre depuis la fin de la seconde guerre mondiale, sous l'influence du courant doctrinal de Défense Sociale Nouvelle. L'évolution est telle que « l'individualisation des peines devient alors un objectif de politique pénale » [89]. Paradoxalement, à aucun moment, ce principe reconnu unanimement comme un principe essentiel, comme « la clé de voûte de la pénologie moderne » [90], n'a fait l'objet d'aucune qualification particulière parmi les grands principes gouvernant le droit pénal. Aussi, il convient de s'interroger sur le point de savoir si le principe d'individualisation de la peine constitue un principe général de droit ou un principe fondamental ayant valeur constitutionnelle au même titre que les principes de légalité et d'égalité. La question n'a jamais été formulée, sûrement parce que le principe d'individualisation ne se trouvait nulle part [91]. Il restait une source du droit importante, mais une source non écrite, ce qui peut justifier sa qualification de principe général de droit [92].

---

88. R. Saleilles, *L'individualisation de la peine*, Alcan, 1898.

89. P. Poncela, *Droit de la peine*, PUF, Thémis Droit Privé, Paris 2001, p. 90.

90. L'expression est de Reynald Ottenhof dans son propos introductif au colloque consacré à *« L'individualisation de la peine : De Saleilles à aujourd'hui »*, Erès, Collection criminologie et sciences de l'homme, p. 7.

91. F. Desportes et F. Le Guhenec soulignent à ce titre « nulle disposition des textes composant « le bloc de constitutionnalité » ne pose le principe de l'individualisation ou de la personnalisation des peines ». Les auteurs ajoutent « dans la mesure où ce principe contredit celui de la légalité des peines, véritable dogme du droit pénal issu des Lumières, ce silence n'est pas surprenant », *Le nouveau droit pénal*, Economica, 2000, p. 679.

92. Les Principes généraux de droit se définissent comme des sources non écrites du droit criminel dégagées par la Cour de Cassation et le Conseil Constitutionnel. Déclarées fondamentales par ces juridictions, elles éclairent, complètent ou renforcent certains droits ou libertés implicitement ou explicitement retenus dans les textes en

Avec le Code pénal de 1994 et l'affirmation du principe de personnalisation des peines, qui a fait l'objet d'une section, c'est une nouvelle représentation du droit pénal qui voit le jour. La question de la valeur du nouveau principe d'individualisation, devenu principe de personnalisation, se pose alors avec acuité. Ce n'est en effet qu'après une identification constitutionnelle précise que le principe de personnalisation de la peine pourra prendre toute sa valeur et son sens et participer ainsi à la construction du droit pénal moderne.

Section I. - *Le principe d'individualisation de la peine : un principe général de droit*

§- I. - La primauté des principes fondamentaux de droit pénal.

Le droit criminel est gouverné par un certain nombre de grands principes dits fondamentaux qui ont été posés pour la plupart par la Déclaration des Droits de l'Homme du 2 octobre 1789. « La peine fait spécialement l'objet de l'article 8 [au terme duquel] la loi ne doit établir que des peines strictement et évidemment nécessaires et nul ne peut être puni qu'en vertu d'une loi établie et promulguée antérieurement au délit et légalement appliquée. Deux principes sont ainsi énoncés : légalité et nécessité » [93].

---

vigueur. S'imposant tant le législateur qu'au juge ces principes assurent en procédure pénale une meilleure protection des droits de la défense.

93. Comme le rappelle P. Poncela « Le principe de légalité correspond à l'une des revendications majeures des réformateurs du XVIIIe siècle et les cahiers des Etats généraux, revendications étonnamment bien exprimées dans le célèbre opuscule de l'italien Cesare Beccaria, Des délits et des peines (1764). La légalité des peines, comme des incriminations, rompait autant avec l'arbitraire des juges qu'avec les disparités sociales et régionales », *Droit de la peine*, PUF, Thémis, Droit Privé, 2001, op. cit., p. 40. Ce principe exprimé par l'adage « nullum crimen, nulla poena sine lege » selon lequel tout acte constituant un crime ou un délit doit être défini avec précision par la loi ainsi que les peines qui lui sont applicables, est repris à l'article 111-2 du Code pénal de 1994.

Le principe de nécessité quant à lui, aussi appelé principe de proportionnalité des sanctions à la gravité des infractions, est « le principe de juste mesure qui fut et est encore le plus difficile à mettre en oeuvre car il n'y a consensus ni sur l'appréciation de

Deux autres principes fondamentaux viendront compléter les fondements du droit pénal [94]. Ce sont les principes d'égalité et de personnalité des peines [95]. Trois articles (de la loi des 21 et 30 janvier 1790) les énoncent : article 1 : les délits d'un même genre seront punis par le même genre de peine quel que soit le rang et l'état des coupables. Article 2 : les délits et crimes étant personnels, le supplice d'un coupable et les condamnations infamantes quelconques n'impriment aucune flétrissure à sa famille. L'honneur de ceux qui lui appartiennent n'est nullement entaché et tous continueront d'être admissibles à toutes sortes de professions, d'emplois et de dignités. Article 3 : la confiscation des biens des condamnés ne pourra jamais être prononcée en aucun cas » [96].

§- II. - La subsidiarité du principe d'individualisation

A côté de ces grands principes fondamentaux, de portée générale, clairement nommés et unanimement reconnus, le principe d'individualisation de la peine, de portée singulière, paraissait de bien faible importance. Source de droit non écrite, il attirait l'attention de façon tardive et uniquement en vertu de sa qualité, des valeurs morales ou d'équité qu'il mettait en œuvre. Non clairement et explicitement exprimée et formulée, la mise en œuvre du principe d'individualisation était alors confuse. Elle donnait le sentiment de venir se confronter, pour ne pas dire se heurter, à certains des principes fondamentaux précités, au premier rang desquels se trouvent les principes d'égalité et de proportionnalité des peines [97]. En effet, face auxdits principes à

la gravité de l'infraction, ni sur les représentations des effets escomptés de telle ou telle forme de peine », *op.cit*, p. 41.

94. Cette distinction est également reprise par R. Merle et A.Vitu dans leur *Traité de droit criminel, problèmes généraux de la science criminelle*, Cujas, 1997, p. 284.

95. V. *supra* développements consacrés au principe de personnalité des peines p. 15 et notamment S. Frossard, « Quelques réflexions relatives au principe de personnalité des peines », *R.S.C*, 1998, p. 703.

96. P. Poncela, *Droit de la peine*, PUF, Thémis, Droit Privé, 2001, p. 41.

97. C'est la raison pour laquelle sur ce point le Conseil Constitutionnel est venu affirmer par sa décision en date du 27 juillet 1978 que « l'individualisation de la peine n'était pas contraire au principe d'égalité des citoyens devant la loi », décision du 27 juillet 1978, J.O du 29 juillet 1978, p. 2949.

défendre en priorité, l'intérêt porté à l'individualisation de la peine ne s'en trouvait qu'amoindri, demeurant ainsi assez confus.

Et c'est ainsi que le Conseil Constitutionnel dans sa décision du 19 janvier 1981 a été amené à préciser que « si la législation française a fait une place importante à l'individualisation de la peine, elle ne lui a jamais conféré le caractère d'un principe unique et absolu prévalant de façon nécessaire et dans tous les cas sur les autres fondements de la répression pénale» [98]. Le Conseil Constitutionnel, en tenant à préciser que l'individualisation de la peine ne constitue pas un principe unique et absolu prévalant sur les autres et que la peine ne doit pas être appréciée du seul point de vue de la personnalité du condamné, fait ressortir deux éléments :

Il est venu d'une part, réaffirmer avec force l'importance et la prévalence de ces principes fondamentaux d'égalité et de proportionnalité. Et il est venu par ailleurs définir de manière plus ou moins confuse les contours du principe d'individualisation de la peine. Le qualificatif de confus peut en effet être retenu dans le sens où le Conseil Constitutionnel définit dans sa présente décision le principe d'individualisation de la peine de manière négative. Il vient ainsi clarifier le contenu de ce principe en

98. Les termes du Conseil Constitutionnel in extenso étaient les suivants : « si au terme de l'article 8 à de la déclaration de 1789 la loi ne doit établir que des peines strictement et évidemment nécessaires, cette disposition n'implique pas que la nécessité des peines doivent être appréciées du seul point de vue de la personnalité du condamné et encore moins qu'à cette fin le juge doive être revêtu d'un pouvoir arbitraire que, précisément, l'article 8 de la déclaration de 1789 a entendu proscrire et qui lui permettrait, à son gré, de faire échapper à la loi pénale, hors des cas d'irresponsabilité établis par celle-ci, des personnes convaincues de crimes ou de délits ; si la législation française a fait une place importante à l'individualisation de la peine elle ne lui a jamais conféré le caractère d'un principe unique et absolu prévalant de façon nécessaire dans tous les cas sur les autres principes fondamentaux de la répression pénale ; ainsi, à supposer même que le principe d'individualisation puisse, dans ces limites, être regardé comme l'un des Principes Fondamentaux reconnus par les Lois de la République, il ne saurait mettre obstacle à ce que le législateur, tout en laissant au juge et aux autorités chargées de déterminer les modalités d'exécution des peines un pouvoir large d'appréciation, fixe des règles assurant une répression effective des infractions ». Conseil Constitutionnel, 19 janvier 1981, n°80-127, *DC* : J.O 22 janvier 1981, p. 308. A propos de cette décision voir : *J.C.P* 1981, II 19701, note C. Franck et *AJDA* 1981, n°6 p. 278, note Ch. Gournay.

précisant ce qu'il n'est pas, sans toutefois donner plus de précisions sur ce qu'il est [99].

Cette ambiguïté [100], résultant de la non reconnaissance explicite du principe d'individualisation de la peine, emporte un certain nombre d'implications juridiques. Cet état de fait ne participait pas à la mise en valeur du principe d'individualisation de la peine. Et au-delà de l'affirmation et reconnaissance de principe, c'était le statut et la valeur même de la personne justiciable qui se trouvaient amoindris, ce qui apparaissait incompatible dans une société moderne, marquée par un individualisme croissant [101]. C'est la raison pour laquelle le nouveau Code pénal a œuvré dans le sens d'une reconnaissance accrue du principe général de droit d'individualisation de la peine, semblant le transformer ainsi en principe fondamental : le principe fondamental de personnalisation de la peine.

Section II. - *Le principe de personnalisation : un principe fondamental du droit* [102]

La pertinence et la reconnaissance d'un principe sont subordonnés à sa valeur juridique. Dans la hiérarchie des normes [103],

---

99. Le Conseil Constitutionnel n'émettra qu'une hypothèse sur le possible caractère fondamental de ce principe voir *infra* p. 63.

100. Comme le font observer F. Desportes et F. Le Gunehec « Affirmer que le principe d'individualisation n'est pas « unique et absolu » et ne doit pas prévaloir de « façon nécessaire » et « dans tous les cas » c'est reconnaître dans le même temps qu'il est l'un des fondements de la répression pénale », *Le nouveau droit pénal*, Economica, 2000, p. 679.

101. V. *supra* p. 20, les éléments introductifs qui montrent que l'on est passé d'une société fondée sur la défense des intérêts généraux de la société à une société fondée sur la défense des intérêts particuliers des individus qui la fondent.

102. Dans son rapport introductif au colloque consacré à *« L'individualisation de la peine : cent ans après Saleilles »,* Christine Lazerges retenant « qu'aujourd'hui on privilégie l'expression de personnalisation de la peine à celle d'individualisation, en espérant non seulement l'adaptation de la peine, mais également l'adhésion du délinquant à sa peine » pose d'emblée la question : « comment concilier ces deux principes fondamentaux que sont l'égalité des peines et l'individualisation de la peine? », *op.cit*, p. 196.

103. La hiérarchie des normes se présente sous la forme d'une pyramide au sommet de laquelle se trouve le texte le plus important de l'ordre juridique c'est-à-dire la constitution. Elle est suivie par ordre d'importance décroissante du Préambule de la Constitution, des conventions internationales (au sein desquels on trouve les textes internatio-

les principes généraux de droit se voient reconnaître une place particulière qui donne lieu à des réflexions controversées quant à leur valeur juridique. Ils sont qualifiés par certains auteurs de textes à valeur législative [104]. D'autres leur préfèrent la valeur infra législative et supra décrétale [105]. Enfin, une troisième série d'auteurs opte pour la thèse qui consiste à faire une distinction entre deux catégories de principes généraux de droit. Les principes généraux de droit à valeur législative en tous ses aspects et ceux à valeur constitutionnelle directement inspirés du Préambule de la Constitution. Le statut juridique d'un principe général de droit est donc pour le moins aléatoire c'est-à-dire que son influence est subordonnée à la valeur qu'on décide de lui accorder.

Avec le nouveau Code pénal et l'article 132-24 le législateur est venu poser de manière explicite le principe de personnalisation des peines. Ce principe, qui comme le rappelle la circulaire du 14 mai 1993 n'avait été posé que « de manière partielle par le code de 1810 ». Il y a donc ici une volonté précise d'affirmer et de poser un principe du droit jusqu'ici présent mais non écrit et non expressément formulé [106].

Se pose alors inévitablement la question de savoir quelle est la valeur juridique à accorder à ce nouveau principe de droit énoncé à l'article 132-24. Peut-il être qualifié de principe géné-

naux et européens), viennent ensuite les lois, la jurisprudence, les principes généraux de droit, puis enfin les règlements et décrets.

104.Les principes généraux de droit se situent alors au niveau de la loi. Ils s'imposent au pouvoir réglementaire mais la loi peut y déroger.

105.Cette thèse est soutenue notamment par le Professeur René Chapus. Elle aboutit quasiment au même résultat : c'est-à-dire à la subordination du pouvoir réglementaire et à la primauté de la loi.

106.L'expression de ce principe s'exprime donc en droit interne mais elle va audelà : « le principe d'individualisation (...) semble émerger au plan international, ainsi qu'en atteste l'article 1O-3 du Pacte International relatifs aux Droits Civils et Politiques qui précise » le régime pénitentiaire comporte un traitement des condamnés dont le but essentiel est leur amendement et leur reclassement social », in Jurisclasseur Pénal, articles 132-24 et suivants.

ral de droit au même titre que le principe d'individualisation de la peine ou est-ce un principe fondamental [107]?

Cette seconde hypothèse se pose parce que l'élaboration du nouveau Code pénal et, plus particulièrement la rédaction de l'article 132-24 viennent changer la nature même de la valeur juridique du principe ici en cause. En effet, désormais clairement rédigé et formulé, le principe de personnalisation de la peine ne peut plus en effet être considéré comme une source non écrite du droit, principale caractéristique d'un principe général de droit. Est-il possible d'en conclure pour autant que le principe de personnalisation des peines, tel qu'il est clairement formulé par le Code pénal, constitue un principe fondamental ? Il semble qu'il soit possible de répondre positivement à cette question. Dans sa décision en date du 19 janvier 1981 précitée, le Conseil Constitutionnel semblait déjà le laisser sous-entendre lorsqu'il précisait qu ' « à supposer même que le principe d'individualisation puisse, dans ses limites, être regardé comme l'un des Principes Fondamentaux reconnus par les Lois de la République » [108]. Ainsi l'idée suivante peut être soutenue.

107.Sur la notion de droit fondamental voir : M. Danti- Juan, « Les principes directeurs du droit pénal et le Conseil Constitutionnel », *in Travaux de l'Institut de Sciences Criminelles de Poitiers*, Droit constitutionnel et droit pénal, Cujas, 2000 ; J. Kluger, « L'élaboration d'une notion de sanction punitive dans la jurisprudence du Conseil Constitutionnel », *R.S.C*, 1995, p. 505 ; R. Koering-Joulin et J-F. Seuvic, « Droits fondamentaux et droit criminel », *AJDA*, 1998, p. 106.

108.A ce titre, les auteurs qui ne partagent pas l'idée selon laquelle le principe d'individualisation de la peine peut-être reconnu comme à un principe fondamental de droit se retrouvent confronté à une difficulté lorsqu'ils relèvent eux-mêmes l'imprécision caractérisant les formules du Conseil Constitutionnel. Ainsi, faisant état d'une décision de 1978 floue quant à la valeur juridique à accorder au principe d'individualisation de la peine et sur laquelle se fondait la requête à l'origine de la décision de 1981, les auteurs au premier rang duquel le Professeur Franck (soutenant la thèse inverse) se voyait obligé de reconnaître cet état de fait lorsqu'il soulignait « cette solution se situe dans le droit fil de la jurisprudence du Conseil [jurisprudence selon laquelle le principe d'individualisation ne constitue pas selon eux un principe fondamental] qui, contrairement aux dires de la requête sénatoriale, n'a nullement posé dans sa décision du 22 novembre 1978 que l'individualisation constituait un Principe Fondamental reconnu par les Lois de la République. La continuité se traduit malheureusement en l'espèce par la formulation particulièrement floue et embarrassée, au terme de laquelle : « si la législation française a fait une place importante à l'individualisation de la peine, elle ne lui a jamais conféré le caractère d'un principe unique est absolu prévalant de façon nécessaire et dans tous les cas sur les autres fondements de la répression pénale ; qu'ainsi à supposer même que le principe d'individualisation puisse, dans ses limites, être regardé comme l'un des

Si, à deux reprises, le Conseil Constitutionnel a eu l'occasion de venir préciser, selon ces auteurs, l'absence de caractère fondamental du principe d'individualisation de la peine, mais qu'il ne l'a pas fait, cela permet de penser a contrario qu'il n'a pas voulu le faire expressément : c'est-à-dire que ce silence peut ne pas être traduit comme un refus catégorique de reconnaître au principe d'individualisation de la peine le caractère de principe fondamental de droit. Ce refus d'accorder cette valeur juridique précise à ce principe, n'est d'ailleurs pas entier si l'on se réfère aux formulations floues du Conseil Constitutionnel qui font plus que laisser planer un doute : « à supposer même que le principe d'individualisation puisse (...) être regardé comme l'un des principes fondamentaux... ». Au-delà des formulations plus ou moins précises qui s'attachent à la lettre du texte et qui peuvent donner lieu aux interprétations les plus diverses, il s'agit de porter la réflexion à un niveau autre, se rattachant à l'esprit même des fonctions du Conseil Constitutionnel.

L'essence même dudit Conseil et sa fonction première consistent à être le juge de la constitutionnalité des textes de loi. Concrètement, c'est à lui que revient la mission de dire si un texte (législatif ou autre) est conforme aux principes dégagés par la constitution. Il est chargé de vérifier si l'interprétation qui est faite des textes est correcte d'un point de vue constitutionnel. Le conseil peut même être amené à dégager des textes un certain nombre de grands principes non clairement explicités [109].

Principes Fondamentaux reconnus par les Lois de la République, il ne saurait mettre obstacle à ce que le législateur.... . L'incertitude demeure donc totale à cet égard et il est regrettable que les juges constitutionnels n'aient pas saisi l'occasion qui leur était ainsi offerte de la dissiper », *J.C.P* 1981, II, 19701, note C. Franck.

109.Sur ce point voir : L. Favoreu, « Le Conseil Constitutionnel, organe régulateur de l'activité normative des pouvoirs publics », *R.D.P*, 1967, p. 5 ; C. Leben, « Le Conseil Constitutionnel et le principe d'égalité devant la loi », *R.D.P*, 1982, p. 285 ; L. Philip, « Le développement du contrôle de constitutionnalité et l'accroissement des pouvoirs du juge constitutionnel », *R.D.P*, 1983, p. 401 ; J. Ferstenbert, « Le contrôle le Conseil Constitutionnel de la régularité des lois promulguées », *R.D.P*, 1991, p. 339 ; F. Luchaire, *Le Conseil Constitutionnel, t.1 : organisation et attribution*, Paris, Economica, 1997 ; F. Luchaire, *La protection constitutionnelle des droits et libertés*, Paris, Economica, 1987 ; B. Genelois, « Principes généraux du droit », *Répertoire de contentieux administratif*, 1986 ; G. Drago, « La conciliation entre principes constitutionnels », *Dalloz 1991*, chron. p. 265 ; P. Avril et J. Gicquel, *Le Conseil Constitutionnel*, Montchrestien, Clefs, 1992 ; L. Favoreu et L. Philip, *Le Conseil Constitutionnel*, Paris PUF,

En conséquence, il y a tout lieu de penser que lorsque les sénateurs le saisissent d'une requête fondée sur l'idée que le principe d'individualisation de la peine constitue un principe fondamental, il lui appartient de leur répondre. C'est en effet son rôle que de venir apporter une réponse à leurs affirmations par une infirmation ou une confirmation. En l'espèce, dans la décision en date des 19 et 20 janvier 1981, force est de constater que l'instance constitutionnelle n'a apporté aucune réponse à l'argumentation invoquée selon laquelle le principe d'individualisation de la peine constitue bien un principe fondamental de droit.

Ce point de vue peut ne pas être partagé pleinement. Des auteurs, au premier rang desquels se trouvent F. Desportes et F. Le Guhenec préfèrent appliquer au principe d'individualisation l'expression de « valeur constitutionnelle relative ». Par cette terminologie sui generis, ils viennent sans bouleverser totalement les classifications établies reconnaître la valeur forte attribuée au principe d'individualisation de la peine. Ils ne reconnaissent l'importance de la valeur de ce principe qu'a contrario, affirmant ainsi « si elle n'est pas un principe constitutionnel à part entière, l'individualisation de la peine est donc pour le moins la condition du respect de certains principes constitutionnels. En effet, lorsque la loi viole le principe de proportionnalité, cette violation n'est pas censurée dès lors que, dans l'exercice de son pouvoir d'individualisation, le juge peut rétablir la proportionnalité rompue entre la gravité des faits et la sanction [110]. De même, l'exécution des peines privatives de libertés doit pouvoir faire l'objet d'aménagements car le but de la peine, qui est l'amendement du condamné, ne s'accommode pas d'une immutabilité absolue. Les excès de la loi ne sont donc pas sanctionnés lorsqu'ils peuvent être tempérés par le juge » [111].

« Que sais-je? », n°1724, 1991 ; H. Roussillon, *Le Conseil Constitutionnel*, Dalloz, 1996 ; D. Turpin, *Le Conseil Constitutionnel, son rôle, sa jurisprudence*, Hachette, 1995.

110.Sur ce point voir décision du Conseil Constitutionnel n°93-325 *DC* du 13 août 1993, J.O du 18 août spé. p. 11725.

111.F. Desportes et F. Le Guhenec, *Le nouveau droit pénal*, Economica, 2000, p. 779. Ce faisant ces auteurs rejoignent l'idée précitée selon laquelle « affirmer que le principe d'individualisation n'est pas « unique et absolu » et ne doit pas prévaloir « de

Il n'est donc pas choquant de considérer que cette absence de réponse peut se traduire par une acceptation-confirmation, certes tacite mais acceptation tout de même, sinon le Conseil Constitutionnel ne remplirait pas ici sa tâche première. Cette confirmation tacite se justifie donc par l'absence d'infirmation précise. Elle est même renforcée par la formulation « particulièrement floue et embarrassée » [112] à laquelle il recourt pour admettre l'éventualité du caractère fondamental du principe en question : « à supposer même que le principe d'individualisation de la peine puisse être regardé comme l'un des principes fondamentaux ». Certes il s'agit d'une reconnaissance tacite, reconnaissance qui consiste à donner au principe d'individualisation le statut de norme à valeur constitutionnelle et qui doit à ce titre attirer l'attention. Cette reconnaissance pour le moins particulière suscite des réflexions. Il convient en effet ici d'interroger cette timidité du Conseil Constitutionnel. [113] Cette instance suprême ne semble pas prendre une position ferme eu égard à la valeur constitutionnelle à accorder au principe d'individualisation de la peine.

Il peut être émis l'hypothèse d'une adaptation naissante et donc à ce titre non encore clairement exprimée, du Conseil Constitutionnel à de nouvelles figures de pénalité. La reconnaissance tacite du caractère de principe fondamental de droit accordé à la personnalisation de la peine viendrait dire qu'est

---

façon nécessaire et dans tous les cas », c'est reconnaître dans le même temps qu'il est l'un des fondements de la répression pénale. Il en résulte que si le législateur dispose d'une marge importante d'appréciation lorsqu'il délimite les pouvoirs du juge pénal, il ne saurait cependant lui retirer tout pouvoir d'individualisation. Il apparaît en tout cas que, pour déterminer si une peine ne contrevient pas, par sa sécurité excessive, au principe de la nécessité ou de la proportionnalité des peines posé à l'article 8 de la Déclaration de 1789, le Conseil Constitutionnel prend souvent en considération la faculté laissé au juge d'adoucir la peine édictée par la loi.

112.L'expression est du Professeur Franck, V. *op.cit, J.C.P* 1981, II, 19701.

113.Cette interrogation est en lien direct avec la partie consacrée à l'approche épistémologique de la norme pénale. Il s'agit en effet ici de venir interroger, analyser la production normative pénale car la valeur juridique accordée au principe visé en l'espèce participe à la construction de la normativité pénale. La création législative au même titre que la reconnaissance constitutionnelle constitue des prismes par le biais desquels peut s'étudier la production normative pénale. Elle participe d'un certain travail de formalisation permettant de rendre visible puis lisible la position du droit positif.

désormais possible une utilisation différente des différents principes de légalité, d'égalité, de proportionnalité et d'individualisation. L'idée encore émergente serait, après avoir pris conscience de toute la complexité inhérente au processus de determination de la sanction, de permettre l'interpénétration et l'interaction des différents droits fondamentaux précités. Le but est ici de rendre possible une adaptation du droit à l'individu à qui elle s'adresse. En lien direct avec la prise en considération croissante de la personne, il s'agit ici d'une nouvelle figure de pénalité qui émerge.

TITRE II. - Champ d'application du principe de personnalisation

Les écrits qui vont suivre reprendront l'idée précédemment exposée selon laquelle la personnalisation s'adresse à des personnes physiques et l'individualisation à des personnes morales [114].

Le législateur de 1994 était soucieux de reconnaître et de s'adapter de manière toujours plus juste à l'auteur de l'infraction. En lien direct avec le désir de faire primer les personnes sur les biens [115], il a donc été amené à élargir ses conceptions du délinquant. Cet élargissement et cette adaptation ont pris une forme particulière : celle de la reconnaissance de deux grandes catégories d'agents délinquants. Désormais les personnes qui sont susceptibles de voir leur responsabilité pénale engagée consécutivement à la réalisation d'une infraction peuvent être des personnes physiques ou les personnes morales. De manière concrète cette reconnaissance prend la forme de deux sections respectivement intitulées « Des peines applicables aux personnes physiques » visées aux articles 131-1 à 131-36-8 et « Des peines applicables aux personnes morales » visées aux articles 131-37 à 131-49.

114.V. *supra*, p. 43.

115.V. *supra*, p. 40.

Chapitre I. - La personnalisation des personnes physiques

La création par le nouveau Code pénal de la responsabilité pénale des personnes morales constitue une innovation majeure du droit pénal moderne. Elle mérite à ce titre une étude particulière au terme de laquelle il sera intéressant d'apprécier le souci qui a été celui du législateur de s'adapter à la nature spécifique de ses sujets de droit que sont les personnes morales [116].

L'observation du contentieux soumis aux juridictions pénales révèle que les personnes concernées sont dans la très grande majorité des personnes physiques. Ce sont des êtres de chair et de sang qui font l'objet de la majeure partie des procédures. Les poursuites et peines prononcées à l'encontre des personnes morales restent en effet relativement rares. Et bien que l'argument invoqué pour la création de l'expression « personnalisation de la peine » (faisant référence au fait qu'il s'agissait de s'adresser aux personnes physiques et aux personnes morales) se trouve justifié en théorie par certains [117] par la présence des personnes morales, il s'avère que celles-ci ne sont que très peu concernées dans les faits. En outre, l'étude des différents modes de personnalisation des peines [118] visés aux articles 132-25 à 132-75 montre bien qu'il s'agit de mesures s'adressant exclusivement à des personnes physiques. Aussi, après avoir présenté les différentes peines applicables, le Code pénal pose dans un second temps dans l'article 132-24 le principe général devant gouverner leur prononcé : le principe de la personnalisation de la peine.

Ce principe général bien que s'adressant à l'ensemble des sujets de droits, c'est-à-dire personnes physiques comme personnes morales, doit toutefois être considéré comme une disposition concernant d'abord les personnes physiques. En effet, comme le relève l'étude des débats parlementaires relatifs à ce texte ainsi que l'analyse des différents modes de personnalisa-

---

116.Cette étude fera l'objet de la section II, V. *infra* p. 79 et s.

117.F. Le Guhenec et F.Desportes, *Le Nouveau Droit Pénal*, Economica, Paris, 2000, *op.cit*, p. 776 et s.

118.Lesquels font l'objet de la Section II du Titre III du Code pénal consacré aux peines.

tion ce sont bien des personnes physiques qui sont concernées au premier chef dans ce texte. L'ensemble des nouvelles dispositions du Code pénal traduit une volonté manifeste du législateur de faire une place de choix à l'homme [119]. Cette volonté prend la forme d'une multiplicité des peines possibles. Cette augmentation des peines, en diversifiant le choix offert aux juridictions permet une meilleure personnalisation. Comme le souligne la circulaire en date du 14 mai 1993 « le nouveau code pénal conserve la distinction fondamentale entre peines criminelles, correctionnelles et contraventionnelles auxquelles sont consacrées respectivement les sous-sections 1, 2 et 4 » (de la section I, du Titre III relatif aux peines).

Section I. - *La determination de la peine en matière criminelle*

Les dispositions du nouveau Code pénal relatives aux peines criminelles offrent l'illustration de la volonté du législateur de s'adapter véritablement à la spécificité de l'agent délinquant dans le souci d'une meilleure personnalisation. Le terme d'adaptation doit en l'espèce être retenu dans une acception large. En ce sens, l'adaptation doit être la plus ajustée aux caractéristiques personnelles et psychologiques de l'individu à qui elle s'adresse, mais également à ses caractéristiques sociales. Dans une telle perspective, l'adaptation consiste à reconnaître pour répondre de manière la plus juste à la dangerosité sociale du délinquant. Cette acception large va ainsi à l'encontre de l'idée selon laquelle, l'adaptation à la nature de l'agent délinquant c'est-à-dire la personnalisation, serait ici synonyme d'indulgence.

A ce titre, la création de l'article 131-1 [120] constitue l'illustration de l'idée précitée. Au terme de la circulaire de 1993

119.En ce sens voir : *Projet de nouveau Code pénal*, présentation par Robert Badinter, Dalloz, 1988, p. 31 et s.

120.Cet article dispose « Les peines criminelles encourues par les personnes physiques sont : 1°/ La réclusion criminelle ou la détention criminelle à perpétuité ; 2°/ La réclusion criminelle ou la détention criminelle de trente ans au plus ; 3°/ La réclusion criminelle ou la détention criminelle de vingt ans au plus ; 4°/ La réclusion criminelle ou la détention criminelle de quinze ans au plus. La durée de la réclusion criminelle ou la détention criminelle à temps est de dix ans au moins ».

« l'innovation principale de l'article 131-1 consiste en la création d'une peine de trente ans de réclusion criminelle. Le législateur a entendu tirer ainsi les conséquences de l'abolition de la peine de mort qui a entraîné un nivellement des peines sanctionnant les infractions les plus graves. La création de cette nouvelle peine permet en effet de rétablir une hiérarchie dans la répression et, par là même, dans les valeurs protégées. Ainsi, le meurtre simple est désormais puni de trente ans de réclusion criminelle ; seul l'assassinat et les autres meurtres aggravés demeurent puni de la réclusion criminelle à perpétuité. Cette peine de trente ans n'est prévue dans les Livres II, III et IV que pour les infractions actuellement punies de la réclusion à perpétuité ou pour sanctionner certaines circonstances aggravantes non prises en compte par le code actuel ».

Les dispositions de l'article 131-1 entendent donc s'adapter au mieux à la spécificité de l'auteur de l'infraction. Si celui-ci présente des caractéristiques d'une particulière dangerosité eu égard à la gravité des faits commis, l'adaptation du droit pénal se fera en conséquence par le prononcé d'une peine de réclusion criminelle ou une peine de trente ans.

Dans le même sens, les dispositions visées à l'article 132-3 relatives aux périodes de sûreté [121] participent d'une certaine adaptation à la nature dangereuse de l'auteur de l'infraction. Ainsi, comme le rappelle la circulaire « par dérogation à l'article 132-23 la durée maximum (de la période de sûreté) peut être portée à trente ans en cas de meurtre ou d'assassinat d'un mineur de quinze ans accompagné de viol ou de tortures et actes de

---

121. La période de sûreté constitue une mesure d'exécution des peines privatives de liberté non assortie du sursis, selon laquelle le condamné ne peut bénéficier pendant une période variable des dispositions concernant la suspension ou le fractionnement de la peine, le placement à l'extérieur, les permissions de sortir et la libération conditionnelle.

Elle est obligatoire pour certaines infractions lorsque la peine prononcée est égale ou supérieure à dix ans ; d'une durée égale à la moitié de la peine ou de 18 ans en cas de peine perpétuelle, elle peut être portée aux deux tiers de la peine ou à 22 ans, voire exceptionnellement à trente ans pour quelques infractions ; elle est facultative dans les autres cas lorsque la peine prononcée est supérieure à cinq ans ; sa durée ne peut excéder les deux tiers de la peine ou 22 ans en cas de peine perpétuelle.

barbarie. Il s'agit là des seuls cas de période de sûreté de trente ans prévus par le nouveau Code pénal ».

Les modalités d'exécution de cette période de sûreté relèvent ensuite des dispositions du Code de procédure pénale et plus particulièrement de l'article 720-4 alinéa 2 au terme duquel « dans le cas où la Cour d'Assises a décidé qu'aucune des mesures énumérées à l'article 132-23 du Code pénal ne pourrait être accordées au condamné à la réclusion criminelle à perpétuité, le juge d'application des peines peut, à l'expiration d'une période de trente ans suivant la condamnation, saisir un collège de trois experts médicaux désignés par le bureau de la Cour de Cassation sur la liste des experts agrées près à la Cour, qui se prononce sur l'état de dangerosité du condamné ».

Section II. - *La determination de la peine en matière correctionnelle*

Les dispositions du nouveau Code pénal relatives aux peines correctionnelles se caractérisent par un souci d'adaptation à la personne délinquante. Cette adaptation qui prend des formes extrêmement variées, participe à une nouvelle représentation de l'homme délinquant.

§- I. - Tendance à la diversification des peines correctionnelles

Mieux ajuster la peine en fonction de la spécificité de l'auteur de l'infraction passe par différents moyens. Le législateur de 1993 en avait une conscience très claire. C'est la raison pour laquelle il a à la fois multiplié et diversifié l'arsenal pénal en matière correctionnelle.

Multiplié, le panel des peines l'a été au terme de l'article 131-3 du Code pénal. Comme le fait observer ici la circulaire du 14 mai 1993 « la liste des peines correctionnelles dressées par l'article 131-3 est beaucoup plus longue que celle de l'actuel article 9 [122]. Sont en effet visés : 1°/l'emprisonnement 2°/l'amende 3°/le jour-amende 4°/le travail d'intérêt général 5°/ les peines privatives ou restrictives de droit prévues à l'article 131-6 [123] 6°/les peines complémentaires prévues à l'article à 131-10 [124] ». L'éventail des peines a également fait l'objet d'une diversification par un certain nombre de nouvelles dispositions. Certes, l'emprisonnement et l'amende sont présentés comme les peines principales encourues en matière correctionnelle. À ce titre, il est intéressant de relever outre la présence d'une échelle des peines [125], que le Code pénal contient une disposition importante visée à l'article 132-19 au terme de laquelle « en matière correctionnelle, la juridiction ne peut prononcer une peine d'emprisonnement sans sursis qu'après avoir spécialement motivé le choix de cette peine ». Comme le souligne Pierrette Poncela « la chambre criminelle par les décisions qu'elle a apportées sur la portée de cette nouvelle obligation au travers de ses décisions [126] semble ici avoir pris comme mesure et limite de ces exigences quant à la motivation des critères généraux visés à l'article 132-24 relatif à la personnalisation de la peine. La motivation doit donc se référer aux circonstances de l'infraction et/ou à la personnalité de l'auteur, bien entendu concrétisées par l'espèce » [127]. S'agissant de la peine principale d'amende, peu d'éléments sont à relever [128] si ce n'est que « dans les cas et

---

122.L'article 9 en l'espèce disposait « les peines correctionnelles sont : 1°/ l'emprisonnement à temps dans un lieu de correction 2°/ l'interdiction à temps de certains droits civiques, civils ou de famille 3°/ l'amende »

123.V. *infra*, note de bas de page n°133.

124.V. *infra*, p. note de bas de page n°134.

125.Dans une perspective de clarification la circulaire du 14 mai 1994 souligne « qu'une échelle des peines d'emprisonnement, absente du code actuel, est créé par l'article 131-14. Elle reprends 7 degrés : dix ans plus, sept en plus, cinq ans au plus, trois ans plus, deux ans au plus, un an au plus et six mois au plus.».

126.Crim. 6 février 1995, *BC n°48* ; Crim. 3 mai 1995, 19 avril 1995, *DP 1995*, comm. 194 ; Crim 7 décembre 1995, *BC n°374* ; Crim 25 janvier 1996, *DP 1996*, comm. 124 ; Crim 21 novembre 1996, *BC n°240* ; Crim 19 janvier 1999, *DP*, 1999, comm. 99.

127.P. Poncela, *Droit de la peine*, op. cit., p. 124 et 125.

128.Le taux de l'amende varie entre 1750 euros et 1 500 000 euros pour les infractions figurant dans le Code pénal. (Ces montants sont fixés par l'article 381 du Code de procédure pénale qui définit la compétence du tribunal correctionnel.)

conformément à l'article 132-24 du Code pénal, le montant de l'amende est fixé compte tenu des ressources des charges du condamné [129]. Cependant, à la différence de ce qui est exigé pour la peine d'emprisonnement, les juges n'ont pas à motiver le montant fixé » [130].

Au côté des peines principales encourues, viennent s'ajouter les peines dites alternatives [131]. Ces dernières sont à mettre au même plan que les peines principales d'emprisonnement et d'amende. En effet, comme le précise la circulaire du 14 mai 1994 « malgré sa présentation, l'article 131-3 ne doit pas être considéré comme instituant une échelle des peines correctionnelles (...). La présentation adoptée tend au contraire à mettre sur le même plan les peines dites aujourd'hui « principales » que sont l'emprisonnement et l'amende visés dans l'article 9 et les peines dites de « substitution » ou « complémentaires » (....). Le Parlement a souhaité ainsi mettre clairement en évidence que l'emprisonnement ne devait être considéré comme la peine de référence, mais n'était qu'une peine parmi d'autres, susceptible, elle aussi, d'être prononcée à titre principal. Conformément à l'esprit des dispositions nouvelles, il convient donc d'éviter à l'avenir d'utiliser l'expression « peine de substitution » couramment employée aujourd'hui pour désigner les peines susceptibles d'être prononcées à la place de l'emprisonnement. Cette expression semble en effet conférer à ces peines un caractère secondaire alors qu'il s'agit de véritables peines principales. On

---

129.En ce sens, les dispositions du nouveau Code pénal ne sont pas trop éloignées de celles visées à l'article 41 de l'ancien Code pénal au terme desquelles « des limites fixées par la loi, le montant de l'amende est déterminé en tenant compte des circonstances de l'infraction ainsi que des ressources et charges du prévenu ». Le rapprochement doit toutefois se faire avec nuance. Les éléments d'appréciation visés à l'article 41 de l'ancien code restent exclusivement objectifs. Ils ne font en effet que référence aux ressources et charges du prévenu. Aucune appréciation n'est portée sur la personnalité de celui-ci.

130.P. Poncela *op.cit* p. 125.

131.Sur ce type particulier de peines voir : G. Lorho, « Les alternatives à l'emprisonnement où l'art baroque en droit pénal », *R.S.C*, 1991, p. 53 ; G. Lorho, « Les peines de substitution ont-elles disparu ? », *DP*, 1993, chron. 49 ; B. Aubusson de Carvalay, « Le développement des peines alternatives », in Prisons : Quelles alternatives, *Revue Panoramique*, n° 45, 2000, 88-92 ; J. Bernat de Celis, » La question des alternatives », *R.S.C*, 1986, p. 309.

lui préférera donc celle, plus juste, de « peine alternative ». Ces peines alternatives et qui peuvent être prononcées à titre de peine principale, en lieu et place de la peine principale encourue, d'emprisonnement ou d'amende sont énumérées en quatre points. Il s'agit des peines de jour-amende [132], du travail d'intérêt général, des peines privatives ou restrictives de droit prévues à l'article 131-6 [133], des peines complémentaires prévues à l'article 131-10 [134].

Enfin, le Code pénal vient préciser que pour certains crimes et délits, il existe la possibilité de prononcer des peines com-

132.Le jour -amende est défini comme le versement au Trésor d'une somme dont le montant global résulte de la fixation par le juge d'une contribution quotidienne pendant un certain nombre de jours (article 131-5 du Code pénal).

133.L'article 131-6 du Code pénal dispose « Lorsqu'un délit est puni d'une peine d'emprisonnement, une ou plusieurs des peines privatives ou restrictives de droits suivantes peuvent être prononcées :1°/la suspension, pour une durée de cinq ans plus, du permis de conduire, cet suspension pouvant être limitée, selon les modalités déterminées par décret en Conseil d'Etat, à la conduite en dehors de l'activité professionnelle. 2°/l'interdiction de conduire certains véhicules pendant une durée de cinq ans plus. 3°/l'annulation du permis de conduire avec interdiction de solliciter la délivrance d'un nouveau permis pendant cinq ans plus. 4°/la confiscation d'un ou plusieurs véhicules appartenant au condamné. 5°/l'immobilisation, pour une durée d'un an au plus, d'un ou plusieurs véhicules appartenant au condamné, selon les modalités déterminées par décret en Conseil d'Etat. 6°/l'interdiction de détenir ou de porter, pour une durée de cinq ans plus, une arme soumise à autorisation. 7°/la confiscation d'une ou plusieurs armes dont le condamné est propriétaire ou dont il a la libre disposition. 8°/le retrait du permis de chasser avec interdiction de solliciter la délivrance d'un nouveau permis pendant cinq ans plus. 9°/l'interdiction pour une durée de cinq ans au plus d'émettre des chèques autres que ceux qui permettent le retrait de fonds par le tireur auprès du tiré ou ceux qui sont certifiés et d'utiliser des cartes de paiement. 10°/ la confiscation de la chose qui a servie ou était destinée à commettre l'infraction ou de la chose qui en est le produit. Toutefois cette confiscation ne peut pas être prononcée en matière de délit de presse. 11°/l'interdiction pour une durée de cinq ans au plus d'exercer une activité professionnelle ou sociale dès lors que les facilités que procure cette activité ont été sciemment utilisées pour préparer ou commettre l'infraction. Cette interdiction n'est toutefois pas applicable à l'exercice d'un mandat électif ou de responsabilités syndicales. Elle n'est pas non plus applicable en matière de délit de presse.

134.L'article 131-10 du Code pénal dispose quant à lui : « Lorsque la loi le prévoit, un crime ou un délit peut être sanctionné d'une ou plusieurs peines complémentaires qui, frappant les personnes physiques, emporte interdiction, déchéance, incapacité où retrait d'un droit, injonction de soins ou obligations de faire, immobilisation ou confiscation d'un objet, fermeture d'un établissement ou affichage de la décision prononcée ou diffusion de celle-ci soit par la presse écrite, soit par tout moyen de communication audiovisuelle ».

plémentaires [135], sans pour autant donner une liste exhaustive de celles-ci. À ce titre, la circulaire vient souligner que « le nombre de peines complémentaires prévues pour chaque infraction est beaucoup plus important que dans le code actuel. Cette augmentation des peines complémentaires, en diversifiant le choix offert aux juridictions, devrait permettre une meilleure individualisation et favoriser le recours à d'autres sanctions que l'emprisonnement ».

§- II. - Le sens de la diversification des peines correctionnelles

En multipliant et diversifiant les peines en matière correctionnelle, le législateur veut répondre aux impératifs d'individualisation-personnalisation devenus désormais prioritaires.

Ce faisant, c'est une nouvelle représentation de l'homme délinquant qui émerge au travers de ces nouveaux objectifs pénaux. Multiplier et diversifier les peines correctionnelles, de manière à pouvoir répondre de façon toujours plus ajustée à la nature de l'agent délinquant, participe en effet d'une certaine reconnaissance de sa spécificité. C'est par la même occasion admettre que l'auteur de l'infraction n'est pas réductible à une peine. C'est la raison pour laquelle, il convient d'élargir au maximum l'arsenal pénal de manière à pouvoir disposer du plus grand nombre de mesures pénales. L'idée générale sous-tendue étant la suivante : la diversité des mesures pénales doit permettre de répondre à la pluralité et à la spécificité de chacun des cas d'espèce [136].

135.« Les peines complémentaires sont des peines qu'il est normalement pas possible de prononcer sans le soutien d'une peine principale. Comme son nom l'indique, la peine complémentaire vient compléter la peine principale, de façon à assurer une meilleure répression. Tantôt la loi qui prévoit des peines complémentaires ordonne au juge de les prononcer (peines complémentaires obligatoires), tantôt elle offre simplement au juge la possibilité d'y recourir (peines complémentaires facultatives). Souvent elle autorise même le juge à négliger la peine principale encourue et à prononcer, à titre de peine principale, la peine complémentaire prévue au texte d'incrimination » in G. Levasseur, A. Chavanne, J. Montreuil, B. Bouloc, H. Matsopoulou, *Droit pénal général et procédure pénale*, Sirey, 2002, p. 353.

136.Les larges pouvoirs d'individualisation - personnalisation laissés au juge par le nouveau Code pénal, en ne lui laissant pour seule obligation que le respect du maximum encouru, va d'ailleurs dans ce sens. Les moyens d'adapter une peine de manière la plus

Mais au-delà, considérer et soutenir l'idée que l'auteur de l'infraction n'est pas réductible à une peine vient surtout préciser qu'il n'est pas réductible à « la peine de référence » inscrite dans l'inconscient pénal sociétal, c'est-à-dire la peine d'emprisonnement. C'est tenter ici de venir infléchir une « culture du tout carcéral ».

C'est dans cette perspective que la réflexion sur les peines alternatives [137] peut alors prendre tout son sens. On retrouve ici tout l'intérêt, mais également toute la difficulté, que ces nouvelles peines emportent. Il ne s'agit pas en effet de les considérer comme des substituts [138] à l'emprisonnement, c'est-à-dire de les réduire à la solution la plus acceptable face à la prison et toutes les critiques qui lui sont inhérentes. Il ne s'agit pas plus de réfléchir au sens de ces nouvelles peines en termes économiques ou

---

ajustée à la personne qui en fait l'objet se sont en effet considérablement accrus, non seulement par la multiplicité et diversité des mesures mais également par la liberté de leur utilisation.

137.En matière correctionnelle, les peines alternatives (dites à l'époque de substitution) ont été introduite par la loi n° 75-624 du 11 juillet 1975.

A ce propos Madame P. Poncela rappelle à quel point « la loi du 11 juillet 1975 et plus encore, le Code pénal de 1992- 1994 ont modifié la nomenclature des peines et le régime juridique de leur prononcé » *op.cit* p. 115. L'auteur rappelle ici le contexte dans lequel la loi a vu le jour : « en juillet 1974, une émeute avait éclaté à la maison centrale de Clairvaux, faisant trois morts, puis des mutineries avaient eu lieu dans d'autres établissements (Amiens, Auxerre, Loos-les-Lilles, Nîmes, La Santé). L'agitation avait repris en 1975 (...) Un projet de loi est donc soumit au Parlement afin de répondre rapidement à la « crise traversée par les prisons » (...) Ce texte s'attachait à restreindre l'usage des peines d'emprisonnement. Ces dernières devaient être remplacées par des peines qui puissent être « tout aussi dissuasives, sans présenter les inconvénients de la prison ». Comme le souligne ici l'auteur « l'élargissement de l'éventail des peines délictuelles fut tributaire d'une individualisation judiciaire pour la determination des peines prononcées ». Et d'ajouter, « le Code pénal adopté en juillet 1992, entré en vigueur le 1er mars 1994, consacre et approfondit la politique pénale amorcée en 1975 par une individualisation judiciaire accrue (suppression des minima encourus et prononçables), par une diversification des peines délictuelles, laquelle participe à de l'individualisation et de la volonté de restreindre la place de l'emprisonnement ».

De manière plus générale sur la loi du 11 juillet 1975 voir : J. Robert, « Les lois du 11 juillet et du 6 août 1975 en matière pénale », *J.C.P*, 1975, I, 2729 ; A. Decocq, « Les modifications apportées par la loi du 11 juillet 1975 à la théorie générale du droit pénal », *R.S.C*, 1976, p. 5 ; M-J. Cambassedès, « Les sanctions de substitution dans la loi du 11 juillet 1975 et dans l'avant-projet de Code pénal », *J.C.P*, 1980, I, 2977.

138.Le terme substitut est ici intéressant. L'appellation première de ces peines était en effet « peines de substitution », V. *supra* p. 73.

utilitaristes [139] comme ce fut le cas à leur création au début des années 1970. Les peines alternatives constituaient alors à l'époque une solution face à l'augmentation de la population carcérale, en cette période faite d'émeutes et de révoltes dans le milieu pénitentiaire. « Les avantages attachés aux peines alternatives (...) n'apparaissaient que par opposition à la prison » [140]. Il convient désormais de penser les peines alternatives comme des outils privilégiés permettant de prononcer une peine la plus ajustée à la personne à qui elle s'adresse. La réflexion autour de ce type particulier de peine doit s'organiser en termes qualitatifs. Les peines alternatives ne doivent plus être considérées comme des outils généraux et utilitaristes venant répondre à la difficulté sociétale de gestion des délinquants. Elles obéissent à une logique autre. Ce sont plus des outils précis qui viennent donner un sens particulier (unique) [141] à une difficulté personnelle ayant des implications sociétales. La perspective est donc toute différente. Elle permet de donner un sens autre à ces nouvelles manières de punir que constituent les peines alternatives.

Section III. - *La determination de la peine en matière contraventionnelle*

Comme le rappelle la circulaire du 14 mai 1993 « au terme de l'article 131-12 les peines contraventionnelles encourues sont

---

139.Cette perception originelle (utilitaire et économique) des peines alternatives avait fait l'objet de nuance de la part de certains auteurs. Pierrette Poncela évoque à ce titre la prudence de Michel Foucault notamment « qui viendra tempérer l'enthousiasme suscité par ces nouvelles manières de punir, en même temps qu'il aura le salutaire souci de les situer dans le contexte d'une redistribution de la gestion des illégalismes, ces derniers subissant eux-mêmes de profondes transformations. Loin de bouleverser le système des peines, les sanctions alternatives seront, dit Michel Foucault, des formes de répétition et de diffusion de la prison. Elles correspondent à une libération des vieilles fonctions carcérales car utilisent les mêmes moyens (...). Ainsi le temps de prison apparaît comme dilué sur toute une phase d'existence et si le délinquant ne se conforme pas aux requis de la peine alternative, le moment de la prison n'aura été que différé ». *op.cit*, p. 127

140.P. Poncela *op.cit*, p. 126.

141.Même si le juge dispose des mêmes peines pour sanctionner des cas d'espèce par essence différents, la multiplicité des peines alternatives doublée de l'augmentation de son pouvoir d'individualisation- personnalisation, lui permettent de s'adapter au mieux aux dispositions énumérées à l'article 132-24 du Code pénal.

l'amende et les peines privatives ou restrictives de droits prévues à l'article 131-14, ces peines n'étant pas exclusives des peines complémentaires prévues par les articles 131-16 et 131-17 (...). L'innovation fondamentale tient à la suppression pure et simple de l'emprisonnement contraventionnel » [142]. Désormais, seule l'amende sert de mesure pour la gravité de l'infraction. La circulaire précitée souligne à ce titre qu'» à la différence de l'actuel article 466, l'article 131-13 fixe le montant de l'amende encourue pour chacune des cinq classes de contraventions » [143].

La seconde innovation importante du nouveau Code pénal en matière contraventionnelle est introduite par l'article 131-14 qui étend aux contraventions de 5ème classe le mécanisme des peines alternatives. Ledit article vient en effet préciser que pour cette catégorie de contraventions, l'amende pourra en effet toujours être remplacée par une ou plusieurs des 6 peines suivantes : 1°/la suspension, pour une durée d'un an au plus, du permis de conduire, cette suspension pouvant être limitée à la conduite en dehors de l'activité professionnelle ; 2°/l'immobilisation, pour une durée de six mois au plus, d'un ou plusieurs véhicules appartenant au condamné ; 3°/la confiscation d'une ou plusieurs armes dont le condamné est propriétaire ou dont il a la libre disposition ; 4°/ le retrait du permis de chasser, avec interdiction de solliciter la délivrance d'un nouveau permis pendant un an au plus ; 5°/l'interdiction, pour une durée d'un an plus, d'émettre des chèques autres que ceux qui permettent le retrait de fond par le tireur auprès du tiré ou ceux qui sont certifiés et d'utiliser des cartes de paiement ; 6°/la confiscation de la chose qui a servi ou était destinée à commettre l'infraction ou de la chose qui en est le produit. Toutefois cette confiscation ne peut pas être prononcée en matière de délits de presse ». On retrouve donc ici en matière contraventionnelle le même souci de diversification et de multiplicité des peines prévues en matière correctionnelle,

142.Avant la loi du 19 juillet 1993 qui porte abrogation de l'article 465, les peines principales encourues en matière contraventionnelle étaient l'emprisonnement de un jour à deux mois.

143.Les taux maximum, prévu pour les contraventions sont les suivants : -première classe : 38 euros -deuxième classe : 150 euros - troisième classe : 150 euros - quatrième classe : 750 euros - cinquième classe : 1500 euros ou 3000 euros en cas de récidive.

qui a pour but de trouver la peine la plus adaptée au sujet contrevenant. Le juge ne se trouve plus limité à prononcer « la peine de référence » en matière contraventionnelle c'est-à-dire la peine d'amende. Il dispose désormais d'un éventail de peines très large lui permettant de réaliser véritablement un travail de personnalisation. L'arsenal pénal contraventionnel élargi par les possibles peines alternatives, l'a été également par l'ensemble des peines complémentaires dans les articles 131-16 et 131-17 qui « en dressent une liste à la fois longue et diversifiée » comme le souligne la circulaire du 14 mai 1993. Ainsi, au terme de l'article 131-16 le règlement qui réprime une contravention peut prévoir, lorsque le coupable est une personne physique, une ou plusieurs des peines complémentaires suivantes : 1°/la suspension pour une durée de trois ans au plus, du permis de conduire, cette suspension pouvant être limitée à la conduite en dehors de l'activité professionnelle ; 2°/ l'interdiction de détenir ou de porter, pour une durée de trois ans plus, une arme soumise à autorisation ; 3°/ la confiscation d'une ou plusieurs armes dont le condamné est propriétaire ou dont il a la libre disposition ; 4°/ le retrait du permis de chasser, avec interdiction de solliciter la délivrance d'un nouveau permis pendant trois ans au plus ; 5°/la confiscation de la chose qui a servi ou était destinée à commettre l'infraction ou de la chose qui en est le produit.

Au terme de l'article 131-17 peuvent en outre être prévus par le règlement qui sanctionne une contravention de 5ème classe : 1°/l'interdiction, pour une durée de trois ans au plus d'émettre des chèques ; 2°/ la peine de travail d'intérêt général pour une durée de 20 à 120 heures.

Chapitre II. - L'individualisation des personnes morales

La personnalisation telle qu'il est définie à l'article 132-24 du Code pénal consiste en une adaptation la plus juste aux caractéristiques de l'auteur de l'infraction. Ces dispositions qui visent les circonstances mais également la personnalité de leur auteur s'adressent à des personnes physiques. Le terme de personnalité tel qu'il ressort des débats parlementaires [144] s'adresse en effet à des personnes physiques. Il ne s'agit pas de prendre ce terme dans son acception juridique [145].

Le processus d'adaptation de la mesure pénale à la spécificité de son auteur a toutefois été reconnu également par le législateur de 1994 en ce qui concerne les personnes morales. C'est ici une innovation majeure du Code pénal. Celle qui a consisté à reconnaître une responsabilité pénale des personnes morales et créer un ensemble de peines adapté à la spécificité de leur nature [146]. Sans être totalement exclues de la réflexion concernant le nouveau processus de determination de la peine constitué par la personnalisation, les personnes morales ne peuvent toutefois y être pleinement rattachées [147]. En effet, l'étude de la personnalisation réalisée dans le cadre de cette thèse au moyen de l'approche psycho-criminologique s'adresse exclusivement à des personnes physiques. Elle ne peut être applicable à des personnes morales. Néanmoins, il ne s'agit pas pour autant d'exclure ces dernières du processus général d'adaptation à la nature de l'agent, réalisé par le Code pénal. Force est en effet de constater que ce processus précité est applicable aux personnes morales, mais dans des conditions précises et sous une appellation différente que l'on peut appeler individualisation [148]. L'adaptation maximale à la spécificité d'une personne morale auteur d'infraction, a consisté en la reconnaissance par le législateur une responsabilité pénale qui lui était propre. Cette reconnaissance a été concrétisée par la création de peines spécifiques pour ces sujets de droit particuliers.

144.V. *supra*, p. 35.

145.Ce n'est pas la personnalité entendue comme la capacité à être titulaire de droit qui est visée en l'espèce, mais bien la personnalité au sens psychologique du terme.

146.Sur ce point voir notamment : M. Delmas-Marty, *Droit Pénal des Affaires*, 3e ed, I, p. 118 ; W. Jeandidier, *Droit Pénal*, 2e ed, n°316 ; F-J. Pansier, « La responsabilité pénale des personnes morales », *GP* 1996, n°88, p. 2.

147.Sur ce point V. *supra*, p. 42 et s.

148.V. *supra*, p. 42 et s.

Section I. - *La reconnaissance de la responsabilité des personnes morales*

Aujourd'hui clairement reconnu, l'établissement de la responsabilité pénale des personnes morales a été le fruit d'une longue réflexion et d'une volonté du législateur désireux de s'adapter de manière plus juste toujours à ce type particulier de délinquant que constituent les personnes morales.

§- I. - Réflexion [149] autour de la responsabilité pénale des personnes morales

En disposant à l'article 121-2 alinéa 1 que « les personnes morales, à l'exclusion de l'Etat, sont responsables pénalement selon les distinctions des articles 121-4 à 121-7 et que dans les cas prévus par la loi ou le règlement, des infractions commises, pour leur compte, par leurs organes ou représentants » le législateur de 1994 posait le principe de la responsabilité des personnes morales [150].

Cet article venait mettre un point d'achèvement au débat. Un grand nombre d'auteurs était en effet défavorable à la reconnaissance d'une telle responsabilité. MM. Desportes et Le Guhenec précités rappellent à ce titre les quatre principaux arguments qui étaient traditionnellement avancés par la doctrine pour justifier

149.Sur ce point voir : Mestre, *Les personnes morales et le problème de leur responsabilité pénale*, thèse, Paris, 1899 ; I. Urbain-Parleani, « Les limites chronologiques à la mise en jeu de la responsabilité pénale des personnes morales », *Revue des Sociétés*, 1993, p. 239 et s. ;F. Franchi, « A quoi peut bien servir la responsabilité pénale des personnes morales ? », *R.S.C* avril-juin 1996, p. 277 ; M-E. Cartier et R. Merle, « La responsabilité pénale des personnes morales : évolution ou révolution ? », *J.C.P*, 1994, Ed. E. sup n°5.

150.Comme le font observer MM. Desportes et Le Guhenec : « Jusqu'à l'entrée en vigueur de la réforme, le 1er mars 1994, les personnes morales n'encouraient qu'une responsabilité civile et dans certains cas, disciplinaire ou administrative, mais elles ne pouvaient pas être déclarées pénalement responsables d'une infraction (...). Une telle irresponsabilité n'avait toutefois pas toujours existé. Sous l'ancien droit en effet, la responsabilité pénale des groupements et notamment des « communautés, bourgs et villages » était admise par une ordonnance royale de 1670, qui prévoyait des peines d'amende et de confiscation et même, s'agissant des villes, des sanctions- représailles telles que la démolition des murailles et enceintes. Cette responsabilité fut supprimée à la Révolution en même temps que les corporations » in F. Desportes et F. Le Guhenec, *Le Nouveau Droit Pénal, Tome 1, Droit Pénal Général*, Economica, Paris, 2000, p. 499.

l'irresponsabilité des personnes morales exprimé par la maxime « *societas delinquere non potest* ». En premier lieu, il était soutenu que le groupement était une fiction juridique incapable de volonté personnelle, condition indispensable de la responsabilité pénale. Il était observé en second lieu, que la reconnaissance juridique, en droit civil, des groupements supposait l'existence d'un objet social (principe dit de « spécialité »), qui ne pouvait en aucun cas consister en la commission d'une infraction. En troisième lieu, certains faisaient valoir qu'un groupement ne pouvait faire l'objet d'une peine, qui compte tenu de ses fonctions et de sa nature, ne pouvait se concevoir qu'à l'encontre des personnes physiques. Enfin, la responsabilité pénale d'une personne morale était présentée comme portant atteinte au principe de personnalité des peines en ce qu'elle avait pour effet de punir indistinctement tous les membres d'un groupement, y compris ceux qui n'avaient pas voulu la commission de l'infraction » [151].

C'est donc à l'issue d'un long débat doctrinal que la responsabilité pénale des personnes morales voyait le jour.

§- II. - Justification autour de la responsabilité pénale des personnes morales

La justification à apporter à la création d'une responsabilité à ce type particulier de sujets de droit doit se résumer en une volonté de vouloir adapter véritablement le droit aux nouvelles situations sociales qui s'imposaient [152].

A. - Une adaptation nécessaire

La reconnaissance d'une responsabilité pénale des personnes morales s'est imposée pour des raisons d'ordre à la fois juridique et de politique criminelle. Tout d'abord comme le soulignent

---

151.*Op.cit* p. 501.

152.Sur ce point voir notamment : Borrigand, « Pour une responsabilité pénale de tous les groupements », *Annales de la Faculté de Droit de Clermont-Ferrand*, 1981, p. 127 ; M. Delmas-Marty, *Droit Pénal des Affaires*, 3ᵉ ed, I, p. 118 ; W. Jeandidier, *Droit Pénal*, 2ᵉ ed, n°316 ; F-J. Pansier, « La responsabilité pénale des personnes morales », *GP*, 1996, n°88 p. 2.

MM. Comte et Maistre du Chambon « la question, autrefois ardemment débattue de la réalité ou de la fiction de la personne morale, est aujourd'hui résolue : la personne morale est une réalité. Rien ne justifie de continuer à la considérer comme une fiction uniquement en droit pénal » [153].

S'agissant de l'argument de politique criminelle il était observé qu' « à l'époque où le Code pénal [de 1810] a été mis en vigueur, la richesse économique résultait de l'action individuelle. Le XXe siècle, au contraire, a été celui de l'entreprise, juridiquement organisée par cette structure particulière qu'est la personne morale et instrument majeur de la production. Il en a résulté des formes nouvelles de délinquance, dans le domaine de l'économie, de l'environnement notamment. Le droit pénal doit se donner les instruments pour lutter efficacement contre ces infractions, à peine de faillir à sa mission ; seules les sanctions pénales, frappant directement la personne morale, seront de nature à le permettre. D'ailleurs, de nombreux pays se sont rangés à cette solution » [154]. Ainsi, comme le soulignent MM. Desportes et Le Guhenec « au-delà des arguments théoriques, la lecture de l'exposé des motifs du projet de Code pénal déposé en 1986 fait apparaître que des raisons d'ordre pratique ont pour l'essentiel conduit les auteurs de la réforme à reconnaître la responsabilité pénale des personnes morales. Il s'agissait d'abord de tirer les conséquences d'une réalité criminologique, ce dont témoigne l'exposé des motifs qui indique : « l'immunité actuelle des personnes morales est d'autant plus choquante qu'elles sont souvent, par l'ampleur des moyens dont elles disposent, à l'origine d'atteintes graves à la santé publique, à l'envi-

---

153.P. Comte et P. Maistre du Chambon, *Droit pénal général*, A. Colin, 2000, p. 198 .

154.« De nombreux pays comme les États-Unis, le Canada, le Royaume-Uni et les Pays-Bas admettent parfois depuis longtemps, la possibilité de sanctionner pénalement des personnes morales ». MM. Desportes et Le Guhenec précités renvoient sur ce point à l'article de S. Geeroms « La responsabilité pénale des personnes morales : une étude comparative », *Revue Internationale de Droit Comparé 1996*, p. 533 ; J-H Robert, « La responsabilité pénale des personnes morales en droit anglais », *Droit Pénal*, 1995, chronique n° 30 ; M. Delmas-Marty, *Droit Pénal des Affaires*, 3e ed, I, p. 123 et s ; Rapport sur la responsabilité pénale des groupements, Journées de Pau, 1978, *R.I.D.P*, 1980, p. 38.

ronnement, à l'ordre économique ou à la législation sociale. De surcroît, la décision qui est à l'origine de l'infraction est prise par les organes sociaux eux-mêmes (...). Il convient donc de mettre en cause, dans les cas déterminés et par des peines pécuniaires ou privatives de droit appropriées, la responsabilité des personnes morales ». »[155].

B. - Une adaptation spécifique

Le processus de determination de la peine en fonction des caractéristiques de l'auteur de l'infraction, appliqué aux personnes morales, suppose une adaptation spécifique au terme de laquelle il est possible d'affirmer l'existence d'une individualisation. La spécificité de cette adaptation aux personnes morales mérite en effet l'appellation d'individualisation dans le sens où elle ne peut rester que très générale compte tenu du caractère même de l'agent délinquant en cause en l'espèce.

Cette différence de nature, qui intervient dans le processus de determination de la sanction, est inhérente à la spécificité du délinquant. Une personne morale ne peut pas en effet faire l'objet de la même approche qu'une personne physique. C'est-à-dire que s'il y a une personnalisation, pour reprendre les termes du Code pénal, on personnalise le fait que ce soit une personne morale qui ait commis l'infraction. Mais il n'est pas possible de faire œuvre de personnalisation avec une personne morale. Cette action pénale n'est possible qu'avec une personne physique. C'est la raison pour laquelle il paraît souhaitable, pour éviter toute confusion ou complication, de préférer appliquer le terme d'individualisation aux personnes morales et celui de personnalisation aux personnes physiques[156]. L'impossibilité d'appliquer la personnalisation aux personnes morales s'explique par leur nature même en lien direct avec le fondement du droit pénal. La répression, ou la prévention appliquée à un être désincarné, qui par définition ne peut pas être doté d'une cons-

---

155.F. Desportes et F. Le Guhenec, *Le nouveau droit pénal*, Economica, Paris, 2000, p. 504.

156.V. *supra*, p. 42 et s.

cience, ne peut en effet que difficilement revêtir un sens. Aucun travail de peine c'est-à-dire d'élaboration personnelle n'est possible avec une personne morale. Si adaptation il y a, elle ne peut que se limiter à reconnaître la spécificité de la personne morale auteur d'infraction et à créer des peines qui lui soient appropriées.

Section II. - *La spécificité des peines applicables aux personnes morales* [157]

En créant une responsabilité pénale des personnes morales, le législateur de 1994 est venu reconnaître le particularisme de ces sujets de droit singuliers que sont les personnes morales. Il a été soucieux d'adapter le droit à la spécificité de ces agents délinquants.

Cette spécificité se retrouve inévitablement dans les peines encourues par les personnes morales. L'individualisation est rendue possible par un choix important de peines, mais l'adaptation ne pourra rester que très générale compte tenu du caractère abstrait de la personne morale. La personnalisation, quant à elle ne sera pas possible, parce que non applicable aux personnes morales. Cela se traduit par la capacité de modulation réduite du juge pour adapter la peine. C'est-à-dire que le processus de determination de la peine établi en fonction de la spécificité de l'auteur de l'infraction pour être entier suppose la réunion de deux étapes. Une première qui se caractérise par une pluralité et diversité des peines. Cet étape qui peut être nommée individualisation a été réalisé par le nouveau Code pénal qui a créé un éventail de peines très important pour les personnes physiques comme pour les personnes morales. L'individualisation est donc bien présente et réalisable pour ces nouveaux sujets de droits reconnus par le législateur que sont les personnes morales.

157.Sur ce point voir N. Rontchevy, « Les conditions de la mise en jeu de la responsabilité pénale des personnes morales à la lumière de la jurisprudence récente », *RJDA*, 1998, p. 175.

En revanche, la seconde étape ne leur est pas applicable. La personnalisation consiste en effet en l'adaptation singulière, la modulation de la peine au parcours du délinquantiel et existentiel de l'auteur de l'infraction. Le but poursuivi étant le suivant : permettre que la peine prononcée vienne faire sens pour la personne qui en fait l'objet ; qu'elle soit porteuse d'une certaine réflexivité. Or, ce second aspect d'ordre existentiel semble difficilement applicable à une personne morale.

§- I. - La determination de la peine en matière criminelle et correctionnelle

La circulaire précitée vient préciser « qu'en matière criminelle et correctionnelle, la loi ne prévoit qu'une seule catégorie de peines applicables aux personnes morales en n'opérant en effet aucune distinction entre les peines principales, complémentaires ou alternatives ».

A. - Identité des peines criminelles et correctionnelles

Il est en effet significatif de souligner le choix opéré par le législateur qui a consisté à regrouper les deux catégories de peines que sont les peines criminelles et correctionnelles. L'article 131-37 du Code pénal dispose en effet « les peines criminelles ou correctionnelles encourues par les personnes morales sont : 1°/ l'amende 2°/ dans les cas prévus par la loi, les peines énumérées à l'article 131-39 » [158]. Il y a donc une totale identité des peines criminelles et correctionnelles. Cette particularité qui consiste à ne faire aucune distinction entre les deux types de peines emporte des conséquences. Il est en effet « impossible, en considérant les seules peines encourues par les personnes morales, de savoir si l'infraction considérée est un crime ou délit. Sa qualification doit être déterminée par référence aux peines encourues par les personnes physiques » [159]. Dans un tel

---

158.V. *infra*, p. 87.

159.F. Le Guhenec et F. Desportes, *Le Nouveau Droit Pénal*, Economica, Paris, 2000, *op.cit.*, p. 724.

contexte, la personnalisation telle qu'elle a été précédemment définie semble difficilement réalisable. L'individualisation quant à elle, qui normalement doit participer d'une certaine clarification et diversification des peines, ne semble pas être réellement plus effective.

B. - Absence de peine complémentaire et alternative

De la même manière un autre argument va dans le sens de la difficile personnalisation en faveur des personnes morales. Il s'agit de l'absence de distinction entre les peines complémentaires et alternatives qui peuvent être prononcées à l'encontre d'une personne morale en matière criminelle [160]. Alors que pour les personnes physiques, ces différentes mesures constituent autant de moyens de pouvoir s'adapter aux caractéristiques spécifique de l'auteur de l'infraction, pour les personnes morales il n'en est rien. Ainsi, en matière criminelle ou correctionnelle les peines encourues par les personnes morales sont situées sur le même plan. L'article 131-39, vient en cela compléter l'article 131-37, en énumérant l'ensemble des peines encourues par une personne morale. Elles sont au nombre de neuf. Il s'agit de 1°/la dissolution, lorsque la personne morale a été créée ou, lorsqu'il s'agit d'un crime ou d'un délit puni en ce qui concerne les personnes physiques d'une peine d'emprisonnement supérieure « ou égale à trois ans » détournée de son objet pour commettre les faits incriminés ; 2°/l'interdiction, à titre définitif ou pour une durée de cinq ans plus, d'exercer directement ou indirectement l'une ou plusieurs activités professionnelles ou sociales ; 3°/le placement, pour une durée de cinq ans au plus, sous surveillance judiciaire ; 4°/la fermeture définitive ou pour une durée de cinq ans au plus des établissements ou de l'un ou de plusieurs des établissements de l'entreprise ayant servi à commettre les faits incriminés ; 5°/ l'exclusion des marchés publics à titre définitif ou pour une durée de cinq ans au plus ; 6°/l'interdiction à titre définitif ou pour une durée de cinq ans au plus, de faire appel

---

160.F. Le Guhenec et F. Desportes soulignent ainsi « il n'existe ni peine alternative ni peine complémentaire. Toutes les peines sont en quelque sorte des peines principales, que le juge peut librement combiner entre elles », *op.cit*, p. 724.

public à l'épargne, 7°/l'interdiction, pour une durée de cinq ans plus, d'émettre des chèques autres que ceux qui permettent le retrait de fond par le tireur auprès du tiré ou ceux qui sont certifiés ou d'utiliser des cartes de paiement ; 8°/la confiscation de la chose qui a permis ou était destinée à commettre l'infraction ou de la chose qui en est le produit ; 9°/l'affichage de la décision prononcée ou la diffusion de celle-ci soit par la presse écrite, soit par tout moyen de communication audiovisuelle.

La difficile personnalisation en faveur des personnes morales et donc la reconnaissance d'une individualisation ce qui les concernent est encore plus manifeste avec la première des peines proposée par le Code pénal : l'amende. Après l'avoir cité à l'article 131-37, le législateur est venu en préciser les contours spécifiques. Ainsi a-t-il été amené à préciser à l'article 131-38 que « le taux maximum de l'amende applicable aux personnes morales est égal au quintuple de celui prévu pour les personnes physiques par la loi qui réprime l'infraction ». La somme due au titre de l'amende étant pour sa fixation par le juge, soumise aux précisions de l'alinéa 2 de l'article 132-24 au terme duquel « lorsque la juridiction prononce une peine d'amende, elle détermine son montant en tenant compte également des ressources et des charges de l'auteur de l'infraction ». Seules sont donc applicables aux personnes morales ces dispositions présentes à l'alinéa 2, qui sont par nature objectives. Elles viennent en effet s'opposer au caractère plus subjectif visé à l'alinéa 1 du même article qui concerne « les circonstances de l'infraction et la personnalité de son auteur ».

§- II. - La determination de la peine en matière contraventionnelle

Comme le rappelle la circulaire d'application « on retrouve [donc] en matière contraventionnelle la distinction entre peine principale, alternative et complémentaire ». L'article 131-40 du Code pénal établit la liste des peines applicables aux personnes morales en matière contraventionnelle. Il s'agit de l'amende et des peines privatives ou restrictives de droits prévues à l'article 131-42. Il est précisé que ces peines ne sont pas exclusives d'une ou plusieurs peines complémentaires prévues à l'article 131-43.

A. - L'amende peine principale

L'amende reste donc la peine principale encourue par les personnes morales en matière contraventionnelle. Au terme de l'article 131-41 « le taux maximum de l'amende applicable aux personnes morales est égal au quintuple de celui prévu pour les personnes physiques par le règlement qui réprime l'infraction ».

« Le maximum de l'amende contraventionnelle encourue par les personnes physiques étant fixés pour chaque classe de contravention par l'article 131-13 du Code pénal, il est aisé d'en déduire le montant maximum des amendes applicables aux personnes morales qui est de :

38 € x 5 soit 190 € au plus pour les contraventions de première classe.

150 € x 5 soit 750 € au plus pour les contraventions de deuxième classe.

450 € x 5 soit de 1250 € au plus pour les contraventions de troisième place.

750 € x 5 soit en effet 150 € au plus pour les contraventions de quatrième classe.

1500 € x 5 soit 7500 € au plus pour les contraventions de cinquième classe.

B. - Les peines alternatives et complémentaires

La circulaire d'application vient préciser « comme pour les personnes physiques, l'article 131-42 prévoit des peines alternatives », en soulignant « qu'elles sont toutefois moins nombreuses ». Ainsi, au terme de l'article 131-42 l'amende encourue pour les contraventions de la cinquième classe ne peut être remplacée que par deux autres peines qui sont :

1°/ l'interdiction, pour une durée d'un an au plus, d'émettre des chèques ou d'utiliser des cartes de paiement.

2°/ la confiscation de la chose liée à la commission de l'infraction.

L'article 131-43 vient préciser que la confiscation peut être prévue à titre complémentaire pour toutes les contraventions. Il ajoute que s'agissant des contraventions de la cinquième classe, le règlement peut en outre prévoir à titre complémentaire l'interdiction d'émettre des chèques pour une durée de trois ans au plus.

II. Le principe de personnalisation : Une determination subjective de la peine

La consécration législative du nouveau principe de personnalisation de la peine est venu modifier profondément les représentations du droit. Avec le principe de personnalisation de la peine c'est en effet le sens et la fonction même de la norme pénale qui se trouvent modifiés. Il est désormais clairement établi que le processus de determination de la peine peut et doit être gouverné par des critères d'ordre subjectif[161]. Cette nouvelle représentation du droit emporte un certain nombre de conséquences d'ordre juridique, épistémologique et paradigmatique qu'il convient d'apprécier parce que révélatrices d'un choix de politique criminelle. Il s'agit ici d'analyser le droit et la production normative pénale pour mieux interroger et se représenter les nouvelles figures qui la composent. Le droit évolue et avec lui les représentations du délinquant, de l'institution judiciaire et plus largement les représentations de l'ensemble de ses acteurs. Cette analyse sur le droit positif peut être réalisée par des outils

---

161.La part de determination subjective dans le processus de choix de la sanction n'est pas fondamentalement nouvelle. Ce critère n'était pas totalement inexistant avant l'entrée en vigueur du nouveau Code pénal. L'existence des circonstances atténuantes en était d'ailleurs l'illustration principale. Ainsi, comme le font observer des auteurs, « sous l'ancien Code pénal, il avait été établi pour chaque infraction le maximum et le minimum de la peine encourue, le juge étant censé prononcer une peine comprise dans la fourchette déterminée par la loi. En pratique, ces dispositions n'avaient plus guère de portée, le juge pouvait en effet s'en affranchir en accordant le bénéfice des circonstances atténuantes », F. Desportes et F. Le Guhenec, *Le Nouveau droit pénal*, Economica, 2000, p. 790.

En revanche, ce qui est résolument nouveau c'est l'affirmation et la consécration législative de la valeur à accorder à ces déterminants subjectifs.

particuliers que sont les communautés épistémiques pénales même si celles-ci comportent un certain nombre de limites.

Cette analyse assez réflexive sur le droit, ses pratiques et le compte tenu des modifications et mutations de la norme pénale, devient de plus en plus difficile.

Mettre en effet l'accent sur l'importance de la prise en compte de l'aspect subjectif dans le processus de determination de la sanction revient par la même occasion à souligner toute la complexité du jugement. Il y a alors une difficulté à pouvoir penser et se représenter le phénomène criminel qui se multiplie et se décline sous plusieurs aspects qui n'avaient pas été pensés auparavant. Un outil particulier, en l'espèce l'approche psycho-criminologique, sera alors proposé pour permettre de mener au mieux ce processus complexe qu'est la determination de la peine.

TITRE I. - Le principe de personnalisation : un nouveau paradigme pénal

Le droit positif fait l'objet d'un certain nombre de mutations qui l'amènent à changer les représentations qu'il se fait du phénomène criminel. L'analyse de la production normative pénale révèle la façon selon laquelle le droit perçoit aujourd'hui de manière différente l'acte infractionnel. Cette réflexion d'épistémologie juridique [162] permet de mettre à jour l'existence d'un nouveau paradigme pénal. À côté de la distinction classique droit objectif droit subjectif, émerge la notion de ce qu'il est possible de qualifier de subjectivité juridique .

C'est donc à la lumière de ce nouveau concept et par extension de ce nouveau paradigme, que s'apprécieront le sens et la fonction de la norme pénale visée à l'article 132-24 du Code pénal. Il s'agit ici d'analyser la façon selon laquelle s'opère la mise en œuvre concrète de ce nouveau concept ; et d'apprécier la réception qui en est faite dans les juridictions. La réflexion

162.C. Atias, *Epistémologie du droit*, PUF, « Que sais-je? », n° 2840, Paris, 1994.

ainsi menée fera apparaître la grande complexité qu'implique la subjectivité juridique. L'introduction d'une dimension subjective dans le processus de determination de la peine implique en effet des déplacements et les glissements épistémologiques qu'il s'agit de prendre en compte.

Chapitre I. - Etude de la production normative pénale : l'émergence de la subjectivité juridique

Réfléchir sur la production normative [163] pénale implique traditionnellement une pensée qui doit s'appréhender en termes de politique criminelle [164] ; cette dernière étant entendue comme une pensée qui s'inscrit dans un projet global comprenant l'analyse et la compréhension du phénomène criminel mais également la mise en œuvre d'une stratégie pour répondre aux situations de délinquance.

De manière plus exhaustive, la spécificité de l'étude de la production normative pénale réside également dans le fait qu'elle constitue aussi une analyse de la politique criminelle, elle-même analyse du phénomène criminel. En d'autres termes, la production normative pénale est une analyse de l'analyse du problème criminel.

C'est cette méta-analyse qui fera ensuite l'objet d'interrogations diverses permettant de venir nourrir la réflexion sur la production normative pénale. Ce n'est qu'à partir de cette réflexion préalable qu'il sera possible de dégager un nouveau paradigme pénal.

163.A-J. Arnaud, « Le droit comme produit », *Revue Droit et Société 27-1994*, p. 293-301 ; J. Commaille, *L'esprit sociologique des lois - essai de sociologie politique du droit*, Paris, PUF, 1994 ; *Dictionnaire Encyclopédique de Théorie et de Sociologie du droit*, deuxième édition, Paris, LGDJ EJA, 1993.

164.L'expression même de la politique criminelle est employée pour la première fois à la fin du XVIIIème siècle dans les œuvres de Kleinschrod et Feuerbach qui la conçoivent comme un art législatif. Kleinschrod dira : » la politique criminelle c'est la connaissance des moyens que peut trouver le législateur selon la disposition spéciale de chaque Etat pour empêcher les délits et protéger le droit naturel de ses sujets », cité par Christine Lazerges in *La politique criminelle*, PUF, Coll Que-sais-je ?, Paris, 1987.

Section I. - *Les moyens d'analyse de la production normative pénale*

Traditionnellement il est d'usage pour analyser un texte de loi ou une disposition législative de recourir à l'instrument « politique criminelle ». Réfléchir en termes de politique criminelle permet en effet d'avoir sur le texte d'espèce une certaine hauteur de vue. Il devient alors possible de replacer le sens et la valeur de la norme à étudier. Ladite norme est ainsi appréciée au sein d'une analyse générale et globale du phénomène criminel. Mais de manière moins classique, il est possible d'interroger la production normative pénale en allant au-delà de l'analyse qui en est faite par la politique criminelle. Cette démarche consiste en effet à faire naître une interrogation sur les fondements mêmes de la politique criminelle. Il s'agit ici d'interroger les options théoriques en fonction desquelles s'élabore la politique criminelle.

§- I. - La politique criminelle : un outil classique d'analyse du phénomène criminel

La politique criminelle constitue un outil privilégié de réflexion sur le phénomène criminel. Elle peut être définie comme « un décryptage du phénomène criminel et des moyens mis en œuvre pour lutter contre les comportements de déviance ou de délinquance ; elle est également une stratégie juridique et sociale, fondée sur des choix idéologiques pour répondre avec pragmatisme aux problèmes posés par la prévention et la répression du phénomène criminel entendu largement » [165].

De manière schématique, l'histoire des différentes politiques criminelles fait apparaître une évolution en dents de scie. Il existerait comme un mouvement de balancier au terme duquel l'accent serait mis tantôt sur l'acte délictueux, tantôt sur la per-

---

165.C. Lazerges, *La politique criminelle*, PUF, Coll « Que-sais-je ? », Paris 1987. p. 7 ; M. Delmas-Marty, *Modèles et mouvements de politique criminelle*, Paris, Economica, 1983 et *Les grands systèmes de politique criminelle*, PUF, « Thémis », 1992.

sonnalité de l'auteur de l'acte [166]. Ces deux orientations correspondent à deux conceptions de la determination de la peine [167]. Si le critère fondamental de réflexion est le crime, la determination des infractions est alors dite objective c'est-à-dire que l'acte criminel constitue la réalité à partir de laquelle l'ensemble du droit pénal est élaboré. Cette conception emporte alors un certain nombre de conséquences sur l'incrimination et sur la peine. Concernant l'incrimination d'une part, « les considérations propres à l'auteur de l'infraction sont indifférentes : « la vraie mesure des crimes est le tort qu'ils font à la nation, non l'intention du coupable » (Beccaria). Dès lors, ce qu'il est convenu d'appeler l'élément moral de l'infraction qui se réfère à la psychologie de l'agent n'a pas de raison d'être » [168]. Les auteurs soulignent également le fait « qu'en polarisant l'attention sur le trouble à l'ordre public et donc sur le résultat [cela] conduit à concevoir le crime comme un « instantané », coupé de ses antécédents et de ses suites (...) Le temps s'arrête à la commission matérielle de l'infraction. A cet instant précis la situation criminelle se « fige ».

Une telle conception objective de la determination des infractions emporte d'autre part des conséquences sur la peine. On observe ici l'existence d'un certain légalisme et égalitarisme formels au terme desquels la politique criminelle applicable est celle qui consiste à prononcer une peine certaine qui est la même pour tout acte identique. « Tous les comportements incriminés provoquant un résultat identique - par exemple la mort de la victime - devront être sanctionnés par une même sanction » [169] une telle conception de la politique criminelle ne fait

---

166.C. Lazerges, *La politique criminelle*, *op.cit*, p. 58.

167.La distinction determination objective-determination subjective des infractions (reprise en l'espèce) revient à Philippe Comte et Patrick Maistre du Chambon dans leur ouvrage intitulé *Droit pénal général*, Armand Colin, Dalloz, Paris 2000 p. 23 et suivantes.

168.P. Comte et P.Maistre du Chambon, *Droit général*, Armand Colin, Dalloz, Paris 2000, p. 26

169.Les auteurs ajoutent que dans une telle conception « il est exclu que la peine vise à l'amendement, à l'amélioration du coupable puisque, d'une part, la personne du criminel s'efface en quelque sorte derrière son acte. Il s'agit de supprimer le crime, non de changer la personnalité des délinquants. Et que, d'autre part, la conception du crime

pas de place à une individualisation-personnalisation de la sanction. Cette première conception de la politique criminelle mettant l'accent sur l'acte délictueux s'oppose à une seconde qui à l'inverse s'intéresse à la personnalité de l'auteur de l'acte. La determination ne se fait plus en fonction du crime mais du criminel. Il s'agit donc ici d'une determination subjective des infractions. Dans une telle conception, la personne du criminel devient l'axe essentiel du droit pénal [170]. Une determination subjective de l'infraction emporte une certaine conception de la peine. « La sanction doit viser à faire disparaître les criminels plus que les crimes en ayant pour but et si possible pour résultat, de changer la personnalité de l'individu qui présente un état dangereux : il faut que la sanction favorise son amendement, sa resocialisation, sa rééducation, afin que guéri de sa criminalité, il devienne un être socialement adapté : le droit pénal doit être tourné non pas vers le crime passé, mais vers l'avenir du délinquant » [171]. Cette conception de la politique criminelle implique un régime particulier adressé à la sanction [172]. Celle-ci en effet « ne doit plus être choisie en fonction de la gravité d'un résultat (...) mais en rapport avec la personnalité de l'individu (…) on doit donc tendre à la plus grande individualisation possible de la décision, ce qui présuppose que de très grands pouvoirs en ce sens soient reconnus au juge » [173].

La politique criminelle constitue un outil d'analyse précieux pour étudier et apprécier le droit positif. Elle permet de porter sur le droit pénal en vigueur un regard distancié. Ainsi grâce à la politique criminelle, il est possible pour les juristes d'exercer une certaine analyse réflexive qui permet par exemple de rendre

---

comme instantané ne permet pas d'envisager la possibilité d'utiliser la peine afin de corriger le condamné pour l'avenir », op. cit., p. 26.

170.P. Comte et P. Maistre du Chambon, *Droit général*, Armand Colin, Dalloz, Paris 2000, p. 32.

171.*Op.cit*, p. 35.

172.Cette conception est reprise in extenso pour des raisons didactiques : il s'agit d'exposer les deux conceptions de la determination de la peine qu'implique une politique criminelle. Le point de vue resocialisation qui fait appelle à une relation très normée et non pas personnalisée n'est pas partagé en l'espèce.

173.*Op.cit*, p. 35.

compte de la façon selon laquelle le Code pénal de 1810 se « caractérisait indiscutablement par une orientation générale principalement objective ». Une telle conception de la politique criminelle emporte également un certain nombre de risques sur l'incrimination. En effet, comme le soulignent les auteurs précités « la conception subjective de la criminalité devrait produire une considérable extension du champ pénal : tout acte, dès lors qu'il est révélateur de la personnalité criminelle, peut-être incriminé, même s'il a un lien très distendu par rapport au résultat sociologique envisagé. C'est ainsi que, à partir d'un résultat donné, le droit pénal va pouvoir remonter très haut dans la chaîne des causes, jusqu'à l'instant précis où un acte, en lui-même inoffensif, n'en aura pas moins une coloration criminelle en raison de la personnalité de son auteur ». C'est à cette extension du champ pénal que se rattache le concept de dangerosité ou d'état dangereux qui peut faire l'objet d'un certain nombre de critiques compte tenu de son caractère indéfini et aléatoire.

Toute l'évolution ultérieure, le Code pénal de 1992 compris, n'a fait que renforcer le caractère subjectif en accentuant toujours d'avantage l'influence initialement limitée de la conception subjective (...) de plus en plus la personnalité du délinquant, quelque peu occultée à l'origine par le crime, a été placée au premier plan, notamment et essentiellement pour la determination de la sanction [174].

Il est ici émis l'hypothèse suivante : le discours de politique criminelle du législateur de 1994 illustré par l'article 132-24 du Code pénal se rattache à cette determination de la sanction à dominante subjective. Ainsi, la politique criminelle, entendue comme analyse du phénomène criminel, vient ici renseigner sur l'orientation générale choisie par le législateur en ce qui concerne la determination des sanctions. Cette analyse est intéressante. Elle ne permet pas toutefois de réfléchir de manière exhaustive sur la production normative pénale.

174.P. Comte et P. Maistre du Chambon, *Droit général*, Armand Colin, Dalloz, Paris 2000, p. 40.

§- II. - Les communautés épistémiques pénales : un outil nouveau d'analyse du fait criminel

Il s'agit ici de poursuivre la réflexion d'ordre épistémologique initiée par l'étude de la politique criminelle. A ce titre, les communautés épistémiques pénales (CEP) vont constituer l'outil méthodologique permettant de dégager l'idée de l'homme sous-tendue par la politique criminelle actuelle. Au delà, les communautés épistémiques pénales rendent possible une interrogation sur le fondement des choix idéologiques [175] de la politique criminelle et l'influence de ces choix idéologiques sur la production normative pénale.

A l'origine du concept de communauté épistémique pénale se pose la difficulté suivante : « ce qui fait défaut c'est l'existence de concepts assez précis pour analyser les activités organisationnelles et cognitives au terme desquelles des paradigmes spécifiques émergent et sont progressivement appropriés par les décideurs politiques qui les transcrivent dans la loi » [176].

P. Haas définit une communauté épistémique pénale comme » un réseau de professionnels disposant d'une compétence reconnue dans un domaine particulier et qui revendiquent avec autorité leur connaissance politique dans ce domaine. Ces

---

175.Sur ce point voir, C. Lazerges qui précise que « des choix sont faits, le poids des idéologies est là et doit être pris en compte et apprécié », *La politique criminelle*, PUF, Collection Que sais-je ?, 1987, p. 9.

176.S. Enguéléguélé, « Les Communautés épistémiques pénales et la production législative en matière criminelle », *Revue Droit et Société n°40*, p. 566.

Pour plus de renseignements voir notamment : P. Lascoumes et E. Séverin, « Le droit comme activité sociale : pour une approche wébérienne des activités juridiques », *Revue Droit et Société n° 9*,1988, p. 165-189 ; P. Lascoumes, « Pluralité d'acteurs, pluralité d'actions dans la création contemporaine des lois » *étude en hommage à C. Debuyst*, Liège-Bruxelles, Mardaga, 1990, p. 146 ; M. Kaluszynski, « Production de la loi et genèse des politiques pénales », *la Société Générale des Prisons 1877/199* ; S. Enguéléguélé, *Les politiques pénales (1958-1995)*, Collection Logiques Politiques, L'Harmattan, 1998 ; E. Novoa-Monreal, « Alternatives et moments critiques en droit pénal aujourd'hui », *R.S.C*, 1977, p. 759 ; P. Bourdieu, « La force du droit : éléments pour une sociologie du champ juridique », *Actes de la recherche en sciences sociales, n° 64*, septembre 1986 p. 3 ; R. Merle, « L'évolution du droit pénal français contemporain », chronique Dalloz 1977, p. 303 ; R. Merle, « L'évolution du droit pénal moderne », *La plume et la parole, Mélanges offerts à Roger Merle, op.cit*, p. 64.

professionnels partagent 1°/ une même croyance dans un ensemble de normes et de principes qui permettent de définir une base raisonnée de valeurs pour l'action sociale des membres de la communauté ; 2° / les mêmes croyances causales qui découlent de leur observation des pratiques responsables des principaux problèmes qui se posent dans leur domaine et qui permettent de clarifier les multiples liaisons pouvant exister entre les actions politiques possibles et les résultats désirés ; 3°/ les mêmes notions de validité, c'est-à-dire des critères intersubjectifs et définis de manière interne pour mesurer le poids et la validité d'une connaissance dans leur domaine de compétence ; 4°/ une même initiative politique, c'est-à-dire un ensemble de pratiques communes associé à un ensemble de problèmes vers lesquels leur compétence professionnelle est dirigée, sans qu'il y ait probablement de conviction que le bien être humain s'en trouve amélioré » [177].

« Les communautés épistémiques pénales désignent dès lors des réseaux d'expertise et d'action caractérisés par l'adhésion commune de leurs membres au même paradigme, c'est-à-dire aux mêmes explications causales des problèmes criminels (niveau cognitif), au même système de valeurs érigées en références normatives pour la stratégie pénale (niveau normatif) et par l'adoption du même type de représentation de l'action à conduire face à la criminalité (niveau instrumental). Ce sont des groupes souvent informels, dont les membres sont unis par la participation commune au même système de références conceptuelles et normatives qui inspirent les solutions qu'ils préconisent aux problèmes pénaux » [178]. Les travaux de Stéphane Enguéléguélé aboutissent ainsi aux conclusions suivantes « qu'il existe en France au moins depuis 1945, deux grandes communautés épistémiques pénales dont les thèses sont fortement enracinées dans le débat pénal » [179]. L'analyse des deux catégories de communautés épistémiques pénales développée en l'espèce

---

177.P. Haas « Introduction Epistemic Communities and International Policy Coordination » ; *International Organisation*, vol 49, n°1, 1992, p. 135.

178.S.Enguéléguélé, « Les Communautés épistémiques pénales et la production législative en matière criminelle », *Revue Droit et Société n°40*, p. 569.

179.*Op.cit*, p. 573.

permet de prolonger la réflexion inspirée par l'étude des politiques criminelles. Il devient ainsi possible de s'interroger sur les fondements d'une politique criminelle mettant l'accent soit sur l'acte délictueux, soit sur l'auteur de l'acte. S'agissant ainsi de la première catégorie de politique criminelle qui se détermine en fonction du crime, celle-ci se rattache à la « communauté épistémique pénale qui préconise le renforcement de la répression et de la systématisation du recours à la prison. D'inspiration néoclassique, cette communauté manifeste un grand intérêt pour les procédures accélérées (la comparution immédiate perçue comme une condition de la célérité de la répression) et un attachement viscéral à la prison considérée comme solution indispensable à la protection de la société face à la criminalité. Il est, de leur point de vue, nécessaire « d'oser punir » [180], à la fois pour défendre la société, mais aussi pour traiter les comportements criminels qui illustrent une volonté délibérée de nuire et de profiter des bénéfices du crime. Les choix pénaux les plus efficaces sont ceux qui s'adossent à la dissuasion et à l'exemplarité ; lesquelles conditionnent la certitude de l'application des peines prononcées par les tribunaux » [181].

À l'inverse, il existe une seconde catégorie de politique criminelle qui tend à se déterminer plus en fonction du criminel. Celle-ci se rattache à une communauté épistémique pénale de tendance humaniste. « Contestant les solutions répressives ainsi que tout recours systématique à la prison, ses membres sont proches de la nouvelle défense sociale ou du courant plus contemporain de défense des droits de l'homme. Ils considèrent que la répression traditionnelle ayant échoué, il convient de rétrécir le domaine des solutions classiques (répression à vocation dissuasive ou neutralisante) et d'inventer des procédés nouveaux de réaction pénale, susceptibles de contribuer au reclassement des délinquants. Les partisans de cette lecture dénoncent les échecs de l'utopie curative de détention et essaient de

180.J-C Soyer, « Il faut oser punir », *Le Figaro du 29 mars 1980.*

181.S. Enguéléguélé, « Les Communautés épistémiques pénales et la production législative en matière criminelle », *Revue Droit et Société n°40*, p. 573.

« provoquer par des thérapeutiques modernes la « resocialisation » complète du prisonnier c'est-à-dire sa conversion aux valeurs socioculturelles protégées par la loi pénale [182]. Le délinquant est considéré comme n'ayant pas intériorisé, du fait de la singularité de son contexte et de sa marginalité, les normes de la vie en collectivité. Il incombe alors à la société de le « responsabiliser » [183]. La solution au fait criminel réside dans l'application d'un traitement individualisé orienté vers la prévention.

Au-delà des idéologies et positions théoriques tenues par les représentants de ces deux communautés épistémiques pénales ce sont deux conceptions philosophiques de l'homme et de la société qui viennent se confronter et s'opposer. « Les acteurs politiques favorables à des politiques pénales répressives et sécuritaires analysent le phénomène criminel dans les mêmes termes que les tenants de communauté épistémique pénale néo-classique. Pour les uns et les autres, la société ne peut pas être responsable des actes commis par les criminels. Il s'agit d'un individu libre et responsable qu'une disposition naturelle à nuire et à abuser de sa liberté conduit à transgresser la loi pénale. Toute analyse de la criminalité qui valoriserait à outrance les déterminants personnels et sociaux du passage à l'acte conduirait selon eux à un affaiblissement des forces de la répression pénale et à une remise en cause de la responsabilité individuelle qui est le support théorique de la répression. Puisqu'il sait ce qu'il fait et donc qu'il a conscience de ce qu'il risque en transgressant la loi, le délinquant doit être rétribué en conséquence. Sans être féroce, la réaction pénale doit être prompte » [184]. Cette approche de la criminalité qui se veut statique et descriptive

---

182.R. Merle, « Place respective des sanctions privatives et non privatives de liberté », *Rapport aux journées Franco-roumaines de la société de législation comparée, 1981.*

183.M. Ancel, *La Défense Sociale Nouvelle*, Paris, Cujas, 3ème ed, 1981.

Voir également sur ce point, R. Merle, « Confrontation du droit pénal classique et de la Défense Sociale », *Rapport aux XXIIèmes journées de défense sociale*, La plume et la parole, *Mélanges offerts à Roger Merle*, Cujas, 1993, p. 3.

184.S. Enguéléguélé, « Les Communautés épistémiques pénales et la production législative en matière criminelle », *Revue Droit et Société n°40*, p. 579-580

repose sur des conceptions de l'homme délinquant [185] et de la société bien spécifiques. La société est en charge d'une mission précise qui consiste de manière exclusive à faire respecter la loi dans l'unique but de sa protection. En conséquence, la société incarnée par l'Etat n'a plus pour seule et unique fonction que de constater l'existence d'une infraction, qui par sa réalisation a porté un préjudice et donc de sanctionner l'auteur de cet acte. C'est la mission répressive de la société. Dans cette conception, la société est un tiers absolument neutre considéré comme n'ayant aucune forme de responsabilité dans la commission de l'infraction. En effet l'entière et unique responsabilité incombe à l'homme délinquant. Celui-ci est considéré comme entièrement libre et conscient de ses actes. Il est seul et ne fait l'objet d'aucune influence extérieure. Il obéit à une internalité la plus complète. Ainsi, la commission d'une infraction est considérée comme étant le résultat d'un choix libre et éclairé de la part du délinquant. Ce choix est en complète opposition avec ceux retenus par la société. Il est donc nécessaire que la société intervienne en mettant en œuvre la responsabilité individuelle du délinquant. Dans une telle conception la responsabilité individuelle constitue en effet le fondement de la répression. Toutefois ce n'est pas à partir des déterminants personnels du délinquant que peut s'opérer la mise en œuvre de la responsabilité individuelle précisément parce que ces dits déterminants et choix personnels sont considérés comme contraires aux intérêts de la société. Dans un tel contexte la personnalisation, entendue comme une determination subjective de la peine fondée sur l'adaptation aux spécificités du délinquant, n'est pas concevable. Elle reviendrait en effet à nier la responsabilité personnelle

---

185.Cette idée a été développée notamment par Jacques Selosse qui faisait observer « Pendant des siècles, la délinquance a été rapportée à des variables individuelles propres aux sujets poursuivis, sans considérer qu'elle s'inscrivait dans le champ social. Son approche était naturaliste dans la mesure où l'on considérait que les fondements de la délinquance se trouvaient dans les caractéristiques des individus », J. Selosse, *Adolescence, violences et déviances*, Editions Matrice ARCP, 1997.

du délinquant en même temps qu'elle « conduirait à un affaiblissement des forces de la répression pénale » [186].

Cette théorie présente un inconvénient majeur. Elle apprécie le délinquant et son acte de manière exclusivement objective. Ils se présentent tous deux comme des états de fait. Le délinquant devient alors le centre de la réflexion, celui à partir duquel s'analyse le fait criminel. Cette prise en compte est fondamentale, elle correspond d'ailleurs à l'idée qui gouverne le principe de personnalisation de la peine qui consiste à déterminer la peine à partir des caractéristiques de l'auteur de l'infraction. Mais cette conception « délinquo-centriste » n'en demeure pas moins insuffisante voire inutile si elle se limite à ce seul point de vue. L'individu délinquant n'existe pas ex nihilo. Il est toujours amené à agir, réagir voire interagir dans un contexte social. Or, cette conception ne prend absolument pas en compte « les facteurs structurels de la délinquance » [187], c'est-à-dire l'interaction complexe existante entre l'homme et la société [188]. Ce point de vue omet en effet de considérer que la société peut

---

186.S. Enguéléguélé, « Les Communautés épistémiques pénales et la production législative en matière criminelle », *Revue Droit et Société n°40*, p. 579.

187.Ibid, p. 579.

188.Cette idée se rattache au courant interactionniste qui défend le postulat suivant : « Ce n'est pas la déviance qui conduit au contrôle social, mais c'est le contrôle social lui-même qui conduit à la déviance » . La formule est de Edwin M. Lemert. Le mot interaction prend ici tout son sens. Les interactionnistes développent une vision dynamique de la déviance. Ils portent toute leur attention sur les processus par lesquels la société accole l'étiquette de déviant à un individu et à la façon dont ce dernier réagit à cette stigmatisation.

Pour plus de précisions sur ce courant voir notamment : Howard S. Becker, *Outsiders*, Ed. A. Metailié, 1985 ; E. Goffman, *Stigmate*, Ed.Minuit, 1975 et du même auteur *Asiles*, Ed.Minuit,1968 ; H-L. Ross, « Une conception nouvelle du comportement déviant dans la sociologie américaine », *RDPC*, 1970-1971, p. 53 ; G. Kellens, « Interactionnisme versus personnalité criminelle », *Actes du septième Congrès International de Criminologie*, Belgrade, 1973 ; Verin, « Stéréotypes des délinquants et stigmatisation », *R.S.C*, 1975, p. 229 ; Addad et Benezech, « Nouvelle approche du processus de stigmatisation en criminologie », *R.I.P.C*, mars 1982 ; P. Robert, « Déviance, déviances, un champ en renouvellement », *A.S*, 1978, 223-238 ; M. Spector et G. Casadamont, « Profils épistémologiques en criminologie comparée », *Revue Droit et Société 1978*, p. 349-364 ; C. Debuyst, « Le droit pénal et les différentes problématiques possibles en criminologie », *R.I.C.P.T*, 1986, p. 256-264 et du même auteur « Une criminologie de l'étiquetage ou une criminologie du passage à l'acte ? », *Annales Internationales de Criminologie 1973*, p. 283.

être génératrice de délinquance [189], qu'elle peut porter en elle-même des germes de délinquance précisément parce qu'elle est humaine, c'est-à-dire constituée d'hommes. La société est en effet le résultat d'un ensemble particulièrement complexe de déterminismes sociaux, culturels, psychologiques, anthropologiques dans lequel l'homme délinquant évolue. De manière générale, c'est à cette conception que se référait l'Ancien Code pénal de 1810 qui se caractérisait par un souci de légalisme et de formalisme ; c'est-à-dire une conception dans laquelle il est possible de dire de manière schématique que l'acte (c'est-à-dire le crime) prime sur l'auteur (c'est-à-dire le criminel) [190].

A l'inverse, les acteurs politiques favorables à des politiques pénales préventives analysent le phénomène criminel dans les mêmes termes que les tenants de la communauté épistémique pénale qui s'inspire du discours de la Défense Sociale Nouvelle. Pour eux, il s'agit de « comprendre la criminalité pour mieux intégrer les délinquants à la société, les considérer comme des hommes capables de rédemption et dignes de compassion, faire de la stratégie pénale l'élément d'une politique sociale plus large visant à combattre les facteurs d'exclusion sociale et de marginalité, telles sont les priorités que les acteurs politiques favorables à la prévention défendent, mobilisant ainsi dans la joute politique les thèses d'une communauté épistémique pénale dont ils sont proches. Comme les tenants de la Défense Sociale Nouvelle, ils décrivent toujours l'homme derrière le coupable. La peine doit servir la resocialisation du délinquant aux valeurs de

---

189.Cette idée était très présente dans les travaux d'Emile Durkheim. L'auteur défendait l'idée selon laquelle les conduites criminelles sont inhérentes au mode de vie en société. Sur ce point voir : E. Durkheim, *De la division du travail social*, Paris, 1893 ; et du même auteur, *Le suicide*, Paris, 1897 et *Les règles de la méthode sociologique*, Paris, 1895 ; J. Pinatel, « La pensée criminologique d'Emile Durkheim et sa controverse avec Gabriel Tarde », *R.S.C*, 1959, p. 435.

190.Ce point de vue se trouve exprimé par l'existence de limites précises imposées par le Code pénal (fourchette entre un minimum et un maximum) ne laissant qu'un faible pouvoir d'adaptation du juge au cas d'espèce. Il l'est également par l'absence textuelle du principe d'individualisation dans le Code pénal.

la société qu'il n'a pas intériorisé ou contre lesquelles il se dresse en raison d'une frustration particulière » [191].

Cette approche de la criminalité dynamique, repose sur des conceptions de l'homme et de la société différentes. La société a toujours en charge la protection des intérêts des citoyens. À ce titre, elle doit assurer la poursuite des délinquants ayant commis des infractions. Toutefois, à la différence de la conception précédemment présentée, la société ne se limite pas à ce seul aspect. Elle se reconnaît une certaine part de responsabilité dans le phénomène de délinquance. La société ne se considère pas en effet comme totalement neutre et admet qu'elle peut être génératrice de délinquance ; ou du moins que la vie en société peut être source d'inégalités, d'exclusion qui constituent autant de facteurs de délinquance. Dans cette perspective, la réponse sociétale à l'infraction commise n'est plus uniquement et exclusivement le recours à la prison dans un but dissuasif. La réponse est plus étendue et vise à faire « de la stratégie pénale l'élément d'une politique sociale plus large visant à combattre les facteurs d'exclusion sociale et de marginalité » [192]. En ce sens la politique pénale ne se veut pas seulement répressive. Elle se veut également préventive. L'homme, quant à lui, est considéré comme responsable de ses actes. Seulement, les infractions dont il est l'auteur ne sont pas considérées comme le résultat de la seule et unique volonté de nuire à la société. En ce sens, l'appartenance à la délinquance ne doit pas être entendue comme un choix délibéré mais plutôt comme la conséquence d'un état de fait qui s'est plus ou moins imposé à l'auteur de l'infraction. « Le délinquant est considéré comme n'ayant pas intériorisé, du fait de la singularité de son contexte et de sa marginalité, les normes de vie en collectivité » [193]. Dans un tel contexte, la réponse pénale consiste dans un développement d'une politique de prévention. Mais elle passe également et surtout par une approche pénale individualisée lui permettant de prendre conscience

---

191.S. Enguéléguélé, « Les Communautés épistémiques pénales et la production législative en matière criminelle », *Revue Droit et Société n°40*, p. 580.

192.Ibid. p. 580.

193.Ibid, p. 580.

de l'ensemble des déterminismes personnels, sociaux, psychologiques en action... ayant été à l'origine de l'acte délinquant. Cette approche pénale de l'homme se veut plus optimiste dans le sens où elle se fonde sur la perfectibilité de l'être humain. Elle se distingue en cela de l'autre conception beaucoup plus pessimiste sur la nature profonde de celui-ci.

Il semble que ce soit cette dernière communauté épistémique pénale qui ait gouverné la création du nouveau Code pénal de manière générale et l'inscription dans celui-ci de l'article 132-24. Ce dernier article, par l'obligation qu'il fait au juge de « prononcer la peine en fonction des circonstances de l'infraction et de la personnalité de son auteur », reflète une approche pénale individualisée en lien direct avec la communauté épistémique pénale précitée. Le seul fait de décider, de prendre en compte la personnalité de l'auteur des faits dans le processus de determination de la sanction rend possible une appartenance au courant de pensée que l'on peut rattacher à la Défense Sociale Nouvelle. Le courant opposé, d'inspiration néoclassique, pour des raisons qui ont été explicitées précédemment ne peut fonder le choix de la peine à partir de déterminants spécifiques du délinquant. Pour ces auteurs, seul compte le point de vue de la société qui doit dans son choix être la plus dissuasive possible.

Les nouvelles dispositions du Code pénal qui mettent fin à l'existence des circonstances atténuantes œuvrent également dans ce sens. L'abandon des minima et maxima entre lesquels le juge devait choisir la peine, participent d'une plus grande adaptation au cas d'espèce. Le magistrat voit ainsi son pouvoir d'interprétation ainsi durablement élargi. Il n'est plus contraint par les obligations légales du Code pénal. Ces nouvelles dispositions ne sont pas en accord avec les idées des représentants de la communauté épistémique pénale d'orientation néoclassique favorable au respect et application stricte de la loi. Pour eux, la loi a pour principal but d'être dissuasive et répressive. Elle n'a pas vocation à être adaptative. Elle est la même pour tous [194].

194.Pour les tenants de ce courant il s'agit d'étudier la science du délit c'est-à-dire d'obéir à une conception exclusivement objective de la criminologie qui à l'exemple du

Enfin, un certain nombre d'auteurs s'accordent à penser que la communauté épistémique pénale dite de Défense Sociale Nouvelle a largement inspiré, par ses thèses, le nouveau Code pénal [195]. C'est en effet « sous l'influence directe de partisans de la Défense Sociale Nouvelle que l'avant-projet définitif de 1983 et le projet de 1986 sont adoptés. Au sein de la nouvelle commission de révision désormais présidée par Robert Badinter, il y a, entre autres les Professeurs Léauté, Mireille Delmas-Marty et M Braunschweig qui assure quelque temps la direction du cabinet du garde des sceaux Pierre Arpaillange. L'influence de la Défense Sociale Nouvelle se manifestait déjà avant la rédaction du nouveau Code pénal. Comme le font observer MM. Desportes et Le Guhenec « de nombreuses lois ont été marquées par les idées de défense sociale nouvelle. Elles tendent à favoriser la resocialisation du délinquant soit en permettant une plus grande individualisation de la peine, soit en incitant à recourir à d'autres mesures que la peine. Il s'agit dans tous les cas, d'éviter l'incarcération en diversifiant les réponses à la délinquance et en accroissant les pouvoirs du juge » [196].

L'analyse de la production normative pénale s'avère complexe. Elle suppose une approche qui oblige à dépasser une réflexion (classique) en termes de politique criminelle. Elle oblige en effet, à interroger les fondements mêmes de la politique criminelle.

---

droit pénal classique, fait du délit l'objet de la criminologie. Cette conception s'inspire des idées d'Emile Durkheim qui retenait la définition suivante « nous constatons l'existence d'un certain nombre d'actes qui présentent tous un caractère extérieur que, une fois accomplis, ils déterminent de la part de la société cette réaction particulière qu'on nomme peine. Nous en faisons un groupe sui generis, auquel nous imposons une rubrique commune : nous appelons crimes tout acte puni et nous faisons du crime ainsi défini, l'objet d'une science spéciale, la criminologie » in, E. Durkheim, *Les règles de la méthode sociologique*, 13e édition, 1956, p. 133.

195.En ce sens, se reporter aux écrits de Stéphane Enguéléguélé qui souligne que : « Lorsqu'à la fin de la guerre la France (1945) entreprend une réforme de son système pénitentiaire, le milieu décisionnel pénal est alors largement peuplé par les tenants de la Défense Sociale Nouvelle qui a déjà commencé à se constituer en communauté malgré une visibilité scientifique encore limitée », ibid, p. 576.

196.F. Desportes et F. Le Guhenec, *Le nouveau droit pénal*, Economica, 2000, p. 32.

A l'issue de cette analyse émergent un certain nombre d'interrogations nouvelles qui vont permettre de repenser la norme pénale. Il s'agit ici de sortir du droit pénal précisément pour mieux en apprécier la profondeur. Ainsi de nouvelles dispositions pénales, au premier rang desquelles se trouvent l'article 132- 24, traduisent un attachement à la personne délinquante. Cette dernière fait en effet l'objet de développements particuliers qui la placent désormais au centre de la réflexion. C'est précisément cette réflexion qui, menée à son terme, permettra de dégager un nouveau paradigme pénal.

Section II. - *La psycho-criminologie : une approche nouvelle pour analyser le phénomène criminel*

La psychocriminologie va constituer ici une approche privilégiée permettant de poursuivre l'analyse du fait criminel initié par les politiques criminelles et les communautés épistémiques pénales. Sortant toujours plus en cela du mode de réflexion juridique classique, le recours à la psychocriminologie va permettre de venir interroger et questionner les fondements de l'attrait du droit positif pour le sujet délinquant.

§- I. - Justification de l'approche psycho-criminologique

Poursuivre la réflexion initiée sur l'analyse de la production normative pénale implique un type d'approche spécifique ; une approche particulière au sein de laquelle le droit, en l'espèce le droit pénal devient produit et l'objet même de la recherche. Cette approche constitue un domaine spécifique d'analyse pour le moins atypique dans le monde juridique. La démarche qui consiste à prendre pour objet de réflexion et de réflexivité son propre domaine relève en effet des sciences humaines, pas de la science juridique. C'est toutefois oublier que le droit sans être une science humaine est une science sociale. À ce titre, un parallèle peut être fait avec la démarche qui a été celle choisie par

Jean Carbonnier [197] qui, pour se mettre à bonne distance du droit, a eu recours à la sociologie. Cet outil particulier lui a permis de résoudre la difficulté suivante qui consiste à être à la bonne distance pour pouvoir à la fois comprendre le droit du dedans et l'analyser de façon critique donc du dehors. Il existe en effet une certaine réticence du juriste à s'interroger sur la production normative pénale. En effet, « pour lui, professionnel du droit, il y a un état, une constitution et des lois. Voilà, le droit point d'état d'âme. S'il y a une réflexion, c'est sur l'interprétation notamment celle qu'en font les tribunaux ou, si l'on remonte à la source, sur le contrôle de légalité des textes » [198].

Le passage épistémologique du concept d'individualisation à celui de personnalisation doit être rapproché du passage réalisé de la psychopathologie à la psychocriminologie. Plus précisément, il est possible d'affirmer que le processus de personnalisation de la peine est au droit ce que la psychocriminologie est à la psychologie, de la même manière que l'individualisation de la peine est au droit ce que la psychopathologie est à la psychologie. Tout l'intérêt de la démarche va consister ainsi à démontrer la similitude d'action et de sens entre la personnalisation de la peine et la psychocriminologie ; c'est-à-dire de démontrer la façon selon laquelle elles obéissent toutes deux à un même paradigme, qu'elles œuvrent dans le même sens au service d'une compréhension du fait criminel. Il s'agit plutôt de rendre ce dernier toujours plus intelligible c'est-à-dire porteur et révélateur de sens.

197.J. Carbonnier, *Flexible Droit, Pour une sociologie du droit sans rigueur*, LGDJ, Paris, 2001.

198.A-J. Arnaud, « Le droit comme produit », Présentation du dossier sur la production de la norme juridique, *Revue Internationale de Théorie du Droit et de Sociologie Juridique, Droit et Société 27-1994*, p. 293-301.

Il existe dans une perspective socio-juridique, un certain nombre de recherches en pointe, en France même, sur la production du droit de l'État lui-même, par exemple autour de Jacques Commaille. Son livre *l'Esprit sociologique des lois, essai de sociologie politique du droit* (Paris PUF, 1994) ainsi que les recherches qu'il a conduit avec Pierre Lascoumes sur la production gouvernementale du droit. Un bilan critique des recherches au niveau international et avec Louis Assier-Andrieu dans le cadre du réseau européen Droit et Société, sur une comparaison européenne de modèles de production de la loi dans le domaine des personnes et de la famille.

L'intérêt des développements ultérieurs présente la particularité suivante qui consiste à mettre à jour la spécificité juridique de la personnalisation de la peine [199]. Il s'agit ici de démontrer l'applicabilité au domaine juridique du paradigme structuraliste [200] gouvernant la psychologie. A la différence de la psychocriminologie qui fait l'objet d'une reconnaissance, le processus de personnalisation de la peine reste encore inconnu et non explicité [201]. Or, il existe un intérêt fondamental, non seulement à le reconnaître mais surtout à l'associer avec la psychocriminologie. En effet la psychocriminologie et le droit participent à

199.Cette spécificité n'est pas reconnue par l'ensemble des auteurs pour lesquelles la personnalisation de la peine ne constitue qu'une expression stylistique et sémantique destinée à s'adresser aux personnes physiques et personnes morales, V. *supra*, p. 14.

200.L'outil psycho-criminologique, sans s'y réduire est d'inspiration phénoménostructurale. Il s'agit d'une conception particulière de la psychologie que l'on peut qualifier de psychologie explicative. Un des auteurs représentatifs, Roger Mucchielli en donne une définition s'inspirant des propos de Wilhemn Dilthey qui « dans un discours à l'Académie des Sciences de Berlin opposait « expliquer » (Idéal des sciences de la nature) et « comprendre » (But des sciences humaines) disait [que] la psychologie explicative édifie un système causal qui prétend rendre intelligible toutes les manifestations de la vie mentale. Elle veut expliquer la constitution du monde psychique à l'aide de ses éléments, de ses énergies et de ses lois comme la physique et la chimie expliquent celle du monde matériel », R. Mucchielli, *Analyse existentielle et psychothérapie phénoméno-structurale*, Dessart, Bruxelles,1967, p. 11. L'auteur expose bien la spécificité de cette psychologie explicative de type phénoméno-structural lorsqu'il expose que « deux conceptions de la psychologie s'affrontent : l'une héritière de Herbart (qui a nourri la psychologie de Freud) qui dès 1824 avait récusé la liberté de l'esprit, plaidé pour un déterminisme des motivations inconscientes, appliqué à la psychologie la terminologie de la physique (...) [C'est à la première conception de la psychologie que peut se rattacher l'individualisation de la peine] ;l'autre inaugurée par Dilthey qui définit la méthodologie originale pour toutes les sciences humaines, celle qui doit « décrire un ensemble qui est toujours donné primitivement, comme la vie même, (...) l'analyse de cet ensemble consistant non pas à chercher ses éléments dans une perspective causaliste, mais à les comprendre par leur contexte et par rapport à leur ensemble » [C'est à cette seconde conception de la psychologie que doit se rattacher la personnalisation de la peine], op cit. p. 12.

201.Les termes d'inconnu et non explicité ne doivent pas se traduire par inexistants En effet, l'objet même de cette étude consiste à démontrer que la personnalisation de la peine est bien présente dans le système juridique français actuel. Elle n'a cependant pas été nommée et reconnue en tant que telle jusqu'à présent. Les raisons de cet état de fait sont multiples. Tout d'abord, la personnalisation est récente ; même si elle est le fruit d'un long cheminement théorique. De même, le monde juridique est toujours très prudent avant d'affirmer de nouvelles positions, le droit ne devant pas être changé dans la précipitation.

une même logique qui consiste à assurer une paix sociale [202] en venant comprendre et sanctionner les actes illicites venant briser cette même paix sociale. En ce sens, la psychocriminologie ne prend véritablement sens qu'à l'intérieur du cadre judiciaire (chargé depuis des siècles de gérer des situations infractionnelles) qui vient lui offrir les conditions d'observation et d'analyse en lui fournissant les « cas d'espèces » qui se présentent, mais également des conditions de mise en œuvre concrètes (qui viennent donner un sens concret aux développements théoriques psycho-criminologiques). L'intérêt fondamental est donc ici de deux ordres. Il s'agit de reconnaître et nommer le sens même de la démarche de la personnalisation sur un plan juridique (en cela, c'est participer à la création de la théorie juridique).

C'est également permettre de développer la complémentarité particulièrement fructueuse que peut revêtir l'association personnalisation- psychocriminologie. Il s'agit ici de montrer que les conditions de réalisation de cette complémentarité se retrouvent réunies dans le droit pénal positif. La nouvelle norme pénale, illustrée en cela par l'article 132-24 du code vient en effet, rendre possible les conditions de rencontre du droit et de la psychologie au service de la compréhension du phénomène criminel. Les conditions de cette rencontre sont le fruit d'un long processus aussi bien du côté de la psychologie que du droit.

S'agissant de l'évolution connue par la psychologie, deux étapes sont à retenir.

La psychologie appliquée à l'étude du phénomène criminel a commencé par le développement de la psychopathologie. L'objectif est alors le suivant. Il consiste à étudier des comportements délictuels ou criminels réprimés par la loi, à la lumière des différentes pathologies mentales connues. Cette première étape, fondamentale comporte toutefois un certain nombre de limites qu'il convient de souligner.

202.Il faut ici toutefois nuancer ses propos. La psycho-criminologie ne participe pas à une paix sociale, ce n'est pas en effet sa vocation première. Elle contribue seulement à participer à une certaine paix sociale, en ce qu'elle tente de comprendre le processus infractionnel pour ainsi tenter de donner un sens à la peine.

La perspective d'analyse utilisée par la psychopathologie demeure statique dans le sens où elle reste figée sur l'acte criminel auquel elle tente de donner sens. Si elle accepte de s'éloigner de l'acte illicite qui a été posé, ce n'est que pour aller chercher dans le passé de son auteur des éléments qui sont susceptibles de l'expliquer. Sa perspective reste donc linéaire, descriptive et pour une large part causaliste. Le but étant d'aller chercher dans la vie du délinquant, des éléments de nature psychopathologique qui viennent fonder une cause et dont l'effet s'est matérialisé par un crime ou un délit. En ce sens, il est également possible de qualifier cette approche de déterministe. Elle consiste finalement en un savoir (psychopathologique) sur le crime et le criminel. Bien que nécessaire, cette analyse du fait criminel n'en demeure pas moins insuffisante. Elle contribue en effet d'une certaine manière à enfermer les chercheurs dans des paradigmes. La conception de cette psychologie que l'on peut qualifier de causaliste, qui emprunte à la pensée freudienne, est explicitée par Roger Mucchielli lorsqu'il rappelle, à propos de la déclaration préliminaire de l'Esquisse d'une psychologie scientifique, que Freud écrit « nous avons cherché à faire rentrer la psychologie dans le cadre des sciences naturelles, c'est-à-dire à représenter les processus psychiques comme des états quantitativement déterminés de particules matérielles distinguables, ceci afin de les rendre évidents et incontestables ». Freud écrira également « nous donnons le nom de psychanalyse au travail qui consiste à ramener jusqu'au conscient du malade, les éléments psychiques refoulés » et dans la page qui suit, il donne la fameuse analogie entre la psychanalyse et l'analyse chimique : « nous avons analysé le malade, c'est-à-dire que nous avons décomposé son activité psychique en ses parties constituantes, pour ensuite isoler chacun de ces éléments instinctuels »[203]. Roger Mucchielli arrive ainsi à la conclusion suivante : « la conception freudienne de l'homme, avec la libido, les pulsions, les métamorphoses des pulsions par l'action des mécanismes de défense, le Ça, le Moi, le Surmoi est parente du positivisme objectiviste et le déterminisme causal court tout au long des

203.S. Freud, *Les voies nouvelles de la thérapeutique psychanalytique*, p. 13.

modifications historiques que Freud fit subir à sa théorie. C'est d'ailleurs, ce qui a assuré le succès de la métapsychologie freudienne, car le déterminisme intégral, l'explication par les causes antécédentes, sont ce qui satisfait le plus le besoin de savoir. Comprendre par l'agencement topique, mécanique ou économique, par l'enchaînement des causes et des effets, est certes la voie royale de la science telle que l'ont consacrée les sciences physiques » [204]. Il souligne la façon selon laquelle le psychanalyste est ainsi amené à voir « le patient comme une sorte de machine ». Roger Mucchielli écrit « l'Homme n'est qu'un mécanisme mis en branle par la Libido avec, comme principe régulateur, le maintien de la Libido au minimum de l'excitation. Il concevait l'Homme comme un être fondamentalement égoïste, lié à ses semblables par la nécessité partagée de satisfaire ses désirs instinctuels ». L'auteur poursuit sa réflexion constatant que « les conséquences sont nombreuses et impressionnantes. Sous le regard de physicien-mécanicien-économiste de Freud, l'être humain perd son humanité ». Il retient ainsi les expressions fortes telles que « scientisme mécaniste» [205], « biologisme radical » [206], « réduction du biologico-scientifique » [207], où il explique « après avoir détruit, par cette réduction, ce qui est l'essence de l'Homme, la Science naturaliste le reconstruit en plaçant au commencement, pour les besoins de la dialectique rationnelle-abstraite, l'homo natura comme homme originel réel. La Science naturelle retourne alors la broche ; elle place au commencement le produit de sa construction,... elle appelle Histoire le développement naturel et cherche à expliquer le mythe et la religion à partir de cette Nature et de cette Histoire. L'historicité de la réalité humaine a disparu, réduite et absorbée par le concept biologique de l'histoire comme développement » [208]. Cette psychologie causaliste est à rattacher au prin-

---

204.*Op.cit*, p. 14.

205.R. Mucchielli, *Analyse existentielle et psychothérapie phénoméno-structurale*, Dessart, Bruxelles,1967, p. 15.

206.*Op.cit*, p. 17.

207.*Op.cit*, p. 19.

208.R. Mucchielli, *Analyse existentielle et psychothérapie phénoméno-structurale*, Dessart, Bruxelles,1967, p. 19 et 20.

cipe d'individualisation de la peine légaliste, formaliste et qui obéit aux mêmes principes objectifs.

Cette conception objectivo-causaliste soulève un certain nombre de critiques bien mises en avant par la psychologie explicative d'inspiration phénoméno-structurale. Ainsi, Roger Mucchielli, reprenant en cela les propos de Biswanger, souligne que « le projet d'une phénoménologie comporte d'abord la volonté de renoncer à (...) *la rage de conclure :* il s'agit de renoncer à ce besoin passionné de tirer des conclusions, de se former une opinion, un jugement, besoin inscrit en nous par une formation intellectuelle unilatéralement naturaliste, car cette orientation intellectualiste a pour effet *d'interdire la compréhension des phénomènes humains.* Cette compréhension ne pourra se réaliser que si, dans un effort de mise entre parenthèses de nos références nosologiques ou de notre système a priori d'interprétation, nous laissons paraître le phénomène humain tel qu'il est, en ne cherchant qu'à le situer dans le contexte de l'Univers spécifique - et inconnu - par lequel seul il prendra son sens authentique » [209].

C'est précisément cet inconvénient que la psychocriminologie essaie de dépasser par une approche plus dynamique. Par une lecture intégrative du crime et non plus un savoir sur le crime ou le criminel, la perspective de psycho-criminologique va tenter de rendre compte et d'expliciter différemment le passage à l'acte délinquant. Ce n'est pas tant l'acte ou la personnalité du criminel qui intéressent la psychocriminologie que la manière dont ceux-ci vont s'inscrire dans une trajectoire pour ainsi lui donner une consistance. La perspective retenue est ici toute autre, plus complexe, elle est à la fois plus riche. Elle permet en effet d'élargir les conditions d'études relatives au fait criminel. En perpétuel mouvement, cette perspective d'inspiration phénomèno-structurale [210], se veut non déterministe. Il s'agit en

---

209.*Op.cit*, p. 27 et 28.

210.Dans son ouvrage précité Roger Muchhielli expose la généalogie de cette psychologie, en citant les principaux penseurs qui ont contribué au développement de ce courant. L'auteur cite ainsi les œuvres de Husserl, de Martin Heidegger, de Biswanger,

effet, non plus de se limiter aux éventuels caractères pathologiques du délinquant. Certes, ceux-ci sont utilisés mais au service d'une explication et d'une compréhension plus larges du passage à l'acte criminel. Il ne s'agira pas ici de recourir à ces éléments psychopathologiques dans l'unique perspective causaliste, mais bien de les utiliser comme autant d'indices qui constituent pour chacun d'eux autant de points précis dans la trajectoire délinquante du sujet. En ce sens la psychocriminologie s'inspire directement des principes de phénoménologie structurale qui ont gouverné ce qu'il est convenu d'appeler l'analyse existentielle, ou psychanalyse humaniste [211].

En ce sens, il faut ici retenir l'importance fondamentale de Wilhelm Dilthey [212] comme le souligne Roger Mucchielli « contre le positivisme de la « physique sociale » (sociologie d'Auguste Comte) et de la « physique de l'âme » (psychologie de Herbart), il définit les *Sciences Humaines* (sciences de la Personne humaine, sciences de la Société et de l'Histoire) comme un ensemble original caractérisé par l'absence d'« objet » et non par l'impossibilité d'application des méthodes des sciences physiques. Le cadre de référence objectiviste stérilise d'avance les sciences humaines. Il s'agit, selon lui, d'effec-

---

d'Eugène Minkowsi, sur ce point voir R. Mucchielli, *Analyse existentielle et psychothérapie phénoméno-structurale*, Dessart, Bruxelles,1967, p. 33 et suivantes.

211.Roger Muchhielli note à ce propos que le développement moderne de ce qu'on appelle « la psychanalyse humaniste » vient de ce que nombre de psychologues et de psychothérapeutes ont senti que la conception de l'homo natura était effectivement réductrice, que le schéma freudien de l'*ipse* laissait échapper l'essentiel de la Réalité humaine.

Déjà Jung (et son influence exercée sur Biswanger qui travailla avec lui) affirmait que le Moi, concept si pauvre et si flou chez Freud, n'est pas, de toutes façons, le dernier mot de la personnalité. Le « processus d' individuation » dans la thèse de Jung [processus qu'il vaudrait mieux appeler « processus de personnalisation »] n'est évidemment pas, comme l'en accusent les Freudiens orthodoxes, un retour narcissisme (...) La psychothérapie n'a pas affaire à des névrosés mais à des êtres. C'est pourquoi elle doit se créer un cadre suffisamment vaste pour que se révèlent, au regard du médecin, non seulement les errements maladifs d'un développement psychique perturbé, mais aussi les forces constructives à créatrices d'avenir », *op. cit*, p. 33 et 34.

212.Sur ce point voir : W. Dilthey, *Introduction à l'étude des sciences humaines, 1883*, traduction française PUF, 1942, du même auteur voir également, *Le monde de l'esprit*, 1926, traduction française Aubier, 1947, *Analyse de l'Homme* publiée de 1891 à 1904, *Théorie des conceptions du monde*, 1910.

tuer un retour au concret humain et il souhaite l'avènement d'une psychologie « descriptive et analytique » qui sera capable de reconnaître et de comprendre *l'organisation structurale unitaire de la vie mentale* : les comportements d'un individu ne sont pas déterminés (ni causalement ni dialectiquement) par son passé, mais par l'ensemble des aspects multiples et divers de son contexte vécu actuel ; de même les idées d'une époque ne sont pas à *expliquer* par des influences antécédentes mais par l'interaction avec tous les aspects du contexte de la civilisation. Ainsi apparaissait nettement une première idée qui allait connaître un grand développement dans toutes les sciences humaines et en constituer le ciment : *comprendre par le contexte...* laisser paraître le contexte, tout le contexte, pour saisir la signification de quelque aspect humain que ce soit, car la signification n'est pas dans la connaissance des causes mais dans le rapport à l'ensemble actuellement donné, qu'il s'agit d'abord de décrire (...). Décrire le monde de l'anxieux, par exemple, c'est-à-dire les significations qui s'organisent corrélativement au Moi anxieux et autour de lui pour constituer son univers vécu, comprendre la structure interne de cet univers original, structure qui donne un sens-pour-le-sujet à toutes les situations, univers qui est la manière d'exister de tel sujet dit anxieux, ... voilà qui est bien différent d'une explication du symptôme Angoisse par le jeu de forces causales, qu'elles soient chimico-biologiques ou « pulsivo-mécaniques » [213]. Cette psychologie explicative est à rattacher au processus de personnalisation de la peine évolutif et adaptatif en fonction de la spécificité de l'auteur de l'infraction.

Le droit et son évolution récente semblent être passés par deux étapes similaires [214] qui participent à un élargissement de

---

213.*Op. cit*, p. 37 - 39.

214.La psychologie d'inspiration phénoméno-structurale ne cherche pas spécialement à offrir tout cela au droit pénal contemporain. C'est ici la situation atypique de la présente recherche interdisciplinaire qui trouve dans ce type de pensée les notions qui éclairent et orientent l'interprétation qui est faite de la norme pénale.

Cette démarche n'est cependant pas complètement isolée. Les prémices avaient été posés par un intervenant du courant pénal de l'école d'Utrecht qu'était F.J Buytendijk. Comme le souligne en effet Roger Mucchielli : « parmi les initiateurs, une place particulière revient à Jaspers qui appliqua immédiatement à la psychiatrie les directives de Dilthey. Puis Minkowski en France inaugura les nouvelles recherches. Après lui, un

l'appréhension du processus pénal [215]. Le droit appliqué au phénomène criminel et plus particulièrement au processus de determination de la sanction était exclusivement gouverné par le principe d'individualisation de la peine jusqu'à l'entrée en vigueur du nouveau Code pénal. En ce sens, il est possible de dire que l'individualisation de la peine est au droit ce que la psychopathologie est à la psychologie. Dans un tel contexte, l'individualisation consiste en une application assez stricte du droit. Obéissant à la même perspective causaliste que la psychopathologie, le droit se focalise sur l'acte commis et oriente la determination de la peine en fonction de cet unique objet d'étude. Au service de son analyse, le droit peut recourir à la psychopathologie qui vient alors lui apporter des éléments de compréhension sur la commission de l'infraction. L'individualisation de la peine ne prend alors sens que dans la période présentencielle (qui prend fin au moment du prononcé de la peine par la juridiction). Elle se caractérise alors par l'application stricte de principes de droit : principe de légalité, principe d'égalité (pour la phase présentencielle) et principe d'autorité de la chose jugée (pour la phase postsentencielle).

Le choix des peines est lui aussi marqué par un certain formalisme. En effet, avec l'ancien Code pénal les catégories de peines susceptibles d'être applicables restaient relativement limitées. Les peines de référence étaient la peine d'emprisonnement ou l'amende. Très peu de place était faite en pratique aux peines de substitution et peines complémentaires.

Les modalités du prononcé de la peine étaient elles aussi très encadrées entre un minimum et un maximum légal. Quant aux modalités d'exécution de la peine, elles ne faisaient l'objet que

---

nombre de chercheurs apporta des contributions variées se référant aussi aux philosophies existentielles de Max Scheler, Martin Buber, Paul Tillich, Nicolas Abbagnano et tant d'autres ; citons Gruhle, H.C Rumke, Erwin Strauss, Ludwig Biswanger (...). Puis pour la génération actuelle nous retrouvons Danielo Cargnello en Italie, W. J Revers en Autriche, G. Lanteri-Laura en France (...), Rollo May (USA), J. H Van Den Berg et F.J Buytendijk en Hollande », *op. cit.*, p. 52.

215.Le processus pénal doit ici être entendu dans une acception large. Il concerne de manière générale l'ensemble des actes relatifs à la determination de la peine, qu'ils soient présententiels ou postsententiels.

de très peu de reconnaissance [216] par le droit. Dans un tel contexte, l'individualisation a ceci de particulier qu'elle consiste à penser la peine à partir du droit pour l'appliquer à l'individu [217]. L'individualisation participe d'une démarche exclusivement juridique et que l'on peut rapprocher du droit objectif. Le droit est ici premier par rapport au sujet.

Cependant, cette forme de determination de la peine constituée par l'individualisation présente des limites en ce qu'elle omet une fonction essentielle de la sanction. Si le but de la peine est en effet de venir sanctionner négativement l'acte commis qui a porté préjudice à la société, il consiste également à donner les moyens de pouvoir comprendre le sens de cet acte, précisément pour éviter qu'il ne se renouvelle. Si les fonctions de sanction ne sont jamais omises, les fonctions de compréhension sont, quant à elles, beaucoup plus rarement mises en œuvre. Or, la démarche suivie par l'individualisation ne permet pas de poser des hypothèses de compréhension de l'acte, précisément parce que cette démarche est gouvernée par l'objectivité juridique (raisonnement juridique classique). Et cette objectivité en ce qu'elle est porteuse d'une certaine généralisation, devient un obstacle à une determination de la peine en fonction de la spécificité de l'auteur de l'infraction. En effet, elle ne permet pas de comprendre ce que cet acte criminel ou délictuel signifie pour son auteur. L'objectivité ne rend pas possible la compréhension de la signification que l'acte revêt pour le délinquant c'est-à-dire cet « effort le plus élémentaire pour comprendre quelqu'un, la démarche la plus simple, la plus immédiate (...) consiste à saisir, d'une manière toujours approximative, ce que les choses, les êtres, les événements... signifient pour lui » [218]. A ce titre Roger Mucchielli montre bien ici les limites d'une telle objectivité : « si vous considérez l'ensemble des circonstances

---

216.A la différence d'aujourd'hui où la phase postsentencielle est reconnue comme une phase pénale à part entière. La juridictionnalisation de l'application des peines va d'ailleurs dans ce sens.

217.Le terme d'individu est ici tout à fait approprié dans le sens où il présente un caractère général est absolu.

218.R. Mucchelli, *Introduction à la psychologie structurale, Psychologie et Sciences Humaines*, Dessart, Bruxelles, 1966, p. 17.

données par rapport auxquelles agit ou réagit un sujet humain et si vous considérez la conduite de ce sujet humain, en gardant par rapport à ces circonstances et par rapport à ce sujet une « extériorité » que vous pensez être la garantie de votre « objectivité », le résultat inévitable est l'incompréhension la plus totale de sa conduite. Car votre considération soi-disante « objectivité » de l'ensemble des circonstances données implique nécessairement la-signification-de-cet-ensemble-pour-vous... de même que la considération dite objective de sa conduite est immanquablement une caractérisation de cette conduite (ne serait-ce que pour la qualifier - et même pour la qualifier d'absurde ou d'incompréhensible) par rapport à ce qu'elle signifie pour vous, à ce par rapport à quoi elle aurait eu sens pour vous si vous l'aviez eue vous-même et finalement encore à ce que signifie ces circonstances pour vous » [219]. L'individualisation a donc ceci de paradoxal qu'elle souhaite déterminer la peine en fonction de son auteur sans le prendre véritablement en compte. Aussi il parait assez logique que cette peine ainsi prononcée ne fasse pas sens pour la personne qui en fait l'objet [220].

Avec une determination de la peine gouvernée désormais par le principe de personnalisation le droit vient donner une ampleur toute autre à la sanction. La personnalisation consiste à

219.*Op.cit.*, p. 17-18.

220.En effet si la démarche de la personne criminelle paraît incompréhensible pour le juge puisqu'elle ne correspond pas à son mode de significations, l'inverse est également vrai. La démarche du juge (dite objective, en fonction de critères légaux) et le prononcé de la peine qui lui afférent, est tout autant dépourvu de sens pour la personne criminelle. La peine ne peut pas faire sens pour elle. Roger Mucchelli rappelle à ce titre « c'est pourquoi une équivoque flotte toujours, une menace de malentendu ou d'incompréhension, dès qu'il y a communication entre les humains. L'émetteur d'une information veut signifier quelque chose [en l'espèce le juge qui avec la peine vient imposer une vision des choses, un jugement de valeur] mais le sens de ce qui sera celui que percevra le récepteur » [en l'espèce la personne criminelle vient dire cet acte que vous jugez ici illicite à un sens pour moi, une utilité]. Et l'auteur ajoute « il est banal et quotidien de constater que plus ce que nous voulons exprimer est de l'ordre des impressions personnelles [et l'acte criminel ou délictuel constitue l'acte personnel par essence], plus nous sommes incompris, trahis, non entendus, puisqu'il s'agit de signification singulière que des mots eux-mêmes traduisent mal, étant faits de significations collectives »., in *Introduction à la psychologie structurale*, Psychologie et Sciences Humaines, Dessart, Bruxelles, 1966, p. 28.

penser la peine à partir de la personne [221]. Le droit est ici second par rapport au sujet. En ce sens, il est possible de dire que la personnalisation de la peine est au droit ce que la psychocriminologie est à la psychologie. Dans un tel contexte la personnalisation consiste en une application souple du droit. Obéissant à la même perspective structurale que la psychocriminologie, le droit prend alors en compte, non plus seulement et exclusivement, l'acte commis mais la personne dans sa globalité. Il ne se contente plus du crime. Il l'intègre à son raisonnement, mais ne se limite pas à cet acte. Le droit va d'abord prendre en compte la personne criminelle [222] en analysant sa trajectoire existentielle pour venir la replacer à l'intérieur de sa trajectoire pénale. Dans cette perspective, c'est l'ensemble des éléments (sa personnalité, son histoire, ses agissements ou non-agissements) caractérisant la personne qui importent et pas seulement l'acte criminel. Le processus pénal est donc entendu dans un sens très large puisqu'il ne se limite plus à la phase (pré) et sentencielle. Il s'étend également à la phase post-sentencielle, la personne continuant à évoluer même après la condamnation. C'est ici tout le sens que prend l'affirmation du principe de personnalisation de la peine pour la phase pré-sentencielle et la juridictionnalisation de l'application des peines pour la phase post-sentencielle. C'est la reconnaissance que le processus pénal est complexe et en perpétuel mouvement parce que inhérent à une personne et non pas à un acte.

Dans ce cadre, personnaliser la peine consiste à déterminer une sanction en fonction de la personne à qui elle s'adresse. Cela suppose de savoir quel sens cet acte criminel ou délictuel prend dans la vie de cette personne. La question du sens doit être entendue comme signification pour le sujet [223]. Roger Mucchielli en donne une explication précise lorsqu'il retient « on ne peut avancer dans la compréhension d'un sujet humain, de ce

---

221.Le terme de personne est ici tout à fait approprié dans le sens où il présente un caractère singulier.

222.Et non pas le criminel ce qui reviendrait à réduire l'auteur à son acte. Les deux vocables de personnes et de criminelles sont ici indispensables.

223.Roger Mucchielli parle de significations-vécues-par-un-sujet, *op. cit.*, p. 22.

qu'il dit, de ce qu'il fait... si on ne saisit pas d'abord les significations qu'il donne à ce qui l'entoure, à ce qu'il vise ou à ce qu'il exprime par ses dires ou par ses actes. Si l'on peut dire que le tout perçu est porteur de signification et n'existe comme tel que par un réseau de significations, il faut ajouter que la généralité de cette proposition ne doit pas cacher la singularité de chaque signification puisque celle-ci est toujours relative à tel sujet humain, où, à la limite, à un sujet humain appartenant à tel groupe, culturel ou autre » [224]. Tel est précisément la différence entre l'individualisation et la personnalisation.

La personnalisation s'intéresse à la signification que prend l'acte dans la vie de la personne. Cette démarche oblige donc à prendre en compte la vie entière du sujet dans ce qu'elle a été mais également dans ce qu'elle est au présent. Elle consiste à se placer à l'intérieur de la structure existentielle de la personne, mais également à l'intérieur de son parcours pénal. C'est en effet en replaçant l'acte criminel ou délictuel à l'intérieur du parcours existentiel et pénal de la personne que la peine (qui n'est qu'une conséquence et non une cause) peut prendre sens pour le sujet à qui elle s'adresse. Par les expressions parcours existentiel et pénal, il faut entendre l'ensemble des actes, ou des non-actes, des manifestations les plus diverses qui se donnent à observer, à entendre ou à voir et qui viennent rendre compte de la trajectoire personnelle de l'auteur de l'infraction mais également de sa trajectoire délinquantielle. Il s'agit en effet de penser en termes de structure, à l'intérieur de laquelle chaque élément du parcours personnel et pénal vient prendre un sens particulier, vient dire quelque chose. Il convient ainsi de s'interroger sur la nature de l'acte (un vol ne vient pas révéler la même chose qu'un meurtre ou un viol) le moment de l'acte et la place qu'il prend dans la vie de son auteur. Il convient également de s'interroger sur la façon selon laquelle tous ces savoirs viennent s'organiser au sein même de l'institution judiciaire et de la procédure pénale [225] : c'est l'approche institutionnelle de la person-

---

224.*op. cit.*, p. 27.

225.Il faut ici entendre l'expression procédure pénale au sens large du terme c'est-à-dire de la phase d'enquête mais également la phase d'exécution de la peine en passant par la phase de jugement.

nalisation. Concrètement, il s'agit de s'interroger sur le silence de l'accusé, ses dénégations et les réactions que ce type particulier de comportement (et qui vient dire quelque chose de la personne du délinquant) engendrent sur les différents intervenants judiciaires.

L'approche institutionnelle de la personnalisation de la peine s'inscrit ici dans le courant psychologique de la pensée dite institutionnaliste [226]. Il convient en effet ici au préalable de préciser que le terme institution doit être retenu dans son acception psychologique, c'est-à-dire comme l'émanation d'un ordre institutionnel. L'institution [227], ce qui est d'ailleurs son sens en général, est ce qui est établi par les hommes par opposition à ce qui est établi par la nature. Dans cette acception, l'institution renvoie très largement à tout ce qui fait œuvre de culture (par opposition

---

226.Les écrits qui vont suivre doivent beaucoup aux analyses de Claude Bouchard (Maître de conférences à l'Université de Rennes II et chercheur à l'Institut de Criminologie et de Sciences Humaines de Rennes) développés dans son document intitulé : « Le travail institutionnel » du psychologue.

Sur ce point l'auteur renvoie à un certain nombre de références bibliographiques : J. Barus-Michel, Le psychologue et l'institution : pour une régulation institutionnelle ou de l'analyseur au régulateur, *Bull Psycho*, 1979, XXXII, n° 339, p. 207-219 ; G. Canguilhem, *Qu'est-ce que la psychologie?* Rééd. in : *Etude d'histoire et de philosophie des sciences*, deuxième édition, Paris, Vrin, 1981, p. 33-45 ; P. Fustier, *Le travail d'équipe en institution. Clinique de l'institution médico-sociale et psychiatrique*, Dunod, Paris, 1999 ; J-H Hayez, *Mandats, contrats et statuts*, in J. H Hayez et coll, *L'institution résidentielle*, médiateur thérapeutique, Vigneux, Edition Matrice, 1994, p. 157-188 ; C. Levi-Strauss, *Introduction à l'ouvrage de Marcel Mauss : sociologie et anthropologie*, Paris, PUF, 1950 ; F. Petit, *Introduction à la psycho-sociologie des organisations*, Toulouse, Privat, 1979 ; R. Kaës, *Réalité psychique et souffrance dans les institutions*, in R. Kaës et al, *L'institution et les institutions. Etudes psychanalytiques*, Paris, Dunod, 1988 ; R. Kaës, *Les théories psychanalytiques du groupe*, Collection Que sais-je?, n° 3458, Paris, PUF, 1999 ; R. Kaës, *Souffrance et psychopathologie des liens institutionnels. Éléments de la pratique psychanalytique en institution*, Paris, Dunod, 1996 ; J. Ménéchal, Reconnaître le sujet, penser l'institution, construire la démocratie, *Pratiques Psychologiques*, 3, 9-20 ; R. Neuburger, *Analyse systémique de l'institution : le parcours du patient*, in : Le mythe familial, Paris, ESF, 1995 ; M. Selvini-Palazzoli, « Les pièges des institutions », trad. fr. *Cahiers critiques de thérapie familiale et de pratiques de réseaux*, 2, 60-67 ; « Les psychologues et les institutions », *Psychologues et Psychologies*, n° 141, janv-févr 1998, 2-39.

227.Cette acception est à différencier de celle juridique qui opère la distinction suivante : « les institutions-organes, qui sont des organismes dont le statut et le fonctionnement sont régis par le Droit ; et les institutions-mécanismes, qui sont des faisceaux de règles régissant une certaine institution-organe ou une situation juridique donnée, tels que le droit de dissolution, le mariage ou la « responsabilité civile ».

à la nature) c'est-à-dire à ce qui nous fonde comme êtres humains, comme êtres de culture.

« Le rôle du psychologue [mais également du psycho-criminologue] consiste non à intervenir directement auprès des usagers mais auprès des professionnels qui s'en occupent (...), le but étant de favoriser et maintenir une réflexion ouverte sur l'engagement de l'institution à l'endroit de l'usager. Pour reprendre les termes de J-Y Hayez il s'agit d'une « participation à la fonction critique ou de questionnement [de l'institution] :[la fonction de questionnement] c'est celle qui consiste à relancer les questions au sein de l'institution : questions à propos des finalités globales ; questions à propos du projet éducatif concernant un enfant ; questions sur la cohérence théorique ou méthodologique... » [228]. Le rôle institutionnel du psychologue est ici fondamental en ce qu'il vient jouer un rôle dans chacune des institutions centrales de la société : « l'école, la famille, l'organisation du travail, l'appareil judiciaire sont soumis à tout un ensemble de contradictions, que la psychologie est appelée à penser et à résoudre ». La pensée institutionnaliste [229] a ceci de particulier qu'elle permet de penser la complexité inhérente à toute institution. Au terme de ce courant, l'institution doit en effet être considérée comme « un ensemble d'interactions, c'est-à-dire d'actions et d'influences réciproques entre les membres qui la composent. Et conformément aux principes de totalité et d'équifinalité, ces actions et influences ne sont pas seulement le fait des éléments, elles sont aussi interdépendantes du système et de l'organisation de celui-ci ». Ainsi, les institutions, au sens de systèmes symboliques, se repèrent concrètement par leurs œu-

---

228.J. H Hayez, Les fonctions « Psy », in J. H Hayez et coll, *L'institution résidentielle, médiateur thérapeutique*, Vigneux, Edition Matrice, 1994, p. 107-139.

229.Sur ce point voir : R. Louran et J. Ardoino, *Les pédagogies institutionnelles*, PUF, Collection pédagogues et pédagogies, 1994 ; P-F. Chanoit, *La psychothérapie institutionnelle*, PUF, Collection Que sais-je ?, 1995 ; F. Tosquelles, *Structure et rééducation thérapeutiques. Aspects et pratiques*, Ed. Universitaires, 1967 ; J. Ardoino, L'analyse multiréférentielle des situations sociales in *Psychologie clinique*, n°3, Paris, Klincksieck, 1990 ; C. Castoriadis, *L'institution imaginaire de la société*, Paris, Seuil, Collection « Esprit », 1975 ; F. Guattari, *L'intervention institutionnelle*, Paris, Payot, 1980 ; F. Basaglia, *L'institution en négation*, Paris, Seuil, 1970 ; Ouvrage collectif sous la direction de Loick-M. Villerbu, *Dangerosité et vulnérabilité en psychocriminologie*, l'Harmattan, 2003.

vres sous la forme d'organisations et de groupes. Toute organisation comprend des groupes (bureaux, ateliers, services, équipe, classe...), eux-mêmes composés d'individus. Cependant, une organisation n'est pas réductible à une somme d'individus ou de groupes. L'organisation est ce qui détermine l'interaction nécessaire entre ces éléments, c'est-à-dire leur interdépendance en vue de la réalisation d'un objectif officiellement commun : produire un bien ou un service. L'interdépendance fonde l'unité de l'organisation ; il en résulte que toute modification d'un élément entraîne la modification de tous les autres et donc du tout. Ce n'est qu'en partant de la signification que l'acte peut avoir pour la personne que la peine prendra un sens pour elle et c'est ce que vient dire le nouveau principe de personnalisation. Dans ce contexte, la peine consiste à venir donner à une personne les moyens de comprendre comment son acte et comportement criminel ou délictuel se sont organisés en fonction de significations qui lui ont échappé ; parce qu'elles lui ont été, à un moment de sa vie, informulables et incommunicables, comme elles le sont pour la société dont l'équilibre a été brisé. Ce faisant, la peine devient intelligible, c'est-à-dire porteuse de sens.

§- II. - La personnalisation : une conception de l'adaptation

Le recours à l'outil de réflexion « politique criminelle » permet une analyse de la production normative pénale qui fait apparaître deux orientations possibles qui correspondent à deux conceptions de la determination de l'infraction [230]. La determination de l'infraction peut avoir comme critère fondamental de réflexion l'acte criminel, elle est dite alors objective. À l'inverse, la personne criminelle peut constituer l'élément central de l'analyse, la determination de l'infraction est alors dite subjective. Ces deux conceptions emportent chacune d'elles un certain nombre de conséquences sur la determination de la peine. Les dispositions de l'article 132-24 constituent à ce titre un mélange de ces deux types de determinations.

230.V. *supra*, p. 94 et s.

Le concept de communauté épistémique pénale vient préciser et affiner cette première analyse de la production normative pénale [231]. Au-delà en effet du caractère objectif ou subjectif de la determination de l'infraction et des conséquences que celle-ci emporte sur la peine, les communautés épistémiques pénales permettent de dégager l'idéologie sous-tendue de la norme pénale. L'objet des communautés épistémiques pénales est en effet de pouvoir rendre compte de l'idée de l'homme et de la société contenue de manière implicite dans la norme pénale. Leur but consiste donc à dégager une idéologie mais également à apprécier l'influence de celle-ci sur la production normative pénale.C'est ainsi que les dispositions de l'article 132-24 du nouveau Code pénal ont pu être rattachées à une idéologie de l'insertion inspirée du courant de pensée de Défense Sociale Nouvelle, qui conduit la politique criminelle à choisir comme axe prioritaire la défense des libertés et l'adaptation de la solution préventive ou répressive à la situation de l'auteur de l'acte délinquant. En cela, cette idéologie s'oppose à une idéologie dite sécuritaire, d'inspiration néoclassique, qui conduit quant à elle à défendre essentiellement les intérêts de la société [232]. Elle opte alors pour une solution clairement répressive où tout est pensé par rapport à l'acte délinquant.

La psychocriminologie en prenant le droit pénal comme produit et objet de recherche vient achever la réflexion sur la production normative pénale. Cette démarche nouvelle permet ainsi de dégager un nouveau paradigme pénal.C'est en effet, au moyen de ce type d'approche spécifique que peut être mis à jour ce nouveau paradigme pénal qui émerge avec la personnalisation de la peine.

La nouvelle norme pénale semble en effet vouloir faire une place de choix à la personne délinquante. Au terme des dispositions de l'article 132-24 la prise en compte de l'auteur des faits

---

231.V. *supra*, p. 98 et s.

232.Sur ce point voir : M-L. Rassat, *Pour une politique anti-criminelle de bon sens*, Table Ronde, 1983 ; A. Peyrefitte, *Réponses à la violence*, Documentation française, 1978 ; du même auteur, *Les chevaux du lac Ladoga*, Plon, 1981 ; A. Decoq, *Droit pénal général*, A. Colin, Collection U, 1971 ; A. Legoux, *L'impératif pénal*, Ed. Lafont, 1985 ; J-C. Soyer, *La justice en perdition*, Plon, 1982.

(par le biais de sa personnalité) constitue un critère de determination de la peine égal à la prise en compte des circonstances de l'infraction. La personne émerge véritablement sous la plume du législateur. Elle est désormais aussi importante que l'acte. Ces dispositions précitées sont tout à fait nouvelles. Avant le Code pénal de 1994, l'auteur de l'infraction n'avait jamais fait l'objet d'une prise en compte aussi explicite. L'analyse du délinquant a bien évidemment toujours constitué un critère important dans le processus de determination de la sanction puisqu'il en était à la fois le fondement et le support sur lequel elle pouvait prendre corps. Mais il n'était pas paradoxalement le critère essentiel, comme le prouve l'absence de disposition le concernant pour la période antérieure à 1994.

Dans un tel contexte, poursuivre la réflexion initiée sur la production normative pénale passe par un questionnement sur cet attachement, cette prise de conscience et prise en compte de la personne délinquante. Le droit pénal est ce faisant amené à développer une determination de la peine à caractère subjectif. En retenant parmi les critères de determination de la peine « la personnalité de l'auteur des faits » [233], le droit pénal vient s'intéresser à la subjectivité du délinquant. Cet intérêt pour la subjectivité délinquante trouve sa place dans une section consacrée aux modes de personnalisation des peines. Aussi, est-il intéressant de s'interroger sur ce que le droit positif entend par personnalité. Affirmer vouloir fonder le droit pénal sur une relation personnalisée emporte un certain nombre d'implications dans le champ juridique. Il s'agit ici de venir interroger cette rationalité contemporaine qui tient désormais compte de la subjectivité.

Chapitre II. - Mise en oeuvre de la production normative pénale : la complexité de la subjectivité juridique

Analyser la mise en œuvre de la production normative pénale passe par une réflexion sur la réception qui en est faite par l'ensemble des juridictions. De manière concrète, cette réception

---

233.Comme les dispositions de l'article 132-24 du Code pénal le rappellent expressément.

s'apprécie par l'usage qu'en font les instances judiciaires par rapport au but initial énoncé par les instances législatives. En d'autres termes, il s'agit de s'intéresser à la façon selon laquelle la production normative pénale est diversement conçue par le législateur et reçue par le juge chargé de l'appliquer. C'est à partir de cette réflexion initiale que le problème de l'efficacité et de l'effectivité de la norme pénale peut prendre un sens différent. Cette réflexion première permet en effet de mettre à jour toute la complexité contenue dans le nouveau paradigme pénal résumé par l'expression de subjectivité juridique.

Section I. - *Problèmes d'applicabilité pratique de la norme pénale : facteurs conjoncturels*

La nouvelle figure de pénalité instituée par l'article 132-24 du Code pénal ne semble pas faire l'objet d'une utilisation pleine et entière par les juridictions pénales. Cet état de fait particulier illustre un problème beaucoup plus large qui est celui de l'effectivité de la norme pénale en général. Il existe en effet, un certain nombre de difficultés que l'on peut qualifier de conjoncturelles qui sont génératrices d'une mauvaise applicabilité de la norme pénale. Certaines sont inhérentes aux situations, d'autres aux moyens utilisés.

§- I. - Difficultés d'applicabilité pratique liées aux situations

Comme le souligne C. Lazerges « c'est une constatation bien connue que celle de la variabilité dans l'espace et dans le temps de l'interprétation des règles de droit pénal. De nombreuses études ont montré la diversité des pratiques des tribunaux et partant des politiques criminelles qui, rappelons-le, ne sont pas seulement déterminées par des règles de droit pénal (...) ». [234]

La production normative pénale et donc par extension sa forme la plus concrète peut être considérée comme « le discours législatif de politique criminelle, [qui] loin d'être unanimement apprécié par le pouvoir judiciaire dans la pluralité de ses formes

234.C. Lazerges, *La politique criminelle*, PUF, Collection Que sais-je?, p. 81.

d'expression, est diversement perçu et reçu » [235]. L'illustration la plus manifeste se retrouve dans la politique criminelle judiciaire qui s'entend « stricto sensu de la politique criminelle inscrite dans les décisions et les pratiques de l'ordre judiciaire. C'est en effet, à ce pouvoir judiciaire au sens le plus large qu'incombe la tâche particulière d'interprétation, d'orientation et d'application de la norme pénale. Or les faits, par le biais de la jurisprudence, montrent une grande diversité d'applicabilité de la norme pénale.

Ils montrent en effet une hétérogénéité très grande des pratiques ». [236] Chaque juridiction intègre diversement la nouvelle figure de pénalité. Cette diversité traduit un degré d'adhésion plus ou moins grand à la politique criminelle et législative et par extension à la production normative pénale.

Ce constat est observé par un certain nombre d'auteurs [237]. Ceux ci sont alors réduits à poser des hypothèses pour tenter d'expliquer ce phénomène. Ainsi, est-on conduit à raisonner sur un mode quelque peu caricatural voire paradoxal sur le pouvoir judiciaire qui consiste par exemple à s'interroger « sur l'immobilisme où le scepticisme du corps [des magistrats] insuffisamment ouvert sur la société civile et les courants qui la traversent » [238].

§- II. - Difficultés d'applicabilité pratique liées aux moyens

La mise en œuvre de la production normative pénale se heurte également à un certain nombre de difficultés d'ordre pratique entre lesquelles il existe une gradation.

235.*Op. cit.*, p. 82.

236.*Op. cit.*, p. 101.

237.Au premier rang desquels se retrouvent Christine Lazerges précitée et Mireille Delmas Marty, *Modèles et mouvements de politique criminelle*, Paris, Economica, 1983 ; du même auteur voir également *Les grands systèmes de politique*, PUF, Thémis, 1992.

238.C. Lazerges, *La politique criminelle*, PUF, Collection Que sais-je?, p. 82.

A. - Difficultés d'exécution sur le terrain

L'actualité juridico-pénitentiaire offre à ce titre des illustrations saisissantes de la difficile application dans les faits de la personnalisation. Il s'agit ici de prendre conscience du paradoxe dont la personnalisation est porteuse. Celui-ci traduit le problème plus général de la mise en œuvre de la production normative pénale. Il est en effet établi que la personnalisation n'a de sens que par la possibilité qu'elle offre de s'intéresser à ce qui constitue la spécificité de la personne à juger ou qui est condamnée. Or, l'institution judiciaire confrontée à un contentieux énorme, avec des rôles de cour d'assises ou de tribunal correctionnel surchargés n'est que difficilement en mesure de réaliser pleinement cette prise en compte spécifique.

Il en est de même pour la phase post-sentencielle. L'institution pénitentiaire confrontée aux difficultés de gestion et d'organisation spatiale des établissements pénitentiaires ne peut offrir les conditions nécessaires à une personnalisation [239]. Il semble en effet, pour le moins difficile de vouloir reconnaître la spécificité de chaque détenu dans le principe et de ne leur offrir qu'une cellule pour trois voire quatre en pratique. C'est ici tout le paradoxe de la personnalisation qui est soulignée.

B. - Difficultés d'exécution théorique

L'analyse des difficultés d'exécution théorique renvoie à l'étude de deux moyens particuliers utilisés par le droit que sont la méthode juridique et les outils juridiques.

239.Ces difficultés sont tout à fait reconnues par l'ensemble des représentants politiques et font l'objet de réflexions. En ce sens voir : « La France face à ses prisons », *Rapport de la Commission d'enquête de l'Assemblée Nationale*, Paris, 2000 ; « Prisons : une humiliation pour la République », *Rapport de la Commission d'enquête du Sénat n°449*, Paris, 2000. Voir également, V. Vasseur, *Médecin-chef à la prison de la Santé*, Ed. Le Cherche Midi, 2000.

1. - La méthode juridique

S'intéresser à la méthode utilisée par le droit pour donner forme à la production normative pénale, en prenant comme exemple la personnalisation, revient de manière plus large à apporter une attention et un regard particuliers sur le cadre général de réflexion de la science juridique. Le problème de lisibilité de la production normative pénale en matière de personnalisation de la peine peut trouver sa source dans la méthode juridique elle-même. Dans le cadre de sa mise en œuvre, le droit repose en effet un certain nombre de postulats, qui par leur caractère ancestral ne font plus l'objet d'attention. Par essence, le droit obéit à une conception toute objective, rigoureuse et formaliste. La science juridique, soucieuse d'éviter tout arbitraire, fonde son raisonnement sur l'objectivité. Il ressort de cet esprit déductif, une exigence de cohérence mais également un caractère systématique en opposition avec les enjeux de la personnalisation.

La personnalisation, par son caractère subjectif, fait appel à des qualités d'adaptation, de pragmatisme et de complexité. Elle implique un raisonnement souple, adaptable de type inductif c'est-à-dire qui accepte de partir d'éléments flous, indéfinis pour construire et découvrir progressivement la logique personnelle du délinquant. En ce sens, cette démarche (psychologique) s'oppose à la démarche juridique dont le raisonnement débute par des éléments légaux, stables définis et établis de manière précise, qui trouveront à s'appliquer au cas d'espèce.

Cette distinction de méthode fait le jour sur la difficile mise en oeuvre (psychologique) que suppose la personnalisation dans le cadre juridique. Cette réflexion d'ordre méthodologique permet par la même occasion d'initier une redéfinition des moyens à mettre en oeuvre pour développer une harmonisation mais surtout une complémentarité entre les conceptions juridiques et psychologiques.

2. - Les outils juridiques

La méthode juridique constitue le cadre général de réflexion et d'élaboration du droit. Mais son influence ne se limite pas à un seul cadre méthodologique. Elle influence également le cadre général d'action du droit par les outils qu'elle met à sa disposition. En ce sens, le cadre de réflexion exerce des conséquences directes sur le cadre d'action. Le maniement des outils [240] est en effet, soumis à un certain nombre d'influences qui se repèrent tant par leur caractéristique que par leur usage.

a) Caractéristiques normatives et typologiques des outils de réflexion

La mise en œuvre de la production normative pénale passe par l'utilisation d'un certain nombre d'outils. Les deux principaux sont constitués par l'examen psychiatrique et l'enquête sociale. Chacun d'eux a pour objet de présenter un aspect de la personne délinquante à juger [241].

L'expertise psychiatrique consiste en un examen [242] médical qui ne peut être que l'œuvre d'un docteur en médecine. Elle est

240.Ces outils se résument par ce que le Code de procédure pénale nomme le dossier de personnalité. Ils sont présentés à l'article D.16 du code précité au terme duquel « l'enquête sur la personnalité des inculpés ainsi que sur leur situation matérielle, familiale ou sociale prévue à l'article 81 alinéa 6 du Code de procédure pénale et les examens, notamment médical et médico-psychologique mentionnés à l'alinéa 7 dudit article, constituent le dossier de personnalité de l'inculpé ».

Ce dossier a pour objet de fournir à l'autorité judiciaire, sous une forme objective et sans tirer de conclusions touchant à l'affaire en cours, des éléments d'appréciation sur le mode de vie passé et présent de l'inculpé.

Il ne saurait avoir pour but la recherche des preuves de la culpabilité ».

241.L'enquête de personnalité est visée à l'article 81 alinéa 6 du Code de procédure pénale. Au terme d'une jurisprudence constante (Crim. 28 janvier 1969, D.1969, p. 80) l'enquête de personnalité ne constitue pas une mesure d'expertise (à la différence de l'examen médico-psychiatrique et de l'examen psychologique dont les personnes chargées de les réaliser ont prêté serment).

242.Plus précisément la circulaire en date du 1er mars 1993 établit la distinction suivante entre les différents examens :

- L'examen médical est confié à un docteur de médecine générale, où le cas échéant à un spécialiste compétent porte sur l'état de santé actuel de la personne mais tend également à formuler un pronostic sur les modifications et améliorations possibles, tant du point de vue psychique que physiologique.

généralement réalisée par des praticiens hospitaliers ayant une compétence psychiatrique. L'expert se voit notifier une ordonnance par le juge en charge du dossier. Cette ordonnance comporte un certain nombre de questions soumises au psychiatre auxquelles celui-ci doit tenter d'apporter des éléments de réponse. Ainsi trouve-t-on généralement les questions suivantes : L'examen du sujet révèle-t-il des anomalies mentales ou psychiques? L'infraction reprochée au sujet est-elle ou non en relation avec de telles anomalies ? Le sujet présente-t-il un état dangereux ? Est-il accessible à une sanction pénale ? Était-il atteint au moment des faits d'un trouble psychique ou neuropsychique ayant aboli ou altéré son discernement ou le contrôle de ses actes ? [243] Est-il opportun d'envisager une injonction de soins dans le cadre d'un suivi socio-judiciaire ? etc...

Il s'agit donc d'autant de questions précises que l'on peut même qualifier de « fermées » dans le sens où elles appellent une réponse brève et concise qui peut se résumer par un oui ou un non.

Cette concision dans la formulation des questions, presque cette « catégorisation », ainsi que l'utilisation qui en est faite des réponses, ne heurte pas les principes méthodologiques et déontologiques des experts psychiatres. Dans l'exercice de ses fonctions, le psychiatre met en œuvre et applique une méthode d'analyse de type nosographique. Celle-ci consiste à établir un portrait médico-psychiatrique de la personne à juger, à partir

---

- L'examen psychologique qui est confié à un expert psychologue. Un médecin peut y être associé. Cet examen tant à révéler les aspects de la personnalité de la personne mise en examen (affectivité, émotivité...), à déterminer ses niveaux d'intelligence, d'habileté manuelle, d'attention, à fournir des données utiles pour la conduite de l'instruction et le jugement de l'affaire.

Il est procédé à l'examen psychiatrique toutes les fois que l'attention du magistrat est appelée, notamment par l'examen médical ou psychologique ou par l'enquête sociale, sur l'existence possible de troubles psychiatriques. Confié à des médecins experts psychiatres, cet examen a pour objet de déterminer si les perturbations de la personnalité peuvent être situées dans l'ensemble des affections psychopathologiques connues. Il tend en outre, à permettre un pronostic sur l'évaluation ultérieure du comportement et analyse le traitement à envisager.

243.Cette question reprend exactement les dispositions de l'article 122-1 du Code pénal .

d'un ensemble de critères prédéterminés de manière générale. En ce sens, la tâche de l'expert psychiatre n'est pas très éloignée de celle du juge qui consiste à vérifier la réunion où l'absence des éléments constitutifs de l'infraction préalablement définis par la loi. Le psychiatre doit vérifier si le sujet qu'il a en face de lui relève d'une structure névrotique (hystérique, obsessionnelle ou phobique), psychotique (paranoïaque ou schizophrène), perverse ou psychopathique. Tout ceci se traduit par les expressions suivantes dans les rapports d'expertise : « le sujet ne présente pas de signe d'hystérie, il ne présente pas de signe de débilité »... Il n'y a là qu'une accumulation d'arguments visant à préciser finalement ce que le sujet n'est pas. Il ne s'agit pas ici de porter de jugement sur la méthode et les caractéristiques de « l'outil expertise psychiatrique ». L'objet de la réflexion est ici de montrer les similitudes d'approche du sujet délinquant entre le droit et la psychiatrie [244], à quel point ces deux domaines différents par leur objet mais pas par leur méthode d'analyse, obéissent à des critères nosographiques et typologiques. Ainsi, par la spécificité de leur caractère, ils œuvrent plus dans le sens d'une individualisation que d'une personnalisation véritable.

L'analyse psychiatrique semble en effet répondre au même mode de fonctionnement que l'analyse pénale. En ce sens, l'expertise psychiatrique, par ses caractéristiques d'ordre nosographiques et typologiques, vient nourrir l'objectif de normalisation du droit. Elle œuvre dans le même sens que le droit, vers une relation normalisée, c'est-à-dire fondée sur l'individualisation et non sur une relation personnalisée, c'est-à-dire fondée sur la personnalisation. Elle développe une conception étiologique du crime [245].

244.Ce constat est peut-être une tentative d'explication de la préférence des magistrats pour les psychiatres sur les psychologues.

245.Sur ce point voir : Michaud, « Le juge et son expert », *R.S.C*, 1975, p. 791 ; Verin, « L'expertise dans le procès pénal », *R.S.C*, 1980, p. 1022 ; H. Olivier, « L'expertise judiciaire », *Revue de médecine légale et droit médical 1981*, n°2, p. 347 ; Bernis, « Psychologie et évaluation de la responsabilité dans l'expertise psychiatrique », *Déviance et Société 1985*.205 ; Loick-M. Villerbu et J-L Viaux, *« Ethique et pratiques psychologiques dans l'expertise »*, L'Harmattan, 1998.

L'enquête sociale, visée à l'alinéa 6 de l'article 81 du Code de procédure pénale, par la spécificité de ses caractéristiques, obéit aux mêmes principes directeurs. Elle consiste en un rapport détaillé réalisé généralement par un agent du service pénitentiaire d'insertion et de probation. Au même titre que l'expert, la personne en charge de l'enquête se voit notifier un certain nombre de directives ayant pour but de permettre au juge d'apprécier la situation matérielle (ressources et charges), le suivi social et familial (éducation reçue) et le comportement général de l'intéressé [246]. Ainsi, la vie de la personne délinquante se voit-elle répertoriée sous un certain nombre de rubriques (catégorisantes) suivantes : ***Etat civil***, avec des questions relatives au nom, prénom, date et lieu de naissance, situation de famille, renseignements sur le conjoint, date et lieu de mariage, nombre d'enfants, situation militaire pour les hommes. ***Instruction*** avec des questions relatives au degré d'instruction (la personne sait-t-elle lire, écrire, compter), ses diplômes et niveaux de fin d'études. ***Habitat*** avec les questions relatives à son domicile actuel, à l'aspect extérieur et intérieur (nombre de pièces, confort, entretien), résidence antérieure. ***Ressources*** avec des questions relatives à la profession et au salaire de l'intéressé et de son conjoint, des prestations familiales qu'il reçoit, ses professions antérieures, sa réputation professionnelle. ***Réputation*** avec des questions relatives à sa conduite, sa moralité, ses intempérances. ***Santé*** avec des questions relatives à son état de santé, des maladies graves, accidents, troubles mentaux.

On retrouve cette même concision, objectivisation dans le fonctionnement et l'utilisation de « l'outil enquête sociale » que pour l'examen médico-psychiatrique. Dans l'exercice de ses fonctions la personne qui réalise l'enquête sociale [247] réfléchit en

---

246.L'alinéa 6 de l'article 81 du Code de procédure pénale dispose que « le juge d'instruction doit vérifier les éléments d'information ainsi recueillis, soit par les officiers de police judiciaire, conformément à l'alinea 4, soit par toute personne habilitée, dans les conditions déterminées par décrêt en Conseil d'Etat à une requête sur la personnalité des personnes mises en examen, ainsi que sur leur situation matérielle, familiale ou sociale. Toutefois, en matière de délit, cette enquête est facultative ».

247.Cette personne n'est pas un expert. Elle est entendue en qualité de simple témoin.

général à partir de critères prédéterminés. En ce sens, l'enquêteur social est amené à développer une approche très extérieure et normative de la personne à juger. Ce point commun avec la science juridique est ici plus aisé à observer que pour l'examen psychiatrique dans le sens où le but de l'enquête sociale est clairement défini par son objet même. Il est en effet établi qu'une telle enquête a pour objet de se représenter de manière très générale le contexte matériel, familial et social dans lequel la personne à juger a évolué. Cette enquête ne prétend à aucune exhaustivité sur les caractéristiques existentielles du délinquant. En ce sens, elle participe à une entreprise d'individualisation plus que de personnalisation. L'enquête sociale se caractérise en effet par sa dimension de normalisation et non de personnalisation comme le rappellent les dispositions de l'article 81 alinéa 5 du Code de procédure pénale « le juge d'instruction peut [également] commettre, suivant les cas, le service pénitentiaire d'insertion et de probation, le service compétent de la protection judiciaire de la jeunesse ou toute association habilitée en application de l'alinéa qui précède » « l'effet de vérifier la situation matérielle, familiale et sociale d'une personne mise en examen et de l'informer sur les mesures propres à favoriser l'insertion sociale de l'intéressé » . L'enquête sociale par ses caractéristiques (et par son but d'insertion sociale) oblige à penser la peine en termes de normalisation. Dans une telle perspective il s'agit d'attendre de la peine une simple conformité aux normes sociales et morales.

b) Usage normativisé des outils de réflexion

Les outils précités que sont l'examen psychiatrique et l'enquête sociale peuvent donner lieu à des difficultés d'application compte tenu de leurs caractéristiques normativantes mises à jour ; c'est-à-dire que par essence ces outils portent en eux, de par leurs aspects nosographiques et typologiques, toute la normalisation inhérente au droit.

« L'outil examen psychologique » aboutit au même résultat mais par un moyen différent. L'examen psychologique est confié à un expert psychologue. Comme le rappellent les dispositions de la circulaire générale en date du 1er mars 1993 « cet examen tend à relever les aspects de la personnalité de la personne mise en examen (affectivité, émotivité, sensibilité, influencabilité) ». En ce sens, la tâche de l'expert psychologue est la suivante : elle consiste à « replacer l'acte délinquant dans une trajectoire existentielle ». Elle vient interroger le sens que prend l'acte infractionnel dans l'histoire personnelle du sujet, cherchant en cela à déterminer à quelle thématique existentielle l'acte posé s'est accroché [248]. En cela, l'expert psychologue est amené à développer une vision des faits et de la personne délinquante beaucoup plus large et complexe.

A la différence de l'expert psychiatre, le psychologue n'œuvre pas dans une perspective nosographique ; ce qui ne l'empêche toutefois pas de recourir aux catégories et concepts utilisées par le psychiatre. Le psychologue, dans le cadre de ses fonctions, doit se rapporter à des structures psychologiques [249]. Ainsi, il est amené à utiliser les catégories précitées (de névrose, psychose, perversion et c...) mais leur usage se fait au service de l'histoire singulière du sujet, c'est-à-dire à l'intérieur d'une dynamique et d'un processus spécifiques qui, par essence, sont uniques. En ce sens et d'un point de vue strictement théorique, l'expert psychologue participe à une certaine personnalisation. Le délinquant est entendu, reconnu et pris dans l'épaisseur de son existence concrète, de son individualité historique et de sa personnalité singulière. Il est le centre de gravité. C'est à lui qu'il revient de se construire un récit sur lui-même et pour lui-même. La personne délinquante entendue dans le cadre d'une expertise psychologique est en effet amenée à se mettre en histoire. C'est ici tout le sens de la démarche de personnalisation. En effet, ce qui est constituant et structurant à la fois, ce n'est pas la norme pénale ou sociale imposée de l'extérieur, c'est bien le récit, véhiculé en cela par la parole qui émerge du sujet, de

---

248.Ouvrage collectif sous la direction de Loick-M. Villerbu, *Dangerosité et Vulnérabilité*, L'Harmattan, Paris, 2003.

249.J. Bergeret, *Psychologie pathologique théorique et clinique*, 8ème édition, 2000, Masson ; C. Duflot, *L'expertise psychologique, procédures et méthodes*, Dunod, Paris, 1999.

son intériorité. La relation est personnalisée et non pas normalisée. Dans ce cadre, la fonction de l'expert ne consiste pas à venir poser un jugement défini et objectif sur la personnalité de l'auteur des faits. Il est juste le révélateur et le traducteur d'une dynamique personnelle. Par son savoir en psychologie, l'expert vient expliquer et expliciter le processus psychique et personnel dans lequel s'est déroulé le passage à l'acte criminel ou délictuel. Son savoir est au service du sujet. La fonction de l'expert consiste à retracer le fil rouge existentiel de l'auteur de l'infraction dans une perspective phénoménologique à la fois descriptive et explicative. Ce faisant, il permet de donner un sens à une histoire événementielle et subjective. Il permet d'accrocher l'acte posé à une thématique existentielle. Le psychologue restitue l'acte à l'intérieur de la dynamique personnelle de son auteur. Par son analyse, il devient alors possible de voir la façon selon laquelle « le moment infractionnel vient s'inscrire dans le réel social et n'est que par analogie sur une autre scène inconsciente dont il a à chercher l'appareillage dynamique (les processus), historique (les événements signifiants), topique (les jeux conflictuels) et fantasmatique (les organisateurs de représentations cachées) » [250]. L'expert tente de rendre visible mais également lisible la position subjective de l'auteur de l'infraction. D'un point de vue théorique, la personnalisation est possible, en ce sens que la démarche de l'expert psychologue (par son essence même) échappe aux caractéristiques objectivantes des outils précités que sont l'enquête sociale et l'examen psychiatrique. L'expertise psychologique ne participe pas d'une démarche typologique, nosographique ou normative. Elle ne s'inscrit pas dans une perspective statique mais bien dans une perspective dynamique qui n'est jamais la même. Une difficulté reste toutefois posée : elle réside dans l'usage qui en est fait.

L'examen psychologique ne trouve sa raison d'être que dans l'usage qui en est fait. C'est précisément l'utilisation que le droit fait de cette mesure d'expertise qui est source de difficultés. Il y

---

250.Ouvrage collectif sous la direction de Loick-M. Villerbu, *Dangerosité et Vulnérabilité*, L'Harmattan, Paris, 2003.

a ici une opposition entre deux conceptions de la determination de la peine, d'une part une determination juridique de type causaliste linéaire et d'autre part une determination psychologique de type historique. En fait, il s'agit plus d'un paradoxe que d'une opposition. Le paradoxe est le suivant : il consiste par le biais de l'article 132-24 à faire expressément la demande de l'explication de l'économie interne et psychique du passage à l'acte mais consiste également à traiter cette explication sur le mode d'une économie juridique, ce qui, de manière concrète se caractérise par un usage juridique spécifique de l'expertise psychologique. En d'autres termes, il n'est retenu et utilisé de cet examen que ce qui a valeur de norme pour le droit c'est-à-dire des éléments tangibles, ayant une force probante. Ce faisant, l'expertise psychologique, bien que non normativisante, se retrouve normativisée par l'usage qui en est fait. Elle fait l'objet d'une entreprise de réduction, d'objectivation pour répondre au caractère juridique. Le récit personnel constituant, mis à jour par l'expertise se retrouve réduit à l'état d'objet général et abstrait qui prend la forme de questions telles que : l'intéressé est-il ou non dangereux, crédible, réadaptable ? Ainsi, l'examen psychologique est-il amené à perdre son essence même c'est-à-dire la diversité et complexité de son point de vue. Mais au-delà, c'est le rapport à la personne délinquante qui se secondarise. Une relation normativisée vient se substituer à une relation personnalisée. C'est donc l'objet et le sens même de la personnalisation qui se perd. Le processus de personnalisation de la peine dans sa mise en oeuvre est confronté à un certain nombre de difficultés d'ordre conjoncturel. L'aspect pratique d'applicabilité de la personnalisation de la peine doit se conjuguer avec son aspect théorique d'une grande complexité.

Section II. - *Problèmes de complexité théorique de la norme pénale : facteurs structurels*

Aux difficultés d'ordre conjoncturel préalablement soulignées viennent s'ajouter des difficultés d'ordre structurel rarement prises en compte. Alors que les premières se donnent à voir de manière assez lisible, les secondes sont beaucoup moins facilement identifiables parce qu'elles impliquent des glissements épistémologiques qui rendent difficilement lisible la nouvelle norme pénale.

La nouvelle figure de pénalité inaugurée par l'article 132-24 du Code pénal se traduit par l'introduction de la dimension subjective dans le processus de determination de la peine. En effet, par l'obligation qu'il fait au juge de prendre en compte la personnalité de l'auteur des faits, le législateur consacre une forme de determination subjective de la peine. Or, cette nouvelle determination de la peine emporte un certain nombre d'implications sur lesquelles il convient de s'interroger. Celle-ci est en effet complexe et relève d'un nouveau paradigme.

Le sujet de droit, qu'il soit envisagé par la distinction générale droit objectif-droit subjectif ou par la distinction pénale plus précise élément matériel-élément moral, demeure finalement une personne envisagée dans sa fonction juridique. Cette dimension ne permet pas de penser le sujet délinquant dans sa fonction psychologique ; c'est-à-dire de rendre compte de ce qui constitue ses particularités propres. En ce sens, les différentes distinctions opérées par le droit ne permettent pas de penser la peine en termes singuliers.

§- I. - La distinction droit objectif - droit subjectif : un faux débat

L'article 132-24 du Code pénal marque de manière explicite l'avènement de la prise en compte de la personnalité de l'auteur de l'infraction. C'est la consécration d'une nouvelle determination de la peine de type subjectif à côté de la determination objective précédemment établie. Cette nouvelle approche de la peine ne permet toutefois pas de conclure qu'il devient possible d'appréhender le sujet délinquant dans toute sa singularité. Le droit subjectif nouvellement mis à jour ne permet pas pleinement une approche personnalisée. Il ne constitue en effet, qu'un aspect particulier de la mise en œuvre du droit objectif.

Les dispositions de l'article 132-24 du Code pénal consacrées à la personnalisation de la peine viennent accorder une place importante au sujet délinquant. Celui-ci est donc désormais un élément tout aussi essentiel dans le processus de determination de la sanction que les circonstances de l'infraction. La personne, élément subjectif de l'infraction, prend donc une place de choix à côté des faits éléments objectifs. Avec la personnalisation de la peine c'est donc une nouvelle réalité juridique qui apparaît prenant en compte toute la dimension de l'homme dans le phénomène juridique. Cette prérogative individuelle reconnue à la personne-sujet de droit consiste en la reconnaissance et l'application d'un droit subjectif. En ce sens, le droit subjectif est censé, par sa spécificité se distinguer du droit objectif destiné à s'appliquer de manière générale. Avec le droit subjectif, la règle de droit peut être centrée sur la personne. Cette prééminence confère à la volonté individuelle un pouvoir juridique important. Avec le droit subjectif, l'individu dispose d'un moyen pour se trouver dégagé de l'omnipotence du droit objectif. Il devient en mesure de pouvoir faire admettre et reconnaître sa singularité. En ce sens, le droit subjectif correspond à une réalité qui « rappelle la nécessaire dimension humaine du droit et affirme la reconnaissance de l'individu et de son rôle dans la vie sociale » [251]. Clairement exprimée dans le principe, il semble toutefois que la distinction droit objectif-droit subjectif ne soit pas aussi évidente en pratique. Ces deux droits appartiennent en effet à un même ensemble « le droit subjectif ne correspondant qu'à une prérogative individuelle que la personne sujet de droit tire de la règle de droit objectif » [252].

La mise en œuvre concrète de la règle de droit s'avère complexe en pratique. Il n'y a pas en effet d'un côté des situations juridiques se référant au droit objectif et de l'autre des personnes sujets de droit se référant au droit subjectif. En effet, l'une des principales limites constatée à la théorie du droit subjectif est la suivante : il semble bien que celui-ci soit dans la dépendance du droit objectif. Le droit subjectif est parce que la règle de droit objectif l'admet. Comme le souligne Jean-Louis Aubert

251.J-L. Aubert, *Introduction au droit et thèmes fondamentaux du droit civil*, Armand Colin, Dalloz, Paris,2002, p. 193.

252.*Op. cit.*, p. 189.

« cela n'a rien qui puisse choquer, ni surprendre : la règle de droit ne peut organiser la vie en société - ce qui est sa finalité - sans prendre en compte les individus qui la composent et sans leur reconnaître les prérogatives qui leur permettent de définir leur identité propre et d'accomplir leur fonction dans la société où ils vivent ». Et l'auteur ajoute « si la société est la fin du droit, l'homme lui-même l'homme est une fin de la société. Il n'y a donc rien d'incompatible ni de contradictoire dans le fait que l'individu soit simultanément attributaire de prérogatives et soumis à la règle de droit » [253]. Il semble donc que la distinction droit objectif-droit subjectif ne permette pas de faire véritablement émerger la dimension humaine du droit. Le droit subjectif n'étant qu'un aspect particulier de la mise en œuvre du droit objectif ; il ne permet pas de sortir du cadre strictement juridique pour faire émerger toutes les dimensions humaines.

Ce constat selon lequel le droit subjectif et le droit objectif n'appartiendraient finalement qu'à un même ensemble est reconnu et partagé par l'ensemble des auteurs [254]. En cela cette réflexion est assez classique. Gérard Cornu donne ainsi la définition suivante du droit subjectif : il s'agit « d' une prérogative reconnue à une personne par le droit objectif, pour la satisfaction d'un intérêt personnel ». Il ajoute « cette prérogative individuelle est placée sous l'égide du droit objectif » [255].

Ce qui est, en revanche moins souligné dans le couple droit objectif-droit subjectif, c'est son aspect normatif, c'est-à-dire la façon selon laquelle ce couple précité fait émerger une relation normée qui reste exclusivement juridique. Le droit subjectif peut en effet, être considéré comme une prérogative reconnue par l'ordre juridique c'est-à-dire le droit objectif, au profit d'un

---

253.J-L. Aubert, *Introduction au droit et thèmes fondamentaux du droit civil*, Armand Colin, Dalloz, Paris, 2002, p. 192.

254.Sur ce point voir : *Archives de Philosophie du Droit*, tome de IX, 1964, Le droit subjectif en question ; J. Carbonnier, *Flexible Droit*, 10ème édition, 2001, p. 193 ; Michaelides-Nouaros, « L'évolution récente de la notion de droit subjectif »,*RTDC*, 1966, p. 216 ; M. Villey, *Philosophie du droit*, tome 1er, deuxième édition, 1978 ; P. Roubier, *Droit subjectif et situations juridiques*, 1963 ; Dabin, *Le droit subjectif*, 1952.

255.G. Cornu, *Droit Civil (Introduction, les personnes, les biens)*, Domat, Collection Droit Privé, Paris, 1995, p. 26.

particulier, en tant que personne et membre de la société, dans le but de déployer une activité utile à lui-même et au bien commun. C'est donc bien de manière exclusive une relation normée qui est visée en l'espèce. Cette conception purement juridique ne permet pas l'émergence d'une relation personnalisée comme le suggèrent les dispositions de l'article 132- 24 du Code pénal. L'approche personnalisée, avec tout ce qu'elle suppose de singularité, n'est pas possible. L'analyse qui peut être faite ne l'est qu'en termes de droit objectif et elle reste exclusivement juridique. Dans un tel contexte, aucun espace n'est fait à une approche laissant la place à la subjectivité juridique, c'est-à-dire la reconnaissance et le traitement par le droit de la spécificité du cas d'espèce. Cette subjectivité juridique qui fait apparaître un sujet psychologique à côté du sujet juridique donne dès lors un relief tout particulier à chaque étape de la determination de la peine. Cet apport est plus particulièrement manifeste au niveau de l'exécution de la sanction. Il apparaît en effet, que « les améliorations apportées au monde pénitentiaire de gestes ont juste été pensées exclusivement en termes de nouveaux droits subjectifs pour les détenus (droit au parloir libre, droit à la télévision...) » [256]. Ces droits sont essentiels mais ils demeurent insuffisants. Car aussi importants soient-ils, ils ne font pas droit à ce qu'est leur revendication fondamentale qui est d'être considérée comme des sujets de droit.

Il semble donc intéressant d'élargir la dimension juridique d'une approche en subjectivité juridique ceci afin de pouvoir sortir du cadre d'analyse classique et offrir ainsi la possibilité d'appréhender l'auteur de l'infraction ainsi que les faits sous un angle différent ; un angle spécifique qu'une lecture juridique classique n'offre pas.

§- II. - La distinction élément matériel - élément moral

La dimension subjective dans la determination de la peine n'est pas applicable à la distinction générale droit objectif-droit

---

256. Antoine Garapon, émission Le Bien Commun, France Culture.

subjectif. Elle semble ne pas l'être non plus à la distinction plus précise établie par le Code pénal au terme de laquelle les éléments constitutifs se répartissent entre l'élément matériel et l'élément moral de l'infraction. L'élément matériel doit être considéré comme la composante objective de l'incrimination. Il décrit « la matière » en se référant au(x) fait(s) illicite(s) commis. Il se distingue de l'élément moral qui, quant à lui, précise la faute commise en se référant à l'intention de l'agent [257].

Ce dernier élément peut laisser penser que le droit, avec un certain nombre de concepts, permet de comprendre et de rendre compte de la spécificité psychologique de l'auteur de l'infraction [258]. Or, il semble qu'il n'en soit rien. L'étude des différentes composantes de l'élément moral montre que celles-ci ne sont pas suffisantes pour mettre à jour la psychologie de l'auteur de l'infraction. Malgré ses caractéristiques subjectives, l'élément moral demeure en effet exclusivement juridique, c'est-à-dire général et abstrait. En ce sens, il ne permet pas d'appréhender l'auteur de l'infraction dans sa singularité et rend ainsi difficile une personnalisation de la peine. Et c'est ici toute la difficulté d'application des nouvelles dispositions du Code pénal et plus particulièrement des dispositions de l'article 132-24, qui font état d'une conception moderne du droit pénal. Pour le législateur actuel, la justice demeure une justice sociale composée d'un certain nombre de contraintes générales à respecter. La justice devient également une justice humaine, individuelle qui se doit de rendre compte de la spécificité de ses acteurs : c'est la personnalisation [259]. C'est la raison pour laquelle une approche dif-

---

257.P.Comte et P. Maistre du Chambon, *Droit pénal général*, A Colin, Paris 2000, p. 158.

258.Comme le soulignent Philippe Comte et Patrick Maistre du Chambon « tout l'intérêt du droit pénal réside dans cet élément moral. Le droit pénal ne prend véritablement son sens que par rapport aux personnes qu'il frappe. Pour qu'une personne encoure une sanction il ne suffit pas qu'elle ait matériellement commis l'acte (élément matériel) interdit par la loi pénale : encore faut-il porter un jugement de valeur sur sa conduite (...) Cette appréciation suppose que l'on prenne en considération l'état d'esprit qui était celui de l'agent au moment où il accomplissait son acte (...). On constate ainsi que l'élément moral, parce qu'il doit permettre de porter un jugement de valeur sur un comportement, nécessite une analyse de la psychologie de l'individu », *op. cit.*, p. 187.

259.Partant du droit pénal tout en se référant à la criminologie Saleilles soulignait « si la criminologie doit tenir compte d'abord de ce qu'il y a de social dans l'être humain,

férente du concept d'imputabilité sera proposée à la lumière du nouveau principe de personnalisation. « Pour que l'élément moral de l'incrimination soit constitué, il faut que la personne physique jouissant de ses facultés mentales - question dite de l'imputabilité -, ait commis une faute- question dite de la culpabilité » [260].

A. - L'élément moral dans sa composante imputabilité

Étymologiquement le terme d'imputabilité signifie « mettre en compte ». Il permet de rattacher l'acte commis, de l'attribuer à une personne précise [261]. Ce terme juridique d'imputabilité « pose le problème du libre arbitre de la personne humaine ; un individu est imputable lorsque, au moment où il agit, il a la faculté de comprendre la portée de ses actes et la liberté de vouloir ».

Le nouveau Code pénal de 1994 consacre un certain nombre de développements aux causes d'irresponsabilité ou d'atténuation de la responsabilité [262], au premier rang desquels se trouvent des dispositions relatives aux troubles psychiques ou neuropsychiques visées aux alinéas 1 et 2 de l'article 122-1. Cet article dispose « n'est pas pénalement responsable la personne qui était atteinte, au moment des faits, d'un trouble psychique ou neuropsychique ayant aboli son discernement ou le contrôle de ses actes. La personne qui était atteinte, au moment des faits, d'un trouble psychique ou neuropsychique ayant altéré son discernement ou entravé le contrôle de ses actes demeure

---

il faut aussi qu'elle tienne compte de ce qu'il y a en lui d'individuel ; et elle n'a pas le droit de négliger ce facteur important de l'homme psychologique, l'idée de justice », R. Saleilles, *L'individualisation de la peine*, Paris, Alcan, p. 6.

260.P. Comte et P. Maistre du Chambon, *Droit pénal général*, A Colin, Paris 2000, p. 188.

261.Les auteurs précités distinguent deux types d'imputation « L'imputation de l'acte qui purement matérielle, renvoie à la causalité et se rattache à l'élément matériel de l'infraction. La seconde, qui suppose l'auteur identifié et celle de l'imputabilité de la personne : elle dépend de la présence ou de l'absence d'une conscience morale ». C'est à ce second type d'imputabilité que se rattacheront les développements ultérieurs.

262.Ces deux types de causes constituent l'objet du Chapitre II du Titre II du Livre Premier intitulé « De la responsabilité pénale ».

punissable ; toutefois, la juridiction tient compte de cette circonstance lorsqu'elle détermine la peine et en fixe le régime ». Avec ces deux types de dispositions le législateur vient à la fois consacrer mais également moderniser la conception juridique française en ce qui concerne les troubles mentaux. La consécration se retrouve dans l'article 122-1 alinéa 1 dans lequel est reprise l'idée générale développée dans l'ancien Code pénal. La modernité est surtout développée dans l'article 122-1 alinéa 2 qui prenant en compte l'altération des facultés mentales constitue une véritable nouveauté. Toutefois, il sera émis l'hypothèse que la nouveauté apportée par l'alinéa 2 de l'article précité est beaucoup plus importante qu'il n'y paraît dans le texte ; et que la conception qui la détermine permet de penser un rapport à la peine tout à fait nouveau dans le droit fil du principe de personnalisation précédemment défini.

1. - L'article 122-1 alinéa 1 : consécration des dispositions relatives aux facultés mentales

Comme le souligne la circulaire du 14 mai 1993 « l'article 122-1, qui correspond au premier alinéa de l'actuel article 64 [263], traite des criminels atteints de troubles mentaux. Cette disposition n'apporte aucune modification au droit positif (...). Le premier alinéa de l'article 122-1 déclare pénalement irresponsable la personne qui, en raison d'un trouble psychique ou neuropsychique, était, au moment des faits, privée de discernement ou avait perdu le contrôle de ses actes » [264]. L'alinéa 1 de l'article 122-1 reprend l'hypothèse d'une disparition totale de libre-arbitre. Deux cas sont possibles : soit la personne a perdu la capacité de comprendre, autrement dit son discernement est aboli, soit elle a perdu la capacité de pouvoir, c'est-à-dire le contrôle de ses actes. Il consacre ainsi l'interprétation extensive que la jurisprudence faisait de l'article 64 » [265]. Comme l'ensem-

---

263.L'article 64 du Code pénal de 1810 disposait « Il n'y a ni crime, ni délit, lorsque le prévenu était en état de démence au temps de l'action, ou lorsqu'il a été contraint par une force à laquelle il n'a pu résister ».

264.Circulaire du 14 mai 1993.

265.V. Catoire « A propos de l'altération des facultés mentales», *in Réflexions sur le Nouveau Code pénal*, p. 59.

ble des auteurs [266], il sera retenu que, si nouveauté il y a dans les dispositions de l'article 122-1 alinéa 1 elle se retrouve dans l'expression sémantique de « trouble psychique ou neuropsychique » qui est venu se substituer à celle de démence. Il ne fait aucun doute sur ce point que « cette disposition ne fait que consacrer, dans des termes qui tiennent compte des connaissances actuelles de la science et qui exposent clairement les conséquences juridiques de l'aliénation, l'interprétation que la jurisprudence fait aujourd'hui du premier alinéa de l'article 64. Les dispositions nouvelles, en supprimant la notion de démence, mettent en évidence que l'irresponsabilité pénale découle de la perte de libre-arbitre, quelle que soit la nature du trouble mental qui en est à l'origine » [267].

A cette nouveauté communément admise par l'ensemble des auteurs, il en sera relevé une seconde d'ordre sémantique et syntaxique précisant l'esprit législateur et la représentation qu'il se fait du sujet délinquant. L'expression objective « il n'y a ni crime, ni délit » qui privilégie la référence à l'acte, a été remplacée par celle « n'est pas pénalement responsable la personne ». Ce choix, de vouloir axer la réflexion sur la personne est encore plus manifeste au second alinéa de l'article 122-1 qui débute par la référence à l'auteur de l'acte [268].

266.Sur ce point voir notamment G. Levasseur, A. Chavanne, J. Montreuil, B. Bouloc et H. Matsopoulou, *Droit pénal général et procédure pénale*, Sirey, 2002 qui soulignent « Les rédacteurs du nouveau Code pénal ont procédé à son remplacement [du terme de démence], cette notion apparaissant désormais étroite compte tenu de l'évolution de la psychiatrie », p. 92-93.

267.Circulaire du 14 mai 1993.

268.Se retrouve ici l'idée selon laquelle le législateur a voulu faire une place de choix à l'auteur de l'infraction dans le processus de determination de la peine.

2. - L'article 122-1 alinéa 2 : innovation des dispositions relatives aux facultés mentales

a) La nouveauté constituée par l'altération des facultés mentales

« La « démence » pénale était sur la base de l'article 64 [269] du code de 1810 un jeu de tout ou rien. Au regard du droit pénal, ou bien le malade était au temps de l'action dans l'incapacité de comprendre la portée de ses actes et il sortait de son domaine, ou bien le délinquant n'était que légèrement atteint et il devait être, en principe traité, comme s'il était tout à fait normal (...). L'ensemble de ces deux attitudes n'emporte que des défauts » [270]. L'ancien code faisait ainsi l'objet de vives critiques [271] dans la mesure où aucune place n'était faite au délinquant dont les troubles ne vont pas jusqu'à l'aliénation mentale mais sont suffisamment importants pour être pris en considération » [272]. Ainsi l'article 122-1 alinéa 2, en reconnaissant l'existence d'altération du discernement par opposition à l'abolition, vient apporter de considérables nuances [273]. A la différence de l'alinéa premier qui pose l'hypothèse d'une disparition entière du libre-arbitre, l'alinéa deux envisage quant à lui, l'amoindrissement de celui-ci. Cet article « suit ainsi les données modernes de la criminologie et de la psychiatrie attestant qu'il existe un large éventail de troubles psychiques modifiant partiellement le comportement humain. Les altérations des facultés mentales, sus-

---

269.Comme le fait observer Y. Roumajou « Cet article avait une conception de l'aliénation globale et définitive », in « Responsabilité et psychopathologie », *Annales internationales de criminologie*, 1981, p. 81.

270.M-L. Rassat, « Troubles psychiques ou neuropsychiques, contrainte », *Encyclopédie JurisClasseur.*

271.Ces critiques consistaient à dénoncer un certain « manichéisme de l'article 64 du Code pénal de 1810, opposant « fou-criminel » au « délinquant sain ». V. Catoire « A propos de l'altération des facultés mentales », *in Réflexions sur le Nouveau Code pénal*, p. 59.

272.*Op. cit.*, p. 57.

273.La circulaire du 14 mai 1993 souligne le caractère novateur de cette disposition précisant « le deuxième alinéa de l'article 122-1 envisage l'hypothèse des personnes atteintes d'un trouble mental ayant simplement altéré leur discernement ou entravé le contrôle de leurs actes, que l'on qualifie parfois d'anormaux mentaux ou de demi-fous, hypothèse qui n'a pas été traitée par l'actuel article 64 ».

ceptibles de « peser » sur le passage à l'acte sans pour autant abolir le discernement ou le contrôle des actes sont très diverses (...). Leur influence sur l'élément moral de l'infraction justifie leur prise en compte par le droit [274].

L'article 122-1 alinéa 2, qui prend en compte ce type particulier de délinquant, maintient un principe de responsabilité ou plutôt un principe de punissabilité pour reprendre l'expression du texte, l'article disposant « La personne, qui était atteinte au moment des faits, d'un trouble psychique ou neuropsychique ayant altéré son discernement ou entravé le contrôle de ses actes demeure punissable » [275]. En lien direct avec le principe de personnalisation de la peine, le législateur poursuit ainsi sa réflexion en précisant que « la juridiction tient compte de cette circonstance lorsqu'elle détermine la peine et en fixe le régime ».

Il est intéressant ici d'étudier plus particulièrement ce que le droit entend par altération des facultés mentales pour démontrer en quoi la nouvelle prise en compte de la subjectivité du délinquant peut s'analyser au regard du principe de personnalisation de la peine. Il s'agira de montrer la façon selon laquelle ce nouveau principe offre une perspective d'adaptation supérieure au principe d'individualisation de la peine. Les personnes atteintes de telles altérations se définissent comme « des délinquants qui ne sont pas en état d'aliénation mentale exonératrice mais qui cependant par suite de troubles psychiques ou déficiences mentales durables altérant leurs fonctions supérieures de contrôle, ne sont pas pleinement capables d'apprécier le caractère délictueux de leurs actes ou de se déterminer d'après cette appréciation [276] ».

---

274. V. Catoire « A propos de l'altération des facultés mentales», *in Réflexions sur le Nouveau Code pénal*, p. 59.

275. Le choix du terme punissable et non responsable est ici à noter.

276. R. Merle et A. Vitu, *Traité de droit criminel, Problèmes généraux de la science criminelle, Droit pénal général*, Ed. Cujas, 7ème édition, 1997, p. 791. Comme le font observer ces auteurs « selon les époques et les modes, on les appelle des « demis-fous », des « psychopathes » ou des « anormaux ». Dans la rigueur des principes, ils sont également responsables au même titre que les gens normaux. En fait ainsi une célèbre

b) Diversité des altérations mentales

L'altération des facultés mentales fait l'objet de développements de la part des auteurs qu'il s'agit d'analyser. L'idée est ainsi de démontrer que la diversité des formes d'aliénations mentales contenue dans l'expression « altération du discernement » visée à l'article 122-1 alinéa 2 ne s'applique que de manière objective obéissant ainsi au principe d'individualisation de la peine. Cette interprétation et cette application des dispositions pénales bien que nécessaires n'en demeurent pas moins insuffisantes aujourd'hui. Le principe de personnalisation en ce qu'il permet de réfléchir à la présence permanente de la subjectivité dans l'approche du fait criminel, vient donner un relief tout autre à l'étude de l'altération des facultés mentales.

1) Individualisation de la peine et altération des facultés mentales : une causalité pathologique objective

Les divers développements auxquels ont donné lieu les dispositions de l'article 122-1 alinéa 2 font état d'une grande diversité de cas autres que la maladie mentale stricto sensu. Des cas qui sont susceptibles d'altérer seulement le discernement de l'auteur des faits. Ainsi, à côté de l'abolition complète de discernement consécutif d'un trouble psychique ou neuropsychique, sont répertoriées les différentes formes que peuvent prendre les altérations des facultés mentales. Sont ainsi retenus les « troubles spécialisés ou alternatifs » pour lesquels l'ensemble des facultés intellectuelles du sujet parait demeurer intact alors que l'étrangeté du raisonnement et le désordre de la conduite apparaissent sous l'empire d'une idée fausse devenue idée fixe, comme il arrive en particulier chez les malades en proie au délire de la persécution [277] ». L'épilepsie [278] ou l'hystérie [279] entrent

---

circulaire ministérielle du début du siècle - la circulaire Chaumié du 12 décembre 1905 - a invité les experts psychiatres à rechercher dans quelle mesure ces anormaux mentaux sont justifiables d'une « responsabilité atténuée ».

277.M-L. Rassat, « Troubles psychiques ou neuropsychiques, contrainte », *Encyclopédie Jurisclasseur.*

278.La jurisprudence estime que l'on peut considérer l'épileptique comme responsable d'un homicide involontaire s'il a commis l'imprudence de conduire une automobile dans ce cadre. L'altération des facultés mentales peut également résulter de « maladies de la volonté ». Il s'agit alors de cas comme la kleptomanie ou la pyromanie. Enfin, sont également retenus des « états voisins des troubles mentaux », où l'on retrouve la difficulté posée par le somnambulisme, l'hypnose ou l'ivresse.

L'ensemble de ces troubles psychiques ou neuropsychiques ayant altéré le discernement de l'auteur de l'infraction a ceci de particulier qu'il correspond à une altération de type pathologique. En ce sens, ils obéissent tous à une logique (patho)causale qui rend possible une explication objective du passage à l'acte. Pour chacun de ces troubles psychiques, il est possible de trouver des critères de type psychopathologique qui viendront éclairer et expliciter l'acte posé. Telle cause, en l'espèce tel trouble mental a entraîné tel effet, en l'espèce tel crime ou délit. Ce type de logique causale objective, qui utilise comme outil d'analyse la psychopathologie, trouve pleinement sens dans le cadre du principe d'individualisation de la peine. À partir des critères psychopathologiques préalablement constatés il va s'agir de doser l'altération du trouble mental pour y trouver la peine la plus adaptée dans le grand arsenal pénal dont dispose le juge. Cette approche mécaniste en ce qu'elle permet de s'adapter à des cas autres que la démence pure et simple n'en demeure pas moins insuffisante. Il existe en effet quantité de cas d'altération des facultés mentales pour lesquels il n'est pas possible de trouver une explication pathologique.

2) Personnalisation de la peine et altération des facultés mentales : une causalité axiomatique subjective

---

alors qu'il connaissait l'état de survenance possible d'une crise au volant (Cour d'appel de Paris, 27 mai 1970,*R.S.C*, 1971, p. 119).

279.« On admet ordinairement que cette maladie, suivant le cas, supprime la responsabilité pénale, l'atténue ou la laisse entière », M-L. Rassat, « Troubles psychiques ou neuropsychiques, contrainte », *Encyclopédie Jurisclasseur.*

Le principe de personnalisation de la peine évoqué à l'article 132-24 du Code pénal vient consacrer une approche de la determination de la peine fondée sur la subjectivité. Ce principe véritablement révélé au moyen de l'approche psychocriminologique est à rattacher aux dispositions de l'article 122-1 alinéa 2. C'est au moyen de la combinaison de ces deux articles que la determination subjective de la peine peut prendre un sens tout autre. En effet, si de nombreux passages à l'acte ne sont pas susceptibles d'explications causales objectives de type psychopathologique, (comme c'est le cas avec l'application du principe d'individualisation de la peine), tel n'est pas le cas avec ce qui peut être appelé une explication axiomatique subjective de type psychocriminologie (qui ne peut apparaître que dans le cadre du principe de personnalisation de la peine). L'ensemble des actes criminels n'est pas susceptible d'être répertorié dans le cadre de nosographies psychiatriques auxquelles correspondent des typologies juridiques. En revanche selon la perspective psychocriminologique, il existe pour chaque acte criminel commis, une logique que l'on peut qualifier d'axiomatique, qui constitue en quelque sorte la clé de compréhension des faits. Cette compréhension ne devient accessible que moyennant le passage par une écoute, une analyse et un échange particulier avec la personne délinquante.

B. - L'élément moral dans sa composante culpabilité

L'élément moral, pour être constitué, nécessite la réunion de critères. Il faut en effet que la personne à qui il se rattache jouisse de l'ensemble de ses facultés mentales, c'est la question dite de l'imputabilité précédemment étudiée. Il faut ensuite que cette même personne ait commis une faute, c'est la question dite de la culpabilité. Cette seconde composante de l'élément moral qu'est la culpabilité est complexe. Il apparaît, au même titre que l'imputabilité, que le concept de juridique de culpabilité ne permette pas de rendre compte véritablement de la spécificité de l'auteur de l'infraction. L'étude de la culpabilité reste, en effet à bien des égards encore, fort générale et abstraite. Elle peut être approchée par deux notions spécifiques que sont la volonté et l'intention.

1. - La volonté

La volonté doit se définir comme la capacité de vouloir. Le législateur ne donne pas de définition de la volonté. C'est de manière négative, c'est-à-dire en définissant ce qu'elle n'est pas, qu'il apporte des éléments de réflexion. Ainsi, au terme de l'article 122-2 du Code pénal il est précisé que « n'est pas pénalement responsable la personne qui a agi sous l'empire d'une force ou d'une contrainte à laquelle elle n'a pu résister » [280]. C'est donc par l'intermédiaire du concept de contrainte que peut s'approcher celui de volonté. Ainsi, la volonté ou plutôt l'absence de volonté, se caractérise-t-elle par la suppression de toute liberté de l'agent. La contrainte ôte, à la personne qui en fait l'objet, toute possibilité de choix, rendant ainsi difficile sa capacité de vouloir.

Ce faisant, ce sont donc les critères juridiques très abstraits et objectifs de la contrainte qui vont définir a contrario (l'absence) de volonté. On retrouve ici une similitude avec la notion de droit civil de force majeure, qui elle-même est subordonnée à un certain nombre de critères d'irrésistibilité, d'imprévisibilité... La volonté, ou plutôt son absence, est ainsi réduite à des critères objectifs qui font traditionnellement l'objet d'une appréciation in abstracto restrictive traduisant ainsi une sévérité. Il semble en effet que la Cour de Cassation ait une tendance à apprécier très sévèrement le caractère d'irrésistibilité [281].

Cette approche toute abstraite et objective semble toutefois être plus ou moins remise en cause par le Code pénal de 1994 « qui tente d'imposer une appréciation in concreto de l'irrésistibilité, en fonction des particularités de l'intéressé » [282]. Les dispositions de l'article 122-2 rattachent en effet la force ou la

---

280.Notons la même spécificité sémantique qu'à l'article 122-1 alinéa 1 qui fait l'effort d'utiliser le terme de personne tout en plaçant celui-ci en second dans la phrase pour mieux insister sur la non responsabilité. La personne est nommée, mais paradoxalement ce qui la caractérise en l'espèce c'est son absence de responsabilité pénale.

281.En ce sens, voir Etude Varinard, *Les grands arrêts du droit criminel*, t 1 n° 43.

282.P. Comte et P. Maistre du Chambon, *Droit pénal général*, A. Colin, Paris 2000, p. 196.

contrainte à la personne qui en a fait l'objet « à laquelle elle n'a pu résister ». Cette incitation de l'article 122-2 doit toutefois faire l'objet de nuances. Elle ne semble pas suffisante en effet pour permettre de développer une approche plus subjective de la volonté de l'auteur des faits. La dominante principale, avec le critère d'irrésistibilité, reste très emprunte d'objectivité. Des auteurs tels que P. Comte et P. Maistre du Chambon nuancent également ce point de vue et veulent voir autre chose « cette formule pourrait simplement encourager la jurisprudence à assouplir ses positions trop rigoureuses » [283].

2. - L'intention

L'article 121-3 alinéa 1 du Code pénal dispose « Il n'y a point de crime ou de délit sans intention de le commettre ». Cet article pose le principe selon lequel les crimes et délits sont toujours des infractions intentionnelles, sauf dispositions contraires (comme viennent le préciser les alinéas 2 et 3 de l'article précité).

Il y a là une différence notable par rapport à l'ancien Code pénal. Comme le soulignent MM. Desportes et Le Guhenec « le Code pénal de 1810 précisait lorsqu'il s'agissait d'une infraction intentionnelle, que le comportement incriminé devait être commis « intentionnellement », « volontairement », « sciemment », de « mauvaise foi » ou encore « en connaissance de cause ». Le nouveau Code pénal n'utilise normalement aucune de ces expressions quand il définit un crime ou un délit, puisque,ces infractions sont intentionnelles. Désormais, en l'absence de précision contraire, toutes les incriminations criminelles ou délictuelles prévues pour le nouveau Code pénal doivent être considérées comme intentionnelles. Elles sont comme implicitement complétées par les mots « lorsque ces faits sont commis intentionnellement » [284]. Ainsi définie, l'intention présente une abstraction et une généralité. L'intention coupable a en effet, ceci

283.*Op. cit*, p. 196.

284.F. Desportes et F. Le Guhenec, *Le nouveau droit pénal*, Economica, 2000, p. 391.

de particulier, qu'elle se caractérise de manière générale et abstraite par la conscience d'un comportement incriminé pénalement. L'intention aussi appelée dol, est donc la volonté de commettre un acte ; volonté dont l'auteur a tout à fait conscience du caractère répréhensible. En ce sens elle est toujours identique pour une incrimination donnée. « Ainsi tous les meurtriers ont eu, par définition le dessein de tuer autrui : pour autant de meurtre, une seule intention » [285]. L'intention se distingue en cela clairement des mobiles qui peuvent se définir comme « la raison qui pousse l'agent à accomplir l'infraction » [286]. Les mobiles constituent en effet la motivation subjective déterminant le délinquant à enfreindre la loi. Cette motivation est donc par essence différente pour chaque crime ou délit [287].

Une approche aussi déterministe de l'intention coupable telle qu'est posée semble critiquable dans le sens où elle ne laisse pas de place à une discussion possible. Elle ne permet aucunement la prise en compte de déterminants subjectifs. La notion de culpabilité juridique vient ici en complète opposition à celle de culpabilité psychologique [288]. Pourtant il semble que la conciliation des articles 121-3 et 132-24 soit possible de manière à ainsi sortir de la contradiction. Aussi de la même manière qu'il a été

285.J-C Soyer, *Droit pénal et procédure pénale*, LGDJ, 1995, p. 100.

286.P. Comte et P. Maistre du Chambon, *Droit pénal général*, p. 207.

287.C'est la raison pour laquelle le mobile n'est en principe pas retenu par le droit pénal. Le principe de l'indifférence des mobiles fait toutefois l'objet de certain assouplissement en pratique.

288.Sur ce point voir : R. Merle, « La culpabilité devant les sciences humaines et sociales », *R.S.C*, 1976, p. 29 ; Berreville, « Quelques réflexions sur l'élément moral de l'infraction », *R.S.C*, 1973, p. 865 ; R. Ottenhof, « Imputabilité, culpabilité et responsabilité en droit pénal », *Archives de politique criminelle n°22*, 2000, p. 71 et s ; G. Levasseur, « L'imputabilité en droit pénal », *R.S.C*, 1983, p. 1 et s ; C. Debuyst, « Les conceptions criminologiques de la culpabilité », *in Annales de l'Université de sciences sociales de Toulouse*, p. 51 ; J. Vidal, « La conception juridique française de la culpabilité », *in Annales de l'Université de sciences sociales de Toulouse*, p. 45 ; et plus généralement « La culpabilité », Travaux du colloque international du cinquantenaire de l'Institut de criminologie de Toulouse, *Annales de l'Université de sciences sociales de Toulouse*, t. XXIV, fasc 1et 2, 1976.

proposé d'établir des degrés dans l'approche qui peut être faite dans le discernement, il en sera de même pour l'intention. Ce qui reviendrait à reconnaître la présence toujours acquise de l'intention conformément aux dispositions de l'article 121-3 pour dans un second temps apprécier le degré de celle-ci conformément aux dispositions de l'article 132-24.

TITRE II. - L'approche psycho-criminologique : un outil pour penser la sanction

Le principe de personnalisation de la peine emporte une vision du phénomène criminel qui s'est complexifiée. En élargissant le processus de determination de la peine mais en l'enrichissant également de considérations d'ordre subjectif, le législateur développe une approche du droit et de la sanction élargie. Ainsi, les références juridiques habituelles ne sont plus suffisantes pour appréhender ces nouvelles représentations du droit. C'est en effet non seulement la personne (du criminel, de la victime ou du juge) qui doit faire l'objet d'une analyse nouvelle, mais également l'institution au sein de laquelle la peine est prononcée.

Chapitre I. - Une approche multipersonnelle et multidimensionnelles de la personnalisation

L'expression personnalisation de la peine visée à l'article 132-24 du Code pénal peut inciter ou fonder à croire qu'il s'agit ici de penser la peine à partir de la seule personne du criminel ; ce qui reviendrait à dire que celui-ci serait l'unique critère de determination de la peine. Certes, c'est effectivement le but recherché dans le sens ou il s'agit de tenter de répondre de la manière la plus adéquate à l'infraction commise par cet auteur. En ce sens, l'auteur de l'infraction se situe bien au centre même de la réflexion. Il en constitue l'épicentre. Mais le processus judiciaire ainsi mis en action qui aboutit au prononcé d'une peine a été initié par la commission d'une infraction. Ce crime ou ce délit réalisé par la personne délinquante va porter atteinte à l'intégrité physique, psychique ou matérielle d'une autre personne : la victime. L'acte posé par l'auteur de l'infraction n'existe pas effet ex nihilo. Il est toujours à replacer dans le contexte de sa réalisation. Le crime ou le délit est le produit d'un acte personnel émanant du délinquant. Il emporte des conséquences sociales en ce qu'il vient bouleverser la vie d'un autre membre particulier de la société incarnée par la victime. Et c'est même la gravité de l'acte perpétré contre la victime qui déterminera l'importance de la sanction retenue par le Code pénal. Une atteinte portée à la vie de la victime est ainsi réprimée plus sévèrement par le législateur qu'une atteinte portée à ses biens. L'importance de la sanction sera donc proportionnelle à la valeur sociale protégée. En ce sens, le processus de personnalisation de la peine, qui concerne certes au premier chef la personne délinquante, est pour une part importante déterminée également par la personne de la victime.

Cet acte criminel ou délictuel qui oppose deux personnes, risque fort de donner lieu à une situation de duel laissant place à des sentiments de vengeance privée. C'est la raison pour laquelle une troisième personne est amenée à intervenir : le juge. Celui-ci va ainsi jouer le rôle de tiers. Sa présence va permettre de mettre une distance objective entre la victime et l'auteur de l'infraction. Le processus de personnalisation de la peine fait donc intervenir une troisième personne, qu'est le juge. C'est en effet lui qui va être amené à transformer l'acte à la fois personnel et social commis par le délinquant en infraction pénale susceptible de sanction. Il opérera cette transformation par le jeu de la qualification juridique.

Cette opération intellectuelle, qui constitue le tout premier acte du processus de determination de la sanction, est déterminée par un ensemble de critères à la fois objectifs et subjectifs [289]. Cette influence de la personne du juge dans le processus de determination de la peine revêt une importance plus grande au cours de la phase du choix de la peine et de son quantum. En effet, depuis le Code pénal de 1994 le juge se voit reconnaître une liberté plus grande dans le choix de celle-ci. Il n'est même plus limité par le jeu des circonstances atténuantes. Le juge

289.Sur ce point V. *supra*, p. 130 et s.

dans l'exercice de ses fonctions n'a plus à se soumettre à un minimum légal. Il a donc toute latitude pour adapter la peine, personnaliser celle-ci, en fonction de l'auteur de l'infraction.

Un certain nombre de développements relatifs au principe de personnalisation de la peine énoncé à l'article 132-24 du Code pénal, permettent ainsi de mettre en lumière l'influence des deux autres personnes que sont la victime et le juge dans ce processus de determination de la peine. Certes le choix de la peine est gouverné par le principe général précité ; en ce sens, il fait une large place à l'auteur de l'infraction. Toutefois, le processus aboutissant au prononcé de la peine fait intervenir deux autres acteurs du procès pénal dont il s'agit d'apprécier l'influence. La personnalisation entendue au sens large du terme serait alors l'influence conjointe de chacune des trois personnes engagées dans le processus judiciaire. Il s'agirait de la personne du délinquant, de la victime et du juge.

C'est donc une certaine pluralité qui caractériserait la notion de personne visée à l'article 132-24 du Code pénal. Le processus de determination de la sanction ne serait donc pas gouverné de manière exclusive par la personne du délinquant, mais bien par plusieurs personnes qui interagissent entre elles. Au terme de l'article 132-24 du Code pénal, le choix de la peine doit être déterminé par l'auteur de l'infraction. Il a été précédemment développé l'idée selon laquelle il semble assez réducteur de limiter le terme de personne au seul auteur de l'infraction. La victime et le juge exercent en effet également une influence dans le choix de la peine. Des développements semblent également nécessaires pour expliciter le terme de personne. Posée d'une manière quasi péremptoire par le Code pénal, sa définition ne semble pas être d'une évidence parfaite. Une analyse permettra ainsi de mettre à jour la relative complexité de la notion de personne.

Il s'agit ici de tenter de fonder épistémologiquement la notion de personne. Ce qui revient à dire qu'avant de désirer personnaliser une peine en fonction d'une personne, il semble nécessaire de définir préalablement ce que l'on entend par personne. Une étude attentive permet en effet d'avancer que ce concept se caractérise par une certaine complexité. Il n'existerait pas en effet une personne clairement identifiable, mais bien plusieurs personnes difficiles à distinguer l'une de l'autre. De manière plus simplifiée cela revient à dire que la notion de personne serait composée de différentes dimensions ou facettes exerçant chacune une influence particulière sur le processus de determination de la sanction.

Quatre composantes de la personne seront ainsi retenues pour chacun des intervenants judiciaires que sont le délinquant, le juge et la victime.

Il s'agit en premier lieu de l'individu abstrait. C'est une entité juridique définie par le Code pénal. Il nomme et définit de manière générale et abstraite ce qu'est un délinquant, un juge et une victime.

Cet individu se distingue de la personnalité historique, qui peut se définir comme une entité phénoménologique. L'individu criminel, juge ou victime est fait tout entier de perceptions et de vécu. Il s'élabore par une certaine généralisation de ses comportements. C'est l'homme tel qu'il se donne à voir. Il est dépourvu de toute analyse subjective profonde. En ce sens, cette personnalité historique s'oppose à la personne pénale qui se rapproche quant à elle d'une entité que l'on peut qualifier d'ontologique.

La personne pénale s'adresse à l'homme entendu comme substance, à ce qui constitue l'essence même d'un individu. Seule cette personne pénale permet d'accéder à la connaissance réelle et profonde de la subjectivité du sujet. Elle permet d'approcher la connaissance vécue de chacun des intervenants dans leur intériorité, condition nécessaire pour que le processus de determination de la peine prenne pleinement sens. Mais, le chemin pour accéder à cette personne pénale est difficile, parce qu'il n'existe pas de frontière précise entre les différentes facettes de la personne évoquée.

Il s'en surajoute d'ailleurs une quatrième, qui est représentée par ce que l'on peut appeler le personnage judiciaire. Cette autre dimension de la personne du criminel, du juge ou de la victime a pour but d'attirer l'attention sur les modifications initiées par le processus judiciaire sur chacun des intervenants. Il s'agit ici de s'interroger sur une entité que l'on peut qualifier de fantasmique ou de figure imaginaire qui se caractérise par le rôle (au sens théâtral du terme) que chaque personne peut être amenée à jouer ; voire le rôle que le processus judiciaire peut leur faire jouer parfois à leur insu.

La complexité de la notion de personne se caractérise donc par une certaine multidimensionnalité. Cette complexité théorique se poursuit lorsqu'il s'agit d'appréhender la personne au cours de la mise en œuvre du processus de determination de la peine.

Il convient en effet, de prendre en compte les interactions également multiples de ces différences qui prennent forme en pratique. Deux types d'interactions seront présentées en l'espèce. Un premier type intra-personnel, qui se caractérise par l'ensemble des interactions possibles entre chacune des personnes concernées. Ce sont les interactions résultant des quatre dimensions de chacun des intervenants que sont le criminel, le juge et la victime et qui leur sont propres.

A ce premier type vient s'en ajouter un second que l'on peut qualifier d'inter-personnel, qui se caractérise par l'ensemble des interactions possibles entre chacune des personnes concernées. Ce sont alors les interactions résultant des douze dimensions personnelles de chacun des trois individus que sont le criminel, le juge et la victime [290]. En d'autres termes, l'introduction de la subjectivité juridique permet de prendre la mesure de toute la complexité du phénomène criminel. Avec la subjectivité on se rend compte que les problèmes ne naissent pas tout faits. Qu'ils ne peuvent pas s'apprécier et se juger de manière immuable et stricte. Au contraire, le problème criminel implique des actes qui le constitue, des plans et champs symboliques propres qui ne s'évaluent pas à la possibilité de trouver une solution qui serait « la bonne peine ». Il interroge, oblige à penser en plusieurs dimensions. Il ne s'agit pas (ou plus) de répondre, ni de

290. Voir schéma, p. 160.

cocher la bonne case, mais bien d'entrer et de sortir, de changer de plans, de remonter aux problèmes sous-jacents qui inspirent la question criminelle. Il ne s'agit pas d'opposer des propositions contraires, mais de retracer des genèses, de mettre à l'épreuve et en mouvement des consistances.

Face à la complexité du phénomène criminel, l'approche psycho-criminologique constitue une proposition d'opérationalisation, de mise en place concrète de ce nouveau principe de personnalisation. Il va en effet, permettre de repenser l'acte criminel avec une rationalité contemporaine qui tienne compte des subjectivités en ce qu'il permet une approche multipersonnelle du sujet.

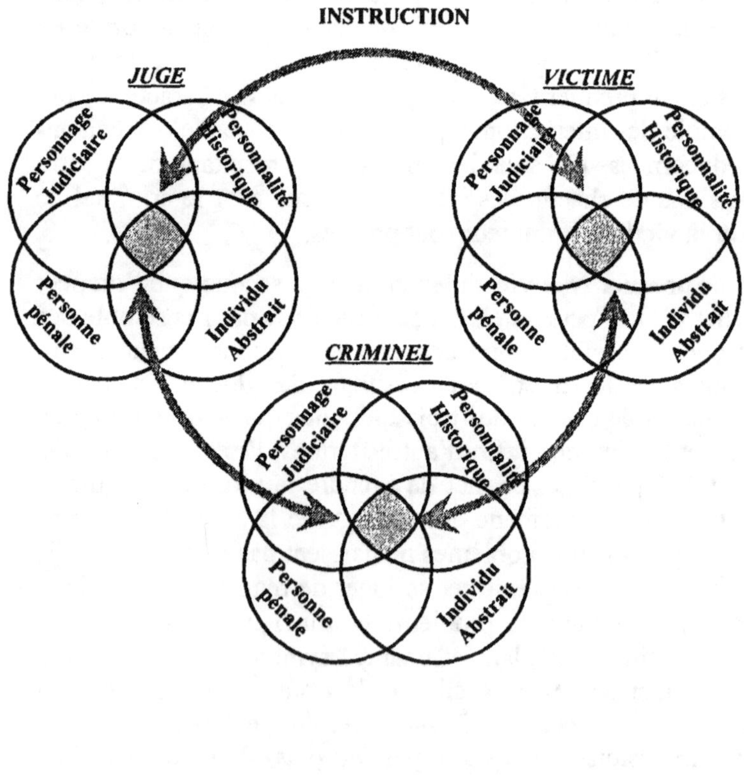

Section I. - *La personne du criminel*

Le nouveau principe de personnalisation, en ce qu'il introduit de la subjectivité juridique, oblige à repenser le concept de criminel. Avec lui, c'est une véritable déconstruction qui s'impose permettant ainsi de mieux prendre conscience des différentes facettes et façons d'appréhender la personne criminelle.

L'introduction de la subjectivité permet, en effet, de mieux comprendre les aspects strictement juridiques de l'homme criminel. C'est ainsi que se trouvent clairement nommés les aspects objectifs qui ont toujours gouverné l'application du droit. Ce sont ici deux facettes de l'homme criminel qui sont concernées : l'individu abstrait et le personnage judiciaire. Mais la subjectivité va permettre d'aller au delà des deux facettes précitées. Et c'est précisément en mettant en avant les limites de celles-ci, notamment leurs aspects stéréotypés, qu'elle engage vers une autre voie. Ce sont alors les aspects psychologiques, purement subjectifs de l'homme criminel qui sont alors découvert avec la personnalité historique et surtout la personne pénale.

Ces quatre facettes qui s'interpénètrent, sont pour chacune d'elles essentielles. C'est en effet, de leur réunion que peut émerger le délinquant. Chacune est porteuse d'un sens, d'une valeur essentielle. Chaque facette permet d'appréhender la complexité de la personne criminelle qui n'est pas faite d'un bloc objectif concret, mais implique des actes, des plans, des champs symboliques propres.

§- I. - Le sujet légal

Le sujet légal se caractérise par son abstraction. Fondamentalement nécessaire en ce qu'il vient donner un fondement au droit pénal, il n'en demeure pas moins insuffisant par sa dominante objective.

A. - Définition du sujet légal délinquant

C'est l'individu délinquant tel qu'il est défini par le Code pénal. La personne légale, issue de la loi est toute objective et abstraite. Elle fait référence à un individu générique.

A ce titre, la tournure stylistique utilisée par l'ancien Code pénal permettait de mieux rendre compte de la généralité caractérisant cette personne : « quiconque aura commis... sera puni de .. ». La formule ancienne se distingue de l'actuelle encore plus générale. Un certain nombre d'articles débutent en effet par l'expression « le fait de .... ». La nouvelle syntaxe du Code pénal rend en effet l'appréhension de cette personne légale plus difficile. La formulation des dispositions du nouveau code dans lesquelles la personne légale reste toujours présente [291] lui confère néanmoins un caractère plus ou moins implicite. Elle se trouve cachée et elle se (con)fond avec l'article du code qu'elle représente.

Cette personne légale constitue une entité juridique. Elle représente une individualité anonyme. Par ses caractéristiques générales et absolues, elle est une abstraction. C'est le voleur, le meurtrier, le violeur dans toute sa généralité qui sont visés en l'espèce.

B. - Analyse du sujet légal délinquant

Cette personne légale présente un intérêt fondamental dans le sens où elle fonde véritablement l'existence du droit pénal. Elle vient en effet, à la fois matérialiser concrètement et incarner les infractions définies de manière abstraite par le Code pénal.

291.Les formulations respectives des deux codes sont dans le fond rigoureusement identiques. Elles visent toutes les deux la même personne définie de manière générale et abstraite. Ainsi l'expression « quiconque aura soustrait frauduleusement la chose d'autrui » ou « le fait de soustraire frauduleusement la chose d'autrui » font toutes deux références à la même personne légale : le voleur.

Dans cette conception toute abstraite du phénomène criminel la personne légale n'est toutefois que secondaire. Le crime reste le seul et unique critère de determination. Ce n'est qu'après cette première opération de l'esprit que peut être qualifiée de criminelle la personne ayant commis ce crime. Cette façon de mettre en avant l'acte, au détriment de la personne, est toutefois nécessaire dans une conception purement juridique du crime. Elle permet ainsi d'éviter tout jugement de valeur ou partialité. Le crime doit en effet, dans une telle conception être tarifé à la valeur sociale du moment. Il s'établit en fonction de la gravité objective subie par la société. C'est donc d'après une norme sociale, l'appréciation sociale d'un fait produit à un moment donné, que le crime peut être défini. Ainsi on est ensuite en mesure de constater que tel crime entraîne telle peine par rapport au tarif légal préalablement déterminé. Il est ainsi procédé à un dosage proportionnel qui mesure la gravité de l'acte de façon à pouvoir déterminer la poursuite et la durée de la peine. La loi fixe ainsi le quantum de la peine d'après le mal objectif commis. Ainsi le meurtre, atteinte suprême à la vie d'une personne, qui constitue au terme de l'article 221-1 le fait de donner volontairement la mort à autrui est puni de 30 ans de réclusion criminelle. Le vol quant à lui, simple atteinte aux biens d'une personne, est considéré comme une violation moins grave à l'ordre social établi, n'est puni que d'une peine pouvant aller jusqu'à 3 ans d'emprisonnement et 45 000 euros (article 311-3).

C. - Limites du sujet légal délinquant

Cette conception juridique, légale tout à fait nécessaire en ce qu'elle fonde véritablement le droit, porte en elle une vision exclusive du phénomène criminel. Cette approche est toute emprunte d'objectivité. Le crime revêt en effet, dans ce contexte, une certaine matérialité. Il est tout entier description d'un acte précis qui a été commis et qui correspond aux critères précédemment retenus et limitativement énumérés par le législateur. Cet acte est donc toujours le même quel que soit son auteur. Ainsi, le vol reste immuable. Il sera toujours analysé de la même manière par les juristes. Quelles que soient les conditions de sa réalisation et aussi diverses soient-elles, le vol restera l'acte qualifié de « soustraction frauduleuse de la chose d'autrui ».

Le crime n'est pas le seul à faire l'objet de cette vision toute objective. Il en va de même pour la peine. L'objectivité appliquée à la peine se traduit par un aspect que l'on peut qualifier de quantitatif. La peine doit, dans cette conception, se traduire par un chiffre précis. Evaluer de manière objective la gravité du dommage subi par la victime et par extension la société, revient à quantifier en mois, années ou somme d'argent l'acte commis. La peine se trouve ainsi exclusivement traitée et appréciée sous l'angle de son quantum. Le juge est amené à régler la question du « combien cela vaut-il ? ». A cette question, il doit répondre par un chiffre ou un montant d'amende précis.

Enfin, la personne légale n'échappe pas à cette conception toute objective du fait criminel. Elle aussi porte la marque de cette vision exclusive. Cette conception avait d'ailleurs déjà attiré l'attention de Saleilles dès 1898 qu'il résumait par l'expression suivante : » il n'y a que des crimes et pas de criminel ». L'auteur soulignait ainsi le fait que quel que soit l'agent criminel, le résultat restera toujours le même. Les considérations propres à l'auteur de l'infraction sont en effet ici totalement indifférentes.

Cette conception toute objective du phénomène criminel a pour principale conséquence d'objectiver la personne (légale) délinquante. Celle-ci ne constitue alors qu'un simple support logistique au droit pénal. La personne légale n'existe que pour représenter ou incarner et encore d'une manière générale et abstraite, l'acte criminel qui a été réalisé. La personne du délinquant est analysée comme l'acte qui a été commis, c'est-à-dire sous un angle exclusivement objectif. C'est donc un aspect tout extérieur du crime et du criminel qui est ici représenté.

§- II. - La personne historique

La personne historique par son aspect factuel permet de sortir d'une approche toute juridique de la personne criminelle.

Elle donne aussi lieu à une approche plus subjective des faits qui n'est pas toutefois sans comporter certains risques.

A. - Définition de la personne historique délinquante

C'est l'individu délinquant tel qu'il se donne à voir. Cette personne s'appréhende par les faits et actes qui la concernent et qui la mettent en mouvement. Elle se caractérise par son aspect individuel. Chaque délinquant a en effet, une histoire qui lui est propre. L'analyse de la personne historique va porter sur les comportements de celle-ci, sur sa trajectoire de vie qui constituent autant de manifestations apparentes de ce qu'elle est. L'ensemble des évènements et aléas ayant ponctué le déroulement de sa vie viennent renseigner sur la personnalité de l'auteur de l'infraction. Il s'agit d'un constat. Cette analyse qui reste au niveau des apparences, des perceptions reste essentiellement factuelle. Elle ne vise qu'à décrire les choses, les évènements tels qu'ils apparaissent à la conscience, indépendamment de tout savoir constitué. Le crime constitue ainsi un phénomène, un fait apparent qui vient faire irruption (de manière unique ou plurielle) dans la vie d'une personne. C'est en ce sens que la personne historique peut être qualifiée d'entité phénoménologique.

Avec ce type de personne on sort de la conception toute générale et abstraite induite par la personne légale. La dimension de la réflexion n'est plus exclusivement juridique, elle devient humaine. C'est précisément dans ce cadre que les expertises psychiatriques et médico-psychologiques prennent tout leur sens. Elles constituent en effet les outils adéquats pour permettre d'appréhender le phénomène criminel.

B. - Analyse de la personne historique délinquante

Ce type d'approche phénoménologique induit par la personne historique emporte une vision empirique, factuelle du phénomène criminel. Le crime est ici perçu comme un fait singulier, réalisé par une personne. Cette perspective se distingue du crime perçu comme une infraction juridique réalisée par une personne (légale).

La singularité, l'unicité de ce crime oblige alors à s'interroger sur le cas d'espèce. Il s'agit alors de comprendre quelle a été la dynamique propre qui a gouverné ce passage à l'acte précis. C'est donc une première approche de type subjectif qui se réalise ici par la prise en compte de la personnalité de l'auteur des faits. La réflexion se situe désormais à un autre domaine. Elle obéit en effet, à un autre mode d'analyse qui n'est plus strictement juridique, objectif, général et abstrait. Il devient singulier, subjectif, adapté au cas d'espèce. L'analyse subjective se substitue à l'approche exclusivement objective. C'est précisément la représentation du crime comme un simple fait et non comme une infraction, qui oblige à penser celui-ci en termes de singularité et d'unicité. Si l'infraction reste la même quel que soit l'agent, le fait criminel quant à lui ne sera jamais identique. Des actes de même nature réalisés par la personne ne seront jamais complètement identiques Les circonstances d'espace et de temps étant par essence uniques, elles ne peuvent se reproduire rigoureusement à l'identique.

L'approche empirique du phénomène criminel avec le caractère singulier qu'elle implique, oblige à penser la peine en termes spécifiques. La sanction ne se caractérise plus par son seul aspect quantitatif. Le quantum de la peine reste un élément important dans le processus de determination de la sanction. Il n'est toutefois pas l'élément majeur.

La peine se trouve plus pensée en termes qualitatifs. La tâche du juge consiste alors à trouver la mesure la plus appropriée à l'individu qui se trouve en face de lui. Cette tâche s'accompagne d'un certain nombre d'interrogations sur l'utilité, le fondement de la peine appliqué au cas d'espèce. C'est dans ce cadre qu'est appréciée la responsabilité de l'auteur des faits, ou qu'est reconnue son éventuelle irresponsabilité au sens de l'article 122-1 du Code pénal.

L'apport des expertises médico-psychologiques, psychiatriques voire des enquêtes sociales est ici fondamental. Ce sont en effet, ces types spécifiques de mesures qui vont permettre au juge de mener à bien son travail d'individualisation. Les expertises constituent des outils privilégiés, particulièrement adaptés à la nature individuelle de la personne historique [292]. Elles vont en effet, toutes retracer le parcours personnel de l'auteur de l'infraction par un véritable travail d'anamnèse, dans lequel sa singularité sera mise en lumière. Ainsi les expertises constituent-elles des moments clés au cours desquelles des révélations personnelles deviennent possibles. C'est au cours des entretiens auxquels elles donnent lieu, que l'on apprend par exemple, que l'homme accusé et poursuivi de faits d'agression sexuelle sur mineur a lui même fait l'objet de faits identiques durant sa vie. Ces révélations n'ont été possibles que parce qu'elles ont eu le cadre propice d'écoute qu'offrent les expertises c'est-à-dire ce moment extra-juridique, dépourvu de tout jugement de valeur et qui se déroule dans une certaine empathie.

C. - Limites de la personne historique délinquante

L'analyse personnelle des faits qu'implique la personne historique donne toutefois lieu à un certain nombre de difficultés d'application inhérentes au contexte juridique. Elle doit en effet, permettre l'émergence puis la prise en compte d'informations de nature personnelle, venant renseigner et expliciter le passage à l'acte. Le but est ici de replacer le fait criminel dans la trajectoire de vie du délinquant pour tenter ainsi de donner un sens à cet acte réalisé.

Or, ce rattachement du vécu personnel du délinquant à l'acte commis, qui est rendu possible par l'expertise, est source de difficultés. En effet, pour être approchée et ainsi mieux comprise, la personne historique se trouve par la même occasion figée. L'expertise ne peut rendre compte de cette personne par-

292.S. Raymond, « Psychologie légale : spécificité et/ou monopole ? », Le sujet et la loi, *Le Journal des Psychologues*, septembre 1990, n° 80, p. 35 ; J. Selosse, « Psychologie judiciaire ou psychologie du juridique ? », Le sujet et la loi, *Le Journal des Psychologues*, septembre 1990, n° 80, p. 24 ; C. Duflot, « Evaluation psychologique et décision judiciaire », Le sujet et la loi, *Le Journal des Psychologues*, septembre 1990, n° 80, p. 28 et du même auteur, *L'expertise psychologique, procédures et méthodes*, Dunod, Paris, 1999.

ticulière que d'une manière limitée, encadrée, structurée en répondant à des critères et questions précises que lui impose le juge [293]. Dans un tel contexte il devient ainsi difficile de rendre compte du caractère à la fois dynamique et complexe de la trajectoire de vie de la personne historique. Le risque est grand de réduire cette même personne à une somme de catégories psychologiques pré-établies. La personne historique se trouve ainsi rapidement appréhendée en fonction de stéréotypes et de structures pré-déterminées. En outre, elle génère des lieux communs tendant à ne retenir que l'aspect déterministe du phénomène criminel. Toute réflexion et analyse deviennent alors impossibles. Ainsi, les choses sont elles immuables dans un tel système de pensée. C'est l'abuseur qui a été abusé et dont les victimes feront inévitablement de même.....

Le sujet peut ainsi voir prononcer à son encontre une peine, qui bien que choisie en fonction de stéréotypes, apparaîtra néanmoins adaptée à sa situation. Le pédophile verra-t-il prononcé à son encontre une peine principale privative de liberté importante (son acte étant considéré comme gravissime par la société actuelle), à laquelle viendra s'ajouter une peine complémentaire d'interdiction d'exercer toute profession en relation avec des enfants. Ces mesures apparaissent en effet, absolument adéquates et personnalisées du point de vue à la fois répressif et préventif. Elles correspondent à la vérité des faits, à la vérité judiciaire. Mais elles peuvent parfois être bien éloignées de la vérité subjective du délinquant. Pour ce dernier en effet, la peine n'a bien souvent pas de sens. La généralisation à laquelle est soumise l'analyse de la personne historique implique la perte des caractéristiques subjectives de celle-ci. Ceci se traduit, pour le sujet délinquant, par une absence de sens, une impossibilité à comprendre et pouvoir rattacher la peine prononcée à

293.Sur ce point voir l'ensemble des questions systématiquement posées et qui se trouvent en tête de toute expertise. Ces critères (de responsabilité, dangerosité, adaptabilité...) se retrouvent aussi bien dans les écrits auxquels l'expertise donne lieu en chambre correctionnelle, qu'à l'exposé oral auquel est soumis l'expert au cours de la session d'assises.

son encontre à sa vie [294]. Il n'est pas possible pour lui d'intégrer, de s'approprier l'idée selon laquelle l'acte commis a un sens dans son histoire personnelle. Il n'est pas en mesure d'intérioriser l'économie de son acte. Ce dernier ne peut prendre sens dans l'esprit du sujet. Or, c'est ici le but même de la personnalisation. L'adaptation de la mesure pénale doit s'effectuer en fonction du délinquant, c'est-à-dire s'appliquer à la nature de l'acte mais surtout à sa personne. Elle doit également pour être véritablement utile, s'appliquer à sa psychologie, à sa vie intérieure puisque c'est lui qui est à l'origine de l'acte et qu'il est le seul à devoir et surtout pouvoir comprendre.

§- III. - Le personnage judiciaire

Autre dimension de la personne criminelle, le personnage judiciaire est tout entier création et (re)construction. Il fait de l'auteur de l'infraction un acteur, au sens théâtral du terme. Cette fonction s'avère toutefois difficilement conciliable avec une appropriation de la peine.

A. - Définition de personnage judiciaire délinquant

C'est le sujet délinquant perçu comme un acteur qui joue un rôle sur la scène juridico-sociale. Ce personnage présente un intérêt fondamental dans le sens où il permet de porter l'attention sur les modifications initiées par le processus judiciaire sur la personne délinquante. Il offre ainsi la possibilité d'appréhender le phénomène criminel et son auteur sous un autre angle.

La perspective retenue est ici spécifique. Elle vise à montrer et révéler les différents rôles que le délinquant est amené à jouer sur la scène judiciaire. Cette représentation « toute théâtrale » du phénomène criminel implique toutefois une dimension caricaturale des faits et des personnes. Ainsi, cette entité que l'on peut qualifier de fantasmatique ou de figure imaginaire doit être

---

294.A. Garapon, *Bien juger, essai sur le rituel judiciaire*, Odile Jacob, Opus, Paris, 1997.

appréciée avec distance, parce que chaque élément peut donner lieu à des croyances erronées. L'auteur de l'infraction soumis au processus judiciaire est tout entier transformé par la procédure. Cette transformation est inhérente au système judiciaire lui même. Il porte en effet en lui les éléments de cette reconstruction. C'est précisément la raison pour laquelle ce phénomène n'est que très rarement pris en considération. Il échappe à la pensée et rend, ce faisant, difficile, toute analyse des implications que sous-tendent la mise en œuvre de la procédure judiciaire. Cette analyse suppose un travail de mise à distance par rapport à la procédure.

B. - Analyse du personnage historique délinquant

Avec cette nouvelle dimension, la personne criminelle est perçue différemment. Le délinquant devient rapidement un acteur sur cette scène particulière qu'est la scène judiciaire. Antoine Garapon [295] s'est, à ce titre, attaché à montrer ce que le rituel judiciaire impliquait de dépossession pour un accusé ou un prévenu. Il retient ainsi un certain nombre d'items ayant tous comme points communs, selon lui, de mettre le délinquant dans une position tout à fait étrangère à lui même [296]. La liste est longue. Elle va de l'architecture judiciaire monumentale destinée à exercer un poids considérable sur les épaules de celui qui passe le seuil du palais, à la disposition des places de chacun des intervenants. Chacun d'eux a en effet, un rôle bien défini par le rituel judiciaire. Ainsi, le prévenu ou accusé se trouve-t-il physiquement en deçà des magistrats qui le jugeront. Ces derniers se trouvant en effet surélevés sur une estrade. De la même manière le délinquant éprouve un sentiment d'étrangeté face aux personnes qui l'entourent toutes différentes de lui, mais similaires par leur tenue noire. Il est en effet, le seul dans cette enceinte judiciaire à ne pas avoir de robe. De même, le vocabu-

---

295.A ce titre, Antoine Garapon parle de « construction de l'accusé », *op. cit.*, p. 109.

296.A. Camus, *L'étranger*, Gallimard, 1942.

laire juridique hermétique pour un non initié lui paraît étranger [297].

Ainsi, tous les éléments se trouvent réunis pour créer chez le délinquant un sentiment d'exclusion ou d'infériorité contre lequel il va tenter de lutter en s'adaptant à ce qu'on attend de lui. Il va ainsi être amené à jouer le rôle qui est le sien sur cette scène judiciaire c'est-à-dire celui du « bon accusé ». Il comprend en effet, rapidement « que c'est en partie en fonction de son comportement à l'audience qu'il sera jugé. Qu'il risque d'autant plus d'être déclaré coupable s'il se montre agressif. C'est pourquoi, bien souvent, son avocat lui conseille de ne pas bloquer la machine judiciaire en contestant les faits, ce qui représenterait une surcharge de travail pour la juridiction ou une sortie plus tardive de l'audience. Soyez un « bon » accusé et vous aurez une bonne peine » [298]. Cette situation aboutit ainsi à « un comportement convenu pour une vérité conventionnelle » [299]. Le délinquant est alors amené à jouer un rôle spécifique celui du « bon accusé » tel que le veut le rituel judiciaire. Ce faisant, l'auteur précité met en avant ce qu'il nomme « le processus de création d'un Autre ». Dépossédé de ce qui le caractérise véritablement, le criminel est en outre, amené de manière implicite à jouer un rôle. Loin de la personnalisation recherchée par le Code pénal, c'est plutôt un processus de dépersonnalisation qui se met ici en place.

297.L'auteur cite à ce sujet Pat Carlen qui « distingue trois types de règles situationnelles : celles relatives à l'espace, au temps et au langage. En pénétrant dans *l'espace* du prétoire, le prévenu est plongé dans un univers qu'il ne connaît pas et qui lui semble étrange et hostile. Il se trouve loin de son avocat et ne sait comment se tenir (...), s'il doit s'asseoir ou, au contraire, se lever. Cette inégalité dans la connaissance des usages et des codes de la justice renforce inutilement l'inégalité, déjà grande, entre le prévenu les professionnels de l'audience.

Le *temps* n'a bien évidemment pas la même valeur pour le prévenu et pour le président. Celui-là, bien souvent, veut en avoir terminé au plus vite, mais l'attente est longue, alors que celui-ci, en revanche, à tout son temps...

Même étrangeté en ce qui concerne le *langage* : point besoin d'insister sur le fait que la plupart des termes juridiques sont incompréhensibles aux béotiens que sont l'essentiel des personnes qui comparaissent devant les tribunaux », in A. Garapon, *Bien juger, essai sur le rituel judiciaire*, Odile Jacob, Opus, Paris, 1997, p. 107.

298.*Op. cit.*, p. 103.

299.Ibid.

Ce phénomène de dépersonnalisation, qui va tout à fait à l'encontre de la personnalisation préconisée par le Code pénal, ne se trouve qu'accentué par la conception du crime qu'implique le personnage judiciaire. Le caractère irréel, caricatural sous-tendu par cette conception se trouve en effet, exacerbé par la représentation qu'elle donne du crime. Vu sous l'angle du personnage judiciaire, le crime constitue l'acte monstrueux par excellence. C'est-à-dire l'acte qui émane non pas d'une personne mais bien d'un monstre. Le caractère fantasmatique, irréel est ici à son paroxysme. Il s'agit d'une conception particulière qui est en jeu ici. Une conception qui est toute émotionnelle, sensationnelle, pleine de passion. On se situe ici en dehors de toute analyse objective et raisonnée de l'acte commis. De toute évidence, il y a confusion, voire amalgame, entre l'acte et la personne. L'acte peut en effet revêtir des aspects monstrueux, horribles et inhumains, il n'en demeure pas moins que ces adjectifs ne sont pas applicables à l'auteur de tels faits, qui est et restera toujours un homme. Cette conception toute irréelle du crime se trouve renforcée par deux phénomènes récents : d'une part, la place grandissante accordée aux victimes [300] dans le procès pénal est venue accentuer cette conception. En donnant la parole aux victimes, c'est-à-dire aux personnes directement concernées dans leur être ou dans leur bien par l'infraction réalisée, le législateur a implicitement donné encore plus libre cours à cette conception passionnelle du crime [301]. Ce type de personne, représenté par les victimes, a en effet de part son statut l'impossibilité de comprendre et de se

---

300.V. *infra*, p. 179 et s.

301.Sur ce point voir l'ouvrage collectif d' A. Garapon, F. Gros et T. Pech *Et ce sera justice, punir en démocratie*, Odile Jacob, Paris, 2001, p. 251 où il est rappelé : « L'irruption de la victime dans le processus pénal, phénomène qui n'a cessé de s'affirmer au long de ces trente dernières années, oblige à sortir des trois premiers foyers de sens (...) dans lesquels restait cantonné tout le débat sur la peine.

Nous sommes passés en quelques décennies, d'un droit pénal que nous pourrions qualifier « d'académique » parce que constitué d'interdictions qui n'avaient pas besoin d'être justifiées, à un droit pénal « abélique », où le mal à se confond avec le préjudice causé à un autre homme. Le droit pénal moderne est tenté de trouver le fondement de ses interdictions non plus dans la transgression d'un ordre supérieur (...) mais dans la souffrance imposée à la victime ».

représenter le crime commis par une analyse exclusivement objective. Leur implication dans les faits les privent de facto de toute objectivité et exacerbent l'aspect émotionnel et sensationnel du crime.

D'autres part, le second phénomène ayant largement contribué au développement de cette conception irréelle du crime est constituée par l'influence grandissante des médias [302] sur la scène judiciaire. La presse écrite ou audiovisuelle est en effet, de plus en plus présente aux grands procès (criminels, politico-financiers...). Il convient à ce titre de s'interroger sur l'influence que les médias exercent sur le déroulement des procédures judiciaires. Leur pouvoir peut apparaître comme déterminant au regard de la force avec laquelle ils tentent de pénétrer le monde judiciaire. C'est au nom d'une certaine liberté et du droit à l'information qu'ils exposent ce qu'il est convenu d'appeler une « Affaire ». Or, cet exposé, par essence incomplet en raison du principe du secret de l'information, est toutefois présenté comme une vérité absolue. Toutefois, cette réalité médiatique est bien souvent fort éloignée de la vérité judiciaire et plus encore de la vérité du mis en cause, chacune d'elles répondant à une logique qui leur est propre. Il est en effet tout à fait compréhensible que le juge, le délinquant et les médias aient des représentations différentes du crime commis. Les médias, en ce qui les concernent, souhaitent s'adresser au plus grand nombre de personnes. Ils sont donc obligés de résumer et simplifier les faits pour rendre accessibles et intelligibles des dossiers parfois fort complexes. La fonction médiatique oblige en outre, à « caricaturer » pour susciter l'intérêt. C'est ainsi que les faits sont présentés comme de véritables romans policiers ou l'horreur fait sensation. Les actes présentés comme ceux éma-

---

302.L'influence des médias est un sujet qui a donné lieu à de nombreux écrits. Sur ce point voir notamment : Justice et médias, *revue Droits et Sociétés n° 26*, Paris, LGDG, 1994 ; M. Hanotin, La profession de journalistes devant le droit, *Journal des procès*, 196,1991 ; L. Lacour, *Le bûcher des innocents : l'affaire Villemin*, Paris, Plon, 1994 ; H. Leclerc et J-M. Tholleyre, *Les médias et la justice*, Paris, V.PJ, 1996 ; J. Robert, *La télévision à l'audience ?* Dalloz, Paris, 1986 ; M. Le Monde, « Le rôle des médias », *Procédures Pénales d'Europe* sous la direction de M. Delmas-Marty, Paris, PUF, 1995 ; D. Soulez-Larivière, *Du cirque médiatico-judiciaire et des manières d'en sortir*, Paris, Seuil, 1993.

nant d'un monstre sont exposés dans les moindres détails y compris les plus sordides. Le criminel y est présenté comme l'Ennemi Public n°1, le Monstre, le Tueur en série, le Psychopathe.... Or cette représentation du phénomène criminel présente un certain nombre de risques et notamment celui de réduire de manière parfois caricaturale les faits et par la même occasion la représentation que l'on a de leur auteur. Le délinquant risque fort de se trouver ainsi réduit voire prisonnier d'une image totalement fausse. Un personnage entièrement fictif peut ainsi venir véritablement se substituer au sujet délinquant réel.

Si le personnage judiciaire implique une conception toute particulière du crime, il en va de même pour la peine. Dans un tel cadre, la peine est pensée en terme d'outil privilégié pour mettre en œuvre les fonctions d'expiation et de rétribution de la sanction. La peine assure ici un rôle d'exutoire juridico-social en ce qu'elle canalise le sentiment général d'insécurité. Le criminel est alors le corollaire dans un rôle de bouc-émissaire [303]. En ce sens, la peine a un effet structurant sur les membres de la société qu'elle appelle à s'unir autour du crime commis. Toute l'attention est axée sur l'acte réalisé et son auteur qui doit « payer » pour ce qu'il a fait. La peine assure ici une fonction de catharsis.

Mais la peine est également génératrice d'émotion chez le délinquant. Elle peut alors prendre plusieurs aspects. Face à la caricature qui lui est présentée de sa vie et de son acte, le délinquant peut se retrouver totalement inhibé. Il peut alors se retrancher dans une position de déni des faits. Aucune possibilité d'identification n'est alors possible pour lui. Il n'est absolument pas en mesure de pouvoir se retrouver dans l'acte commis ou la personnalité qui est représentée en l'espèce. Cet acte et cette personnalité lui sont totalement étrangers voire irréels.

A l'inverse, le processus de determination de la peine peut jouer un effet catalyseur, déclencheur d'une prise de conscience. Le déroulement de la procédure judiciaire et plus parti-

303.Au sens ou l'emploie René Girard, *Le Bouc émissaire*, 1982, Grasset.

culièrement la phase de jugement peuvent être propices, en ce qui le concerne, aux manifestations émotionnelles les plus diverses et variées. Ce moment particulier permet l'émergence de vécus et ressentis particulièrement importants susceptibles de bouleverser les représentations du délinquant. Ainsi par exemple, amené à entendre certains épisodes difficiles de sa vie, ou face au témoignage de proches à la barre, le délinquant peut être amené à sortir de son mutisme en formulant des aveux. Il peut reconnaître des faits qui jusqu'à cet instant étaient complètement déniés. La peine, catalyseur d'émotions, ouvre alors la voie à la peine, processus de prise de conscience.

§- IV. - La personne pénale

C'est l'être ontologique, l'homme perçu dans l'essence même de sa personne et dans son intériorité. Cette intériorité qui a toutefois été modifiée et transformée par le processus pénal.

Il s'agit du sujet délinquant révélé à lui-même par le processus pénal. Cette personne incarne véritablement la personnalisation, c'est-à-dire le passage de l'universel au singulier porteur d'un sens personnel et unique [304]. En ce sens, la personne pénale constitue une entité ontologique. Elle se situe sur un plan spécifique qui est de l'ordre du discours, de la réflexion sur l'être dans ce qu'il a de plus intérieur et personnel.

Dans un tel cadre la peine prend un sens particulier. Elle est un processus de prise de conscience qui s'opère au moyen de la parole. La peine doit ici être pensée en termes de processus de prise de conscience, au sens où elle implique un mouvement, une dynamique. Elle va instaurer et impliquer un changement. C'est en effet, à l'issu d'un long cheminement qu'elle va être en mesure de progressivement interroger, questionner puis semer le trouble, avant d'amener le sujet à changer ses représentations.

---

304. La personnalisation est ici à rapprocher de ce que Xavier Lameyre nomme une « poétique existentielle, qui provient d'une rencontre originale, celle de la généralité de la loi avec la singularité d'un sujet, sujet de droit », in « Le procès judiciaire ou la poétique de la loi pénale », *communication au Séminaire Déconstruire le social, 28 avril 2003.*

La peine est ici entendue dans un sens extrêmement large. Elle ne doit pas être comprise ou assimilée à la sanction prononcée par le président du tribunal, qui se résume à un nombre précis de mois, d'années d'emprisonnement ou un montant d'amende. La peine est ici l'ensemble de nombreux éléments intervenant tout au long de la procédure et qui vont permettre d'aboutir à une sanction précise. Elle comprend donc l'ensemble des moments clés du processus judiciaire. Son importance et influence s'exercent aussi bien au cours de la phase du prononcé de la sanction que pendant la phase d'exécution de celle-ci. Si les aspects qu'elle revêt au cours de ces deux phases peuvent prendre des formes différentes, l'idée générale qui la gouverne reste la même. Elle va susciter un processus de prise de conscience chez le délinquant. La peine ne va cesser de semer le trouble en ce qu'elle va déployer un monde d'interactions [305]. Elle va susciter, interpréter et mettre en mouvement la faculté de juger constitutive du sujet, de passer du général au particulier, à un singulier imprévu, c'est-à-dire d'évaluer ce que le cas particulier convoque ou non dans la règle ou met en concurrence avec plusieurs règles. La peine, par sa capacité à interroger, à remettre en cause les représentations du phénomène criminel va progressivement induire un changement de pensée, qui sera lui même à l'origine d'une prise de conscience.

Pour parvenir à cette prise de conscience, la peine va s'organiser autour de la parole. Cette spécificité pénale permet de rendre compte de tout ce qu'elle convoque en l'espèce de symbolique et de parole [306]. Cette parole est essentielle. Partie intégrante du langage, elle doit toutefois être distinguée de la langue [307]. Cette dernière est abstraite, sociale et indépendante

---

305.Cette interaction est à mettre en lien direct avec les quatre dimensions de la personne.

306.Comme le souligne Xavier Lameyre il s'agit d'un « acte de parole, expression d'un sujet, qui permet l'avènement d'un temps intersubjectif », in « Pour une poétique de l'application des peines », *communication au colloque international francophone, Temps psychiques, Temps judiciaires*, Université de Rennes II 6-8 decembre 2001.

307.La paternité de cette distinction langue-parole revient à Ferdinand de Saussure. Comme le souligne l'auteur « l'étude de langage comporte deux parties : l'une essentielle, a pour objet la langue qui est sociale et indépendante de l'individu ; (...) l'autre,

de l'individu. En ce sens, elle s'oppose à la parole qui elle est toute subjective et individuelle. La langue et la parole ont ainsi des fonctions bien différentes, mais cependant complémentaires. Ainsi, le caractère abstrait de la langue (et la spécificité de la langue judiciaire vient ici renforcer ce caractère abstrait par son aspect hermétique [308]) est là pour organiser des lignes singulières, c'est-à-dire une parole individuelle. Se met ainsi en place un agencement qui va permettre au sujet d'élaborer du sens.

C'est en effet, sous l'influence de la prise de conscience initiée par le processus pénal que la personne délinquante va progressivement être amenée à modifier ses représentations. Le doute, les remises en cause et le questionnement impliqués par la procédure pénale vont laisser place à des prises de conscience de différents types. C'est ainsi que le sujet devient en mesure de constater et ainsi de prendre conscience de l'ensemble des structures ou déterminismes sociaux, psychologiques, historiques, familiaux… qui ont pu gouverner sa vie et dans une certaine mesure son passage à l'acte. Il va avoir l'occasion de pouvoir se représenter les évènements de sa vie et les actes qui l'ont ponctuée sous un jour nouveau. C'est progressivement sa trajectoire de vie qu'il va être amené à se représenter différemment. Le processus pénal offre ainsi la possibilité de « changer de lunettes » pour voir et analyser l'acte et les circonstances qui l'ont entouré.

Cette modification des représentations ne peut résulter que de la prise de conscience personnelle et exclusivement personnelle du sujet délinquant. Il est le seul à pouvoir opérer ce changement. C'est ici que s'apprécie toute la dimension subjective

---

secondaire, a pour objet la partie individuelle du langage, c'est-à-dire la parole », in F. de Saussure, *Cours de linguistique générale*, Payot, 1972, p. 30 et s.

308.« Les termes juridiques sont incompréhensibles aux béotiens que sont l'essentiel des personnes qui comparaissent devant les tribunaux ». L'auteur donne à ce titre un exemple pour renforcer sa démonstration : « Aux assises, la première question que pose le président à l'accusé, juste après l'interrogatoire d'identité est la suivante : « Entendez-vous exercer vous-même votre droit de récusation où vous en remettez-vous à votre avocat ? ». L'accusé est perplexe : en effet, dans la plupart des cas, il n'a pas compris la question, mais n'ose pas demander au président de la répéter pour ne pas l'indisposer », A. Garapon, *Bien juger, essai sur le rituel judiciaire*, Odile Jacob, Opus, Paris, 1997, p. 107.

de la personnalisation. Ce processus de determination de la peine qui s'adresse à une personne en particulier ne peut être mené à bien que par celle-ci et nulle autre. La personnalisation implique un travail subjectif d'introspection qui ne peut être l'œuvre que de la personne concernée. C'est en effet de sa vie, de son acte, de son histoire dont il s'agit dans toute leur unicité. Nul ne peut se substituer à lui pour vivre sa vie. Il ne peut être que l'unique instigateur de la prise de conscience initiée par le processus pénal. La personnalisation consiste bien dans une expérience singulière et toute personnelle [309].

Cette véritable reconnaissance de la singularité du sujet constitue par ailleurs, le premier acte personnel de responsabilité vis à vis de l'infraction commise. Une nouvelle dynamique tournée vers l'avenir peut alors se mettre en route. Désormais conscient des déterminismes et structures négatives dont il a été l'objet, le délinquant est en mesure d'agir pour changer le cours des choses. Il devient véritablement un sujet pénal, c'est-à-dire un acteur. Il peut décider d'agir et non plus subir, sa vie et sa peine. C'est le passage de l'hétéronomie à l'autonomie. Le sujet est en mesure de développer une faculté d'autodetermination. La personnalisation consiste alors en une machinerie complexe dans laquelle le délinquant peut reconstituer le fil directeur de sa vie et se l'approprier en une expérience singulière et inédite formatrice d'un nouveau mode d'être et de connaître.

C'est alors un autre processus qui peut se mettre en place : un processus de responsabilisation. La personne devient en mesure de réaliser l'action destinée à répondre de ses actes quels qu'en soient leur nature. Et le crime constitue l'acte par excellence dont le sujet peut répondre. Dans une telle conception le crime devient un événement marquant qui vient faire rupture dans la vie du sujet. Il vient dénoncer, montrer une logi-

---

309.En ce sens, il est possible de dire que la personnalisation est quelque chose qui passe par le juge et non quelque chose qui se fait ou se réalise par le juge. Au contraire le processus de personnalisation échappe au juge. Il ne peut prendre sens que par rapport à l'auteur de l'infraction.

que inscrite dans une trajectoire personnelle [310]. Il vient parler d'une vie, d'une histoire, d'une souffrance singulière. Il devient alors porteur d'un sens particulier pour son auteur.

Section II. - *La personne de la victime*

De la même manière qu'il oblige à repenser le concept de criminel, le nouveau principe de personnalisation en fait de même avec celui de victime. Et c'est par la confrontation des analyses de chacun des intervenants judiciaires que la personnalisation peut être pleinement appréhendée. Dans cette perspective la victime doit être soumise aux mêmes distinctions que celles ayant été utilisées pour le criminel.

§- I. - Le sujet légal

Il s'agit de la victime entendue comme entité juridique [311]. C'est le concept général et abstrait de victime. A l'instar du délinquant ou du juge cette personne légale victime est toute objective et fait référence à un individu générique. Par ce carac-

---

310.Ce mode de pensée implique une réflexion de type structuraliste. Le crime est présenté comme un élément de la structure de vie du délinquant. Il est considéré comme une partie appartenant à un tout, qui ne peut avoir d'existence ex nihilo.

311.Il est possible de constater le phénomène récent de prise en compte puis reconnaissance juridique de la victime. Cette dernière se voit en effet accorder une place grandissante au sein du procès pénal qui se caractérise par le développement d'un cadre normatif du droit des victimes depuis les années 70 jusqu'à la loi en date du 15 juin 2000 relative à la présomption d'innocence et aux droits des victimes.

Sur ce point voir : R. Cario, « La place de la victime dans l'exécution des peines », *Dalloz* 2003 n° 3, p. 145. Dans cet article, l'auteur souligne que « la victimologie et l'aide aux victimes ont connu un essor remarquable au cours des vingt dernières années en France. La loi du 15 juin 2000 (modifiée par la loi du 9 septembre 2002) est venu consacrer cette évolution en offrant à la victime un « statut » d'acteur authentique au procès pénal, en toute équité avec l'infracteur ». Voir également l'article d'A. d'Hauteville, « La problématique de la place de la victime dans le procès pénal », *Archives de politique criminelle 2002*, n° 24 ; du même auteur « Les droits des victimes », *R.S.C*, 2001, p. 107 et s ; C. Lazerges, « Le renforcement des droits des victimes par la loi n°2000-516 du 15 juin 2000 », *Archives de politique criminelle 2002*, n°24, p. 15 et s.

tère généraliste, elle est une abstraction : il s'agit de La Victime [312].

Il peut d'ailleurs être souligné la « neutralité sémantique » du terme de victime. En effet, un seul mot existe pour désigner un nombre considérable de situations : une victime de la route est différente d'une victime d'agression sexuelle, elle même différente d'une victime d'un crime contre l'humanité... Le Code pénal, quant à lui, ne donne pas de définition précise de la victime : est-ce la partie civile, plaignante ou la partie lésée ?

Au même titre que le délinquant, la victime personnifie l'infraction définie par le Code pénal. C'est sur sa personne ou ses biens que se trouvent incarnés le crime ou le délit. Comme pour la personne légale délinquante la victime donne lieu à une certaine appréciation objective du crime commis. Cette matérialité s'opère à l'aide de critères objectifs définis de manière légale. Il s'agit ainsi par exemple d'indices d'atteinte corporelle : mort de la victime, gravité de ses blessures selon que l'incapacité temporaire ou totale de travail est inférieure ou supérieure à huit jours voire trois mois pour les cas les plus importants, invalidité totale ou partielle... Il existe également des indices destinés à mesurer l'ampleur de l'atteinte portée aux biens de la victime. Le crime vu par la personne légale victime fait ainsi l'objet d'une qualification générale en fonction d'une classification préétablie par le Code pénal.

C'est en obéissant à une logique toute aussi objective que se pense la peine. Elle consiste en une appréciation et évaluation du préjudice causé. De manière concrète, il s'agit de mettre en place des dispositions de nature financière destinées à rétablir l'équilibre brisé résultant de l'infraction subie par la victime. On retrouve ici la principale préoccupation du législateur pour

312.« La victime passe insensiblement du statut d'objet d'études et de sujet d'attention législatif à celui d'acteur à part entière de la procédure pénale. Elle revendique en effet, le pouvoir d'intervenir directement dans le procès en exprimant elle-même ce qu'elle a ressenti, voire en prenant position sur la peine qu'il conviendrait », A. Garapon, F. Gros et T. Pech *Et ce sera justice, punir en démocratie*, Odile Jacob, Paris, 2001, p. 257.

la victime [313] qui consiste dans une réparation de nature toute pécuniaire et indemnitaire.

§- II. - La personne historique

A l'instar de ce qui se passe pour le délinquant, la personne historique victime est toute entière entité phénoménologique. Elle se caractérise de la même manière, par un ensemble de manifestations apparentes et d'évènements « qui se donnent à voir ».

Cette perspective offre une dimension de réflexion humaine et subjective. Elle oblige à prendre en compte cette personne particulière qu'est la victime et qui interpelle par sa souffrance [314]. Cette personne qui se trouve blessée dans ce qu'elle a de plus cher (sa vie, la vie d'un de ses proches, ou ses biens) est amenée à pleurer, parfois à crier sa douleur quand la réalité des faits lui semble trop intolérable.

Cet état d'esprit de la victime est tout à fait normal et il est encore plus manifeste dans les moments proches de la commission de l'infraction où elle peut éprouver le besoin de laisser s'exprimer sa peine, sa colère voire sa haine envers l'auteur des faits. Ce point de vue victimaire tout à fait subjectif, est absolument justifiable et justifié. Il ne peut même humainement en être autrement pour cette personne blessée. Cependant cet état d'esprit, qui est gouverné par un sentiment de vengeance privée et les manifestations ostensibles auxquelles il donne lieu, présente le risque majeur dans le processus de determination de la sanction. Le danger est en effet grand d'influencer le juge et plus souvent encore les jurés dans leurs mécanismes de jugement. Le risque est alors important de rester figé devant cette souffrance de la victime et d'analyser le phénomène criminel sous le seul aspect phénoménologique. La représentation du crime en serait alors extrêmement réduite puisqu'elle

---

313.Sur ce point voir, C. Courtin, « Les droits des victimes », *Revue penit droit pénal*, 2001, p. 1171 ; A. d'Hauteville, Les droits des victimes, *R.S.C*, 2001, p. 107.

314.Sur ce point voir, sous la direction d'A. Garapon et D. Salas, *La justice et le mal*, Ed. Odile Jacob, Collection Opus, 1997.

s'analyserait exclusivement au travers de la douleur de la victime : ce qui reviendrait à « pleurer avec la victime » ou crier vengeance avec elle [315].

Or, cette fusion avec la victime apparaît à la fois inutile et nuisible. Elle semble inutile parce qu'elle fige l'acte commis et les personnes dans une perspective subjectiviste extrêmement négative et douloureuse. L'analyse des faits n'a lieu qu'au travers du prisme de la subjectivité encore toute exacerbée de la victime ; une subjectivité encore meurtrie par l'infraction et qui n'a pas eu le temps de porter sur les faits un regard distancié. La victime se trouve ainsi prisonnière de son statut sans pouvoir en sortir. Il en est de même pour la représentation du délinquant et du crime [316]. Cette fusion est également nuisible pour la victime elle même. Cette dernière n'a en effet en face d'elle que l'écho de sa propre souffrance [317], de son incompréhension et de son désarroi. Elle se retrouve ainsi plongée dans une situation pour le moins anxiogène. En effet, face au chaos auquel elle se trouve confrontée par la commission de l'infraction, la victime a besoin d'interlocuteurs compréhensifs pour accueillir et reconnaître sa douleur si manifeste. Mais elle a surtout besoin d'interlocuteurs extérieurs à sa vision des choses, de véritables tuteurs capables de lui donner un repère solide, distancié autre

---

315.C'est à cette conception du phénomène criminel qu'adhèrent des mouvements de foule qui après la commission de certains types d'infractions, comme l'assassinat ou le meurtre d'enfants, sont amenés à demander par exemple le rétablissement de la peine de mort. Sur ce point voir F. Casorla, « Les victimes, de la réparation à la vengeance? », *Rev. pénitent. dr. pénal*, 2002, p. 161-172.

316.Cette vision n'est pas éloignée de celle du personnage judiciaire et de son aspect caricatural. Toute l'analyse ou élaboration est impossible dans un tel contexte. Comme le rappelle Antoine Garapon « l'entrée en scène des victimes est si récente et si déroutante qu'il est difficile d'échapper soit à une méfiance de principe, en disqualifiant a priori leur demande en désir de vengeance, soit, au contraire, à une identification totale à leur point de vue. Nous sommes partagés entre, d'une part, le respect dû à la victime, la plus directement affectée par le crime et, d'autre part, la difficulté de lui réserver une place dans le raisonnement pénal. », A. Garapon, F. Gros et T. Pech *Et ce sera justice, punir en démocratie*, Odile Jacob, Paris, 2001, p. 261.

317.L'auteur précité souligne à ce titre « la souffrance de la victime fournit un fondement incertain à la peine, tant elle est à la fois l'expérience la plus commune à l'humanité est aussi la plus incommunicable », *op. cit.*, p. 262.

que le sien, dans ce no man's land dans lequel la commission de l'infraction l'a plongée.

Le droit assure ici une fonction de tiers médiateur objectif et impartial entre la victime et l'agresseur, mais également entre la victime et sa douleur. Il permet d'empêcher de penser le crime en circuit fermé : acte générateur de douleur pour la victime qui doit lui même générer de la douleur pour son auteur, c'est-à-dire une perspective toute expiatrice.

§- III. - Le personnage judiciaire

Il s'agit du rôle qu'est amené à jouer sur la scène judiciaire la personne ayant subi le préjudice. Ce rôle a toujours été implicitement reconnu par le droit. La commission d'une infraction obéissait toujours à un raisonnement reprenant la dyade agresseur-agressé. L'existence de l'un était en effet conditionnée par l'autre. Dans cette conception, la personne de la victime représentait l'entité abstraite symbolisant et incarnant l'atteinte portée à l'intérêt général par le crime commis.

Aujourd'hui il semble que cette perspective soit toute différente. La victime n'est plus une généralité assimilable à l'intérêt général de la société. La victime est désormais synonyme de reconnaissance d'un préjudice particulier subi par une personne bien précise. L'atteinte portée par la réalisation de l'infraction est avant tout personnelle et non plus exclusivement générale. Aussi, la victime qui porte une action devant les tribunaux demande à ce que soit entendue sa plainte dans toute sa singularité. Elle revendique la particularité de sa position [318]. La nouvelle conception victimaire du droit qui résulte de la prise en compte de ce phénomène récent prend la forme d'une véritable reconnaissance du statut de la victime. Cette conception juridique vient, en effet rendre compte des mutations sociétales donnant à

318.Il s'agit ici d'une autre manifestation concrète de la montée en puissance d'un certain individualisme caractéristique des sociétés modernes et qui en tant que tel comporte un certain nombre de mutations et de représentations du droit, « cette nouvelle perspective qui envisage tout du point de vue de la victime, met le droit pénal en demeure de se réorganiser », A. Garapon, F. Gros et T. Pech *Et ce sera justice, punir en démocratie*, Odile Jacob, Paris, 2001, p. 253.

la victime cette reconnaissance toute singulière. Le droit reconnaît ces changements par la spécificité qu'il accorde aux différents intervenants judiciaires. Ainsi, il y répond en créant des lois adaptées à celle nouvelle représentation des choses. L'exemple de la loi du 15 juin 2000 en est une illustration [319]. Cette loi relative à la présomption d'innocence et aux droits des victimes entre tout à fait dans ce processus général de personnalisation destiné à reconnaître la spécificité de chacun des intervenants judiciaires, qu'ils soient victimes [320] ou délinquants. Et c'est plus particulièrement dans le cadre du personnage judiciaire que la prise en compte et la reconnaissance du statut de victime est le plus notable. Le caractère caricatural de ce personnage rend plus aisé le constat.

Le personnage judiciaire, par tout ce qu'il implique en lui même de caricature et de fantasme, permet de prendre toute la mesure de cet aspect de la victime. Il s'agit de la victime entendue au sens premier du terme, c'est-à-dire la personne qui a été donnée en sacrifice. Cette vision est doublée d'une seconde ou l'on montre aux yeux de tous sur la scène judiciaire de quelle manière précise la victime a été offerte au sacrifice. En ce sens, le procès rejoue et reconstruit le sacrifice auquel l'infraction a donné lieu. Cet aspect fantasmatique du personnage judiciaire victime contribue à une certaine irréalité des faits. La caricature à laquelle donne lieu la victime ne se trouve en outre, qu'amplifiée par les médias [321]. La presse n'hésite pas à montrer ostensi-

---

319.Sur ce point voir : F-J. Pansier et C. Charbonneau, commentaire article par article de la loi sur la présomption d'innocence, *GP*, 2000, n° 129 p. 3-21 et n° 130 p. 6-25.

320.R. Cario, « La place de la victime dans l'exécution des peines », *Dalloz n°3*, 2003, p. 145. Du même auteur voir, *De l'effraction du lien subjectif à la restauration sociale*, L'Harmattan, Coll. Traité de sciences criminelles, 2e édition 2001 ; A. Bernard et R. Cario, *Les politiques publiques interministérielles d'aide aux victimes*, L'Harmattan, Coll Traité de sciences criminelles, 2001 ; R. Cario et D. Salas, *Œuvre de justice et victime*, L'Harmattan, Coll Traité de sciences criminelles, 2001, p. 203-254.

321.Sur ce point voir : Justice et médias, *revue Droits et Sociétés n° 26*, Paris, LGDG, 1994 ; M. Hanotin, La profession de journalistes devant le droit, *Journal des procès*, 196, 1991 ; L. Lacour, *Le bûcher des innocents : l'affaire Villemin*, Paris, Plon, 1994 ; H. Leclerc et J-M Tholleyre, *Les médias et la justice*, Paris, V.PJ, 1996 ; J. Robert, *La télévision à l'audience ?* Dalloz, Paris, 1986 ; M. Le Monde, « Le rôle des médias », *Procédures Pénales d'Europe* sous la direction de M. Delmas-Marty, Paris,

blement la douleur de la victime à un moment où se trouvant particulièrement démunie elle n'est pas en mesure de se protéger. Cette détresse dévoilée au grand jour ne peut être que de nature à exacerber le sentiment de vengeance [322]. Elle ne peut que favoriser une représentation des faits peu objective. Face au désarroi affiché de la victime, il est bien difficile d'essayer d'apprécier les faits du point de vue du délinquant.

Cette perspective sacrificielle appelle les mêmes fonctions de la peine que celles décrites pour le délinquant. La peine est essentiellement expiation et vengeance privée. La victime blessée dans sa chair ou touchée dans ses biens veut « faire payer » le responsable. Pour elle, la bonne peine sera la peine maximale encourue par le Code pénal. La peine est ici appréciée et pensée exclusivement en termes quantitatifs. L'adaptation à la nature même du délinquant importe peu. L'essentiel est de le punir et de se protéger de cet individu jugé dangereux. C'est d'ailleurs cette conception de la peine qui incite à penser le procès comme un événement libérateur. Le moment symbolique qui va permettre d'effectuer « un travail de deuil ». Mais c'est alors accorder au procès et à la peine prononcée des vertus thérapeutiques qu'ils n'ont pas.

§- IV. - La personne pénale

La personne pénale représente la victime dans son intériorité. Elle vient interroger celle-ci dans son identité qui a été remise en cause par la commission d'une infraction. La personne pénale s'adresse à la subjectivité de la victime [323]. Cette entité ontologique induit une certaine conception du crime. La subjectivité qui gouverne la personne pénale amène à penser et raisonner en terme d'expérience vécue par la victime. Il s'agit ici

---

PUF, 1995 ; D. Soulez-Larivière, *Du cirque médiatico-judiciaire et des manières d'en sortir*, Paris, Seuil, 1993.

322.Sur ce point voir F. Casorla, « Les victimes, de la réparation à la vengeance? », *Rev. pénitent. dr. pénal*, 2002, p. 161-172.

323.R. Cario, *Victimologie. De l'effraction du lien subjectif à la restauration sociale*, L'Harmattan, Coll Traité de sciences criminelles, 2e édition, 2001.

de s'interroger sur les conséquences émotionnelles que produit la réalisation de l'infraction sur la victime.

La représentation du crime est donc spécifique. Le crime est pensé en termes d'événement venant faire rupture dans la vie de la victime de manière brutale et violente. Il est un acte générateur de souffrance et de traumatisme.

La personnalisation consiste alors à s'intéresser et analyser la façon selon laquelle ce crime a été perçu et ressenti par la victime. Le même crime ou délit subi par deux personnes peut être vécu de manière totalement différente par chacune d'elles. Pour l'une l'infraction réalisée constituera une difficulté qui restera toutefois surmontable. Pour une autre, le même dommage sera à l'origine d'un véritable anéantissement personnel. L'acte commis vient résonner de manière tout à fait particulière selon la vie de chacun. Il fait écho à la part d'expérience unique qu'a chaque conscience.

Cette entité ontologique implique également une certaine représentation de la peine. Dans ce cadre ainsi défini, le processus de personnalisation de la peine consiste en une réponse spécifique à la plainte singulière qui a été formulée par la victime. La peine représente la réponse adaptée à cette demande de reconnaissance d'identité particulière. La victime vient poser et affirmer la particularité de sa situation par rapport aux critères légaux prédéterminés par le Code pénal, c'est-à-dire que la situation dans laquelle elle se trouve correspond en tous points aux éléments constitutifs de l'infraction définie de manière générale et abstraite par la loi. C'est d'ailleurs cet état de fait qui justifie le prononcé de la peine. Cette réunion des éléments constitutifs, nécessaire pour entrer en voie de condamnation, est identique pour chaque type d'infraction. Ainsi quel que soit le vol réalisé, la loi imposera toujours la réunion de trois critères légaux que sont la soustraction, frauduleuse, de la chose d'autrui. En ce sens le vol de la voiture de Monsieur X est d'un point de vue juridique rigoureusement identique au vol du sac à main de Madame Y. La définition légale du vol est applicable à tous et de manière identique. Avec la personnalisation et la demande de reconnaissance qui lui est afférente, la victime vient revendiquer quelque chose de supplémentaire. Certes le préjudice qu'elle a subi correspond à la commission d'une infraction prévue et réglementée par le Code pénal. Mais la victime veut aller au delà de cette généralisation juridique qui consiste à donner le même nom à des situations qui finalement sont toutes différentes. Elle demande à ce que soit reconnu par le droit ce en quoi cette infraction est venue lui porter préjudice [324]. Qu'est-ce que la commission de l'infraction est venue bouleverser dans sa vie ? Elle demande à ce que soit reconnu son cas d'espèce en tant que tel [325].

Quelle place a pris cette infraction dans sa vie, quel bouleversement a-t-il engendré, comment elle appréhende désormais l'avenir à la lumière de ce préjudice subi... ?. Ce faisant, la victime prolonge ce qui constitue l'essence même du droit, c'est-à-dire reconnaître qu'un problème juridique identique donne lieu à des solutions d'espèces différentes. Le prolongement s'entend dans le sens où la victime oblige le juriste à apprécier et prendre en considération les conséquences spécifiques afférentes à son cas d'espèce.

La prise en compte de ces conséquences spécifiques prend des formes diverses et variées qui tendent toutes à reconnaître une place et un rôle à la victime dans le processus pénal. Cela passe par des moyens juridiques tels que l'importance grandissante qui est reconnue à la victime au sein du procès pénal. Des moyens extra-juridiques viennent également s'y ajouter. Ce sont notamment l'ensemble des dispositifs d'aide, d'assistance et de conseil mis en place pour venir en aide aux victimes d'infractions. Ces derniers passent par l'écoute de la parole des

---

324.M-J. Boulay, » La victime et l'exécution des peines », *Bulletin de l'APEV*, 2002-9, p. 7 ; G. du Mesnil du Buisson, « Le juge de l'application des peines, entre le coupable et sa victime », *Dalloz 1999*, chron. p. 496 ; L. Dalligand, « La victime, la sanction et la peine », *Journal des accidents et des catastrophes*, 2002-17 ; M. Carrière, « La victime et l'exécution des peines », *Rapport DESS Droit de l'exécution des peines*, Univ. Pau, multigrap., 2002.

325.Ce mouvement de personnalisation, versus victime, obéit au même paradigme que celui qui gouverne le délinquant et qui correspond à une montée en puissance de l'individualisme.

victimes [326]. La personnalisation représente ainsi un long processus qui ne s'achève pas avec le procès. Elle suppose un temps beaucoup plus long.

C'est de ce temps dont la victime a besoin pour être en mesure de participer de manière active à la recherche de sa vérité. Ce n'est ainsi, qu'à l'issue d'un long travail d'introspection, que la symbolisation de l'acte traumatique devient possible pour la victime. Elle parvient à se représenter de manière concrète, en le rattachant à sa vie, cette notion abstraite que constitue l'infraction. Ce travail de deuil (deuil de la situation particulièrement douloureuse générée par la commission de l'infraction) est nécessaire pour restaurer la victime dans sa dignité et son estime de soi [327]. Ce travail initié par la phase judiciaire et historique ne prend véritablement sens et ne peut s'achever qu'à la phase pénale. Celle-ci, par le temps qu'elle nécessite,permet d'éviter le développement d'un esprit de vengeance mais favorise plutôt la compréhension des faits. Cette conception de la personne pénale victime participe ainsi d'une certaine dynamique régulatrice, d'une justice restaurative [328] replaçant chacun des intervenants au centre du conflit.

Section III. - *La personne du juge*

La troisième personne à intervenir dans le processus de détermination de la peine est le juge à qui revient le choix de la sanction ; il obéit aux mêmes distinctions que celles retenues pour le criminel et la victime.

326.Sur ce point voir notamment : C. Damiani, *Les victimes : violences publiques, crimes privés*, Paris, Ed. Bayard, 1997 ; M-P. Poilpot, *Souffrir mais se construire*, Ramonville Saint-Ague, Erès, 1999 ; B. Cyrulnik, *Un merveilleux malheur*, Odile Jacob, 1999 et du même auteur *Les vilains petits canards*, Odile Jacob,2000 ; J Leconte et S. Vanistendael, *Le bonheur est toujours possible : construire la résilience*, Bayard, 2000.

327.Sur ce point voir : R. Nassif, « Les modifications de la personnalité liées à la victimité », *in Criminologie et psychiatrie*, Ellipses, Paris, p. 513-518.

328.L'expression revient à Robert Cario dans son ouvrage intitulé *Victimologie : De l'effraction du lien intersubjectif à la restauration sociale*, L'Harmattan, Paris, 2000.

§- I. - Le sujet légal

C'est le juge en tant que représentant de la loi. Il incarne et représente une entité juridique générale et absolue. Cette personne se caractérise par une généralité. Celle-ci se manifeste par la fonction que le juge est amené à exercer autant que par les outils qu'il utilise.

Le juge en tant que personne légale est dépositaire d'une fonction [329]. Il doit assurer le bon fonctionnement de la justice. L'abstraction caractérise cette facette particulière du juge. La fonction de celui-ci présente en outre une certaine forme d'indivisibilité, dans le sens ou le magistrat qui parle, agit et sanctionne ne le fait pas en son nom, mais au nom de l'institution qu'il incarne et pour laquelle il est chargé de rendre la justice au nom du peuple français. La fonction de juge est ainsi la même pour tous. Ils sont interchangeables. Ainsi par exemple, un dossier criminel sera toujours dirigé par un juge d'instruction, même si au fil des mois ou années cette fonction peut être exercée par plusieurs personnes. Ces différentes personnes qui se succèdent n'agissent jamais en leur nom propre : ils font office, ils assurent la fonction de juge d'instruction en l'espèce.

La généralité de la fonction s'observe également par l'appellation donnée au juge dans l'exercice de ses fonctions. Il ne se fait pas appeler Monsieur X ou Monsieur Y. C'est un titre générique qui vient qualifier le juge. Ainsi, on ne s'adresse par exemple au représentant du Ministère Public que par l'expression « Monsieur le Procureur » ou « Monsieur l'Avocat Général » ou au représentant du siège chargé de diriger les débats par « Monsieur le Président ».

Enfin, la généralité de la personne légale se caractérise par sa fonction symbolique [330]. Le magistrat est cette personne dé-

329.Cette fonction peut être de deux ordres : fonction d'accusateur qui est dévolue au procureur de la République ou fonction de trancher le litige qui appartient au juge du siège.

330.Sur ce point voir notamment : P. Ricoeur, *Le juste*, Paris, Ed. Esprit, 1995 ainsi que *« Le juste entre le légal et le bon »*, Lecture 1, Paris, Seuil, 1993, p. 176-196 ; H. Arendt, *Juger, sur la philosophie politique de Kant*, Paris, Seuil, 1991 ; La fonction de

tentrice du pouvoir suprême [331]. Celle qui incarne la loi avec toute la puissance qui lui est afférente. Cette forme de représentation est structurante au sens psychanalytique du terme [332]. Elle constitue un repère stable et solide, une référence dans le monde du délinquant bien souvent dépourvu de sens. Le juge en tant que représentant symbolique vient ainsi poser des interdits et limites. Il vient préciser de manière claire en les nommant, les actes illicites pour ensuite les sanctionner[333]. Enfin, la généralité qui caractérise la fonction de la personne légale s'observe également par les outils dont celle-ci dispose pour mener à bien la tâche qui est la sienne. L'ensemble des juges, quelle que soit leur fonction, est amené à régler les problèmes qui lui sont soumis au moyen de deux outils particuliers que sont le code et le raisonnement judiciaire [334].

Différents juges soumis à une infraction de même nature analyseront les faits de manière identique. Ils se réfèreront au même article du code qui réprime l'acte commis. Ils opèreront la même qualification juridique. Ils vérifieront de la même manière, la présence ou non des éléments constitutifs de

---

juger, *Revue Droits n°9* ; L. Gruel, *Pardons et châtiments, Essai et recherches*, Nathan,1991 ; N. Herpin, *L'application de la loi, deux poids deux mesures*, Seuil ; M. Chassan, *Essai sur la symbolique du droit*, Paris, Videcoq, 1847 ; G. Del Vecchio, *La Justice-La Vérité. Essai de philosophie juridique et morale*, Paris, Dalloz, 1955.

331.Ce pouvoir de sanctionner qui est conféré au juge du siège ou pouvoir de requérir une peine qui appartient au représentant du Ministère Public.

332.A ce sujet c'est l'œuvre entière de Pierre Legendre qui doit ici être retenue. Sur ce point voir notamment : P. Legendre, *Jouir du pouvoir, traité de bureaucratie patriote*, Paris, Editions de Minuit, 1976 ; *L'Amour du censeur, essai sur l'ordre dogmatique*, Paris, Seuil, 1974 ; *Le crime du caporal Lortie*, Traité sur le père, Paris, Fayard, 1989 ; *La passion d'être un autre et ude pour la danse*, Paris, Seuil, 1978 ; *L'inestimable objet de la transmission*, Paris, Fayard, 1985 ; *Le désir politique de Dieu. Etudes sur les montages de l'Etat et du droit*, Paris, Fayard, 1988.

333.Sur ce point voir : J-M Varaut, « Lieu, moment et langage de la justice pénale. Esquisse d'une phénoménologie de l'audience », *GP* 5 avril 1990 ; C. Cherki-Nickles, « D'une scène à l'autre. Phénoménologie du procès », *in Psychiatrie française*, 1994, Vol n° 25, n°1, 8-13 ; J. Michelet, *Origines du droit français cherchées dans les symboles et formules de droit universel*, Paris, Calmann-Levy, 1900 ; F. Zenati, Le procès, lieu social, *Archives de Philosophie du Droit*, Paris, Sirey, LGDJ, 1995 ; M. Foucault, *Surveiller et punir, Naissance de la prison*, Paris, Gallimard, 1975 ; R. Girard, *La violence et le sacré*, Paris, Grasset, 1973.

334.V. *supra*, p. 130 et s.

l'infraction, selon le même raisonnement juridique. Ainsi dans l'absolu, la représentation qu'ils se font des faits et la manière qu'ils ont d'appréhender l'acte commis sont rigoureusement identiques. Cette perspective veut offrir une vision toute objective du phénomène criminel : l'assurance que des faits identiques seront traités pareillement.

Or, force est de constater que cette analyse repose sur une fiction. La fiction selon laquelle quel que soit le crime commis, il sera jugé de manière rigoureusement identique ; sous entendu que la sanction sera la même quel que soit le juge. Cela revient à admettre que les considérations propres à la personne du juge sont indifférentes et n'entrent absolument pas en ligne de compte dans le processus de determination de la peine : ce qui est absolument faux, comme tendent à le prouver les autres facettes de la personne du juge.

§- II. - La personne historique

C'est le juge en tant qu'homme qui est amené à juger de faits criminels. Cette personne historique se présente sous la forme d'une entité phénoménologique, dans le sens où le magistrat est amené à prendre les faits tels qu'ils se présentent.

Cette représentation du fait criminel a le mérite de sortir d'une approche toute générale et abstraite. L'analyse du crime et du criminel peut être ainsi menée dans une perspective plus subjective qui tient compte des circonstances particulières de l'espèce. Il s'agit toutefois de s'interroger sur les moyens de mise en œuvre qu'implique cette représentation historique. Une réflexion sur la méthode impliquée par une telle conception permet en effet de rendre compte de certaines implications inhérentes à ce type de représentation. En d'autres termes, l'analyse de cette représentation particulière du fait criminel, avec tout ce qu'elle implique, permet de mettre à jour une certaine façon de voir et d'appréhender l'acte réalisé. Ainsi, à l'instar de la réflexion menée pour la personne historique délinquante ou la victime, il est possible de constater que le souci d'effectuer une determination subjective de la peine se trouve limitée par des outils méthodologiques, de nature objectifs. Cette caractéristique objective, est la plupart du temps, totalement ignorée par le juge. Il s'agit de l'ensemble des mécanismes de jugement que l'on peut qualifier d'implicites ou inconscients qui gouvernent son choix dans la determination de la peine. En effet, de la même manière que le délinquant se retrouve figé par l'expertise qui le réduit à une somme de catégories prédéterminées, le juge, personne historique dans le cadre du processus de jugement, obéit également à des structures prédéterminées [335] qui prennent la forme de catégorisations et stéréotypes [336]. La personne historique du juge s'élabore alors de la même manière que celle du délinquant, c'est-à-dire par une certaine généralisation de ses comportements. Cette généralisation inconsciente ou implicite qui gouverne les processus de jugement peut s'observer au moyen d'une approche psychosociale.

Ce type d'approche présente en l'espèce un intérêt majeur. Il permet en effet de rendre compte de la connaissance que les juges ont des délinquants et de la façon selon laquelle ils s'en servent ensuite pour établir des inférences à propos de la personnalité de ceux-ci [337]. Sa spécificité consiste donc à mettre en relation différents aspects du psychisme (cognitif, motivationnel, émotionnel...) avec l'insertion sociale des individus (relations inter-individuelles, groupes, institutions...) dans un environnement donné. Un premier jugement est présent à l'esprit du magistrat avant même que celui-ci soit amené à juger, c'est-à-

---

335.Sur ce point voir : N. Herpin, *L'application de la loi, deux poids deux mesures*, Seuil ; L. Gruel, *Pardons et Châtiments, Essai et Recherches*, Nathan, Paris, 1991 ; J-P. Leyens, *Sommes nous tous psychologues ?*, Mardaga, 1986 ; A. Bertone, M. Mélen, J. Py, A. Somat, *Témoins sous influences. Recherche de psychologie sociale et cognitive*, 1995, Presse Universitaire de Grenoble ; E-F. Loftus et K. Ketchman, *Le syndrome des faux souvenirs et le mythe des souvenirs refoulés*, Paris, Ed. Exergue,1997.

336.I. Dréan-Rivette, « Les mécanismes de jugement dans l'élaboration de la sentence pénale », *Mémoire de DESS de Cliniques Criminologiques*, Rennes, 2000.

337.Cette approche psychosociale se distingue des théories psychologiques qui ont toutes pour objet d'étude le délinquant dont elles essayent d'expliciter le passage à l'acte. Ces théories peuvent être d'inspiration psychologique stricto sensu ; elles s'attachent alors à la formation de la mentalité dissociale.

Elles peuvent également être d'inspiration psychanalytique ; elles s'intéressent alors à l'homme dès son plus jeune âge et au processus de maturation dont ce dernier a été l'objet.

dire à prononcer une décision [338] résultant du mécanisme du jugement judiciaire connu des juristes. Ce raisonnement juridique s'illustre par le syllogisme judiciaire.

Un premier jugement implicite, voire inconscient, précède en effet le jugement judiciaire officiel et connu de tous. Ce premier jugement, que l'on peut qualifier de préjugement, va déterminer le second. Il va exercer sur lui une influence déterminante dont il s'agit de rendre compte [339]. Ce premier jugement de type psychosocial obéit à un certain nombre de critères que les concepts de catégorisations et de stéréotypes viennent expliciter [340]. Avant d'opérer une quelconque qualification juridique, le juge comme tout être humain va être amené à procéder, sans même s'en rendre compte, à un processus de catégorisation. Il s'agit en fait d'un ensemble de simplifications. Cette catégorisation est inhérente au genre humain. En effet, comme le montre Schneider pour » interagir de façon continue, compétente et efficace nous devons percevoir notre environnement et les personnes que nous côtoyons ou dont nous avons entendu parler comme une structure simple, dotée de stabilité et de simplification ». En d'autres termes, pour interagir sans trop d'hésitation avec autrui, il est indispensable de posséder une représentation mentale de ce qu'est cet autrui et de son mode de fonctionnement. La catégorisation permet donc d'embrasser le plus grand nombre d'informations et cela au moyen d'une schématisation. Ce faisant, elle réduit la complexité de notre environnement et permet d'identifier les objets qui nous entourent. Elle évite de remettre toujours en question les apprentissages acquis. La catégorisation permet enfin d'ordonner et de mettre en relation

338.Il s'agit ici du processus intellectuel mis en œuvre par le juge pour aboutir à un résultat judiciaire. Ce résultat prend la forme d'une peine, mais il peut également être une relaxe.

339.A ce sujet, Antoine Garapon rappelle : » Celui qui juge n'est jamais vierge de tout préjugé. *Il est ainsi paradoxalement moins difficile pour lui* [le juge] de prendre une décision que d'en changer ! Le jugement judiciaire s'articule sur un jugement social préalable, le plus souvent inconscient », *Bien Juger. Essai sur le rituel judiciaire*,1997, Collection Opus, Odile Jacob, p. 311.

340.Ce type de jugement doit être distingué d'un simple jugement de valeur positif ou négatif porté sur l'objet à juger et qui est fondé uniquement sur des considérations de nature purement subjectives. C'est-à-dire une opinion sans examen qui s'opère par généralisation hâtive d'une expérience personnelle.

des classes d'évènements pour construire un monde signifiant, stable et explicable.

Appliquée au monde judiciaire cette première étape gouvernée par la catégorisation prendrait la forme d'une assimilation faite par le juge de l'individu qu'il a à juger, à une catégorie. Le juge comme tout individu établirait ainsi des catégories générales auxquelles rattacher les délinquants : catégorie des hommes, catégories des femmes, des personnes jeunes.... Puis, il serait amené dans l'exercice de ses fonctions à prolonger son raisonnement en développant d'autres types de catégories plus précises cette fois : la catégorie des voleurs, des escrocs, des meurtriers...

A cette première étape viendrait s'en ajouter une seconde complémentaire appelée « stéréotypisation ». Cette dernière se caractérise par l'attribution à la cible des traits de personnalité jugés représentatifs de la catégorie et même en l'absence d'information particulière à propos de la cible. Jacques Philippe Leyens définit les stéréotypes comme « des théories implicites de personnalité que partage l'ensemble des membres d'un groupe à propos de l'ensemble des membres d'un autre groupe ou du sien propre ». Les stéréotypes répondent aux mêmes fonctions que celles des catégories précitées, ils « maintiennent notre cohésion et notre image, ils nous distinguent des autres et justifient nos croyances, notamment et surtout celles qui font de nous un groupe à part, meilleur, davantage responsable (...) en mettant de l'ordre et de la cohérence dans notre univers »[341]. Ainsi, par exemple, les catégories sexuelles se verraient associées à des traits sensés les définir. Les femmes seraient ainsi toujours considérées comme plus douces, moins dangereuses que les hommes et présentant moins de risques de récidiver ; soit autant de croyances qui ne reposent sur aucun fondement précis [342].

341.J-P. Leyens, *Sommes-nous tous psychologues ?*, Mardaga, 1986.

342.Antoine Garapon donne une illustration de ce principe : « le procès d'assises s'ouvre sur la lecture de l'arrêt de renvoi qui résume les faits et, souvent, établit déjà largement la culpabilité. Cette lecture est immédiatement suivie de l'examen de la personnalité de l'accusé : comment ne pas relire les éléments biographiques à la lumière

Ces deux concepts de catégorisations et stéréotypes rendent bien compte de la construction du jugement implicite psychosocial qui précède le jugement judiciaire et exerce une influence déterminante, par les croyances théoriques qu'il implique. Comme tout homme, le juge est amené dans l'exercice de ses fonctions à être déterminé de manière implicite par un certain nombre de catégorisations et de stéréotypes. Ceux-ci vont ainsi gouverner pour une grande partie le processus de determination de la peine. La sanction prononcée résulte bien évidemment d'un raisonnement judiciaire construit et précis. Mais elle est d'abord le produit de l'influence directe de ces déterminants implicites que sont les catégories et stéréotypes.

Il en résulte une certaine inadaptation de la peine à la nature profonde de l'auteur de l'infraction. En effet, à première vue la peine donne l'apparence d'être adaptée à la spécificité du délinquant. Elle est effectivement le produit d'un raisonnement juridique rigoureux. L'ensemble des éléments constitutifs nécessaires pour entrer en voie de condamnation est présent. La décision judiciaire qui en résulte prend d'ailleurs la forme d'un consensus de validation sociale. En fait, cette peine est adaptée à la vérité des faits et à la catégorie prédéterminée de délinquant à qui elle s'adresse [343]. Elle n'est en revanche pas toujours adaptée à la vérité du sujet délinquant comme le préconise le principe de personnalisation des peines [344]. La peine se trouve en effet dé-

---

du crime reproché ? On est tenté de chercher plus ou moins consciemment dans la vie de l'accusé, dans sa conduite à l'école maternelle, dans ses déboires conjugaux, dans le fait qu'il n'a pas pleuré à l'enterrement de sa mère, les prémices de cette « nature criminelle ». Ainsi, l'examen de personnalité, introduit initialement pour résister à cette dérive sacrificielle, se retourne en son contraire et renforce le mécanisme qu'il prétendait combattre ». *Bien Juger. Essai sur le rituel judiciaire*,1997, Collection Opus, Odile Jacob, p. 252-253.

343.« Bien juger exige de motiver sérieusement les jugements, non pas seulement de fournir une argumentation solide juridiquement, mais de dire celle qui a réellement guidé le juge. Il est toujours possible de trouver un habillage qui « tienne la route juridiquement » et qui permette de justifier une décision prise en réalité pour d'autres motifs », A. Garapon, *Bien Juger. Essai sur le rituel judiciaire*, Odile Jacob, Paris, 1997, p. 313-314.

344.Ce décalage entre la vérité des faits et la vérité psychique du sujet ne se trouve qu'accentuée avec le Code pénal de 1994 qui a étendu le pouvoir de qualification du juge. C'est ici tout l'enjeu de la personnalisation qui consiste à donner au juge à la fois plus de pouvoir et en même temps trop de pouvoir pour personnaliser de manière adap-

terminée de manière implicite par un certain nombre d'éléments extérieurs comme les catégories, stéréotypes et autres croyances qui n'ont rien à voir avec une adaptation à la personne du délinquant. L'ensemble de ces éléments extérieurs, qui joue un rôle de filtre, se caractérise en effet par une généralisation en opposition directe avec le principe de personnalisation.

§- III. - Le personnage judiciaire

Ce personnage particulier s'attache à montrer le rôle joué par le juge sur la scène judiciaire. Il mesure l'influence que le magistrat exerce sur le processus de determination de la peine. Cette perspective spécifique d'analyse a rarement fait l'objet de développements [345]. Le processus pénal met au centre de la réflexion le délinquant sur qui toutes les attentions sont portées. A ses cotés, depuis quelques années, la victime tend à se voir reconnaître une place et un rôle grandissants [346]. Mais le juge quant à lui ne suscite que très peu d'études.

L'analyse de son rôle dans le déroulement du processus judiciaire offre pourtant un intérêt fondamental. Porter la réflexion sur cet acteur judiciaire particulier, c'est offrir la possibilité d'avoir un éclairage différent sur le processus de determination de la peine. La sanction concerne certes en premier lieu le délinquant pour lequel elle se doit d'être adaptée dans la perspective de personnalisation initiée par le Code pénal. Cette adaptation n'est toutefois rendue possible que par l'intermédiaire du juge. L'influence de ce troisième acteur est donc déterminante dans le processus de determination de la

---

tée. Des éléments de réponse à ce paradoxe seront apportés avec l'étude de la personne pénale, voir *infra*, p. 199 et s.

345.A l'exception de ceux d'Antoine Garapon dans son ouvrage précité Bien juger, essai sur le rituel judiciaire. A ce titre, l'auteur souligne « Le personnage du rituel judiciaire est un personnage de théâtre qui n'existe que pour jouer. Il n'est qu'extériorité. Taillé d'une seule pièce à l'image de la robe qu'il porte, il ne parle que d'une seule voix, sans laisser de place à une quelconque ambivalence, pourtant inhérente à tout être humain. Le rituel établit des rapports extérieurs, presque impersonnels, des rapports entre masques. En ce sens, le personnage judiciaire est une figuration du sujet de droit », *op. cit.*, p. 89.

346.Sur ce point V. *supra* p. 179 et s.

peine puisque c'est à lui que revient le choix de la peine. Poursuivant la métaphore théâtrale inspirée par l'étude des personnages judiciaires délinquant et victime, il est possible de reconnaître au juge un rôle tout particulier. Sur la scène judiciaire le juge est le personnage détenteur d'un pouvoir et d'une autorité. Il incarne symboliquement [347] le représentant de la loi. Il bénéficie ainsi d'une certaine forme de toute puissance. Le juge est le sanctionnateur, celui qui est en charge de distinguer le bien du mal.

Les attributs de ce pouvoir se manifestent de multiples manières. La mise en scène judiciaire lui accorde le premier rôle. Dans ce spectacle judiciaire, il est le seul dont l'entrée est signalée par une sonnerie ; une entrée qui s'accompagne de l'obligation de se lever pour toutes les personnes présentes dans l'enceinte judiciaire. Le juge prend ensuite place sur une estrade du haut de laquelle il surplombe les autres acteurs que sont notamment la victime et le délinquant. Il est le personnage central autour duquel s'élaborent les débats sur les faits qu'il dirige comme un chef d'orchestre et à qui la décision finale reviendra. C'est en effet au juge qu'appartient le pouvoir de dire où se situe le bien et le mal, de poser une limite précise par le prononcé de la sanction. Il est le symbole même de l'autorité [348] qu'il incarne.

Le rôle de tout puissant reconnu au juge s'étend même aujourd'hui en dehors de l'enceinte judiciaire. Les médias tendent à accorder à ce personnage judiciaire une importance toute particulière. Il font de lui la personne capable de mettre en examen des hauts fonctionnaires de l'Etat et politiques. Il s'agit ici d'autant d'éléments caractéristiques, de nature objective, qui permettent de repérer et nommer clairement le pouvoir accordé

347.Sur les rapports psychanalyse et justice voir : J. Clavreul, *Le Désir et la Loi, Approches psychanalytiques*, Paris, Denoël, 1987 ; D. Lagache, *Le psychologue et le criminel*, Œuvres II : 1947-1952, Paris, PUF, 1979 ; F. Alexander et H. Staub, *Le criminel et ses juges*, Gallimard, Paris, 1934 ; J. Laplanche, Réparations et rétributions pénales : une perspective psychanalytique, *Archives de Philosophie du Droit*, 28, p. 109-123 ; R. Allendy, *La justice intérieure*, Editions du Piranha, 1980.

348.Antoine Garapon parle de médiateur entre le divin et le terrestre.

au juge, de prendre toute la mesure du rôle qui est le sien au sein de la scène judiciaire.

Mais cette analyse permet en outre, de prendre conscience de l'importance du juge tel qu'elle est instituée par le rituel judiciaire. Analyser le juge et ses fonctions sous l'angle du personnage judiciaire qu'il représente permet de mettre en lumière des facettes de ses fonctions jusqu'ici inexplorées et qui exercent une influence capitale sur la determination de la peine. C'est ainsi par exemple que se révèle l'aspect de toute puissance inhérent au rôle joué par le juge. Ce ne sont en effet, pas les justiciables plongés dans ce monde qui leur est bien souvent étranger qui vont être en mesure d'apprécier l'influence de ce personnage qu'est le juge. Ils ne peuvent développer à son égard un regard distancié. Ils ne se rendent pas compte de l'influence qu'exerce le juge. Pas plus que le juge lui même, qui absorbé et modelé par le rituel judiciaire depuis le premier jour de sa carrière [349], n'est quant à lui, plus en mesure de se rendre compte de cet impact dans sa façon de juger.

Cette perspective d'analyse du personnage judiciaire permet de se représenter le juge dans l'exercice de ses fonctions d'une manière nouvelle. Elle offre une représentation singulière du processus de determination de la peine au sein de laquelle le juge joue un rôle dominant. Tout est fait pour lui donner le rôle le plus important, ce qui ne peut que favoriser chez lui le développement d'un certain sentiment de supériorité. Or, ce sentiment de supériorité du juge s'oppose au sentiment d'infériorité du délinquant précédemment cité, ce qui rend dès lors, bien difficiles les conditions d'un échange entre les deux personnages pour comprendre l'acte et ainsi mieux déterminer la peine.

---

349. Antoine Garapon dans son ouvrage précité accorde un certain nombre de développements à ce sujet. Il s'intéresse aux différentes étapes qui viennent marquer la carrière d'un magistrat. « De la prise de fonctions symbolisée par la prestation de serment, aux audiences d'installation ou solennelle qui se déroulent tous les ans, à l'enterrement d'un magistrat (ou sa robe est déposée sur le catafalque, rappelant ainsi à ses collègues qui l'entourent également revêtus de la robe, que celle-ci les suivra jusque dans l'éternité), tout est fait pour promouvoir et renforcer le sentiment d'appartenance à un corps supérieur », *Bien juger. Essai sur le rituel judiciaire*, Collection Opus, Odile Jacob, 1997, p. 95.

§- IV. - La personne pénale

C'est l'homme comme substance. Il s'agit du juge qui s'appréhende et découvre ce qui constitue l'essence même de sa personne. Cette personne pénale est le résultat d'une analyse personnelle réalisée par le magistrat. Cette analyse réflexive porte sur le juge en situation professionnelle. La pensée s'organise alors autour de deux directions : une interrogation sur la personne du juge à laquelle s'ajoute une interrogation sur la fonction et la pratique professionnelle [350] de celui-ci.

L'interrogation sur la personne doit être première. C'est à partir d'elle que s'organisera la peine. La personne du juge, comme tout individu, est un être social qui se développe et organise sa pensée au moyen de représentations spécifiques telles que les catégorisations ou stéréotypes précités. Mais le juge est également une personne parcourue par divers sentiments de responsabilité, de culpabilité, de peur dont la forme propre et l'intensité s'inscrivent dans le cadre de sa personnalité individuelle, originale et unique construite au cours de son histoire particulière. Le juge est comme chaque individu, déterminé par des composantes psychologiques qui lui sont personnelles. Or, ces déterminants exercent une influence capitale. Ils constituent l'un des principaux moteurs de l'activité professionnelle du juge et des décisions qui seront prises. La pratique professionnelle du magistrat se trouve donc pour une large part gouvernée par ses propres composantes psychologiques. Aussi, un travail d'introspection réalisé par le juge lui permet de développer une conscience toujours plus affinée des mécanismes psychologiques qui le mobilisent dans l'exercice de ses fonctions. Ces mécanismes psychologiques qui sont à l'origine de conceptions préétablies, de ce qu'il est possible d'appeler des préjugés, prendront ensuite la forme de préjugement dans le cadre judiciaire. C'est la raison pour laquelle la réflexion menée sur la personne du juge doit être poursuivie par une interrogation sur sa fonction et sa pratique professionnelle. En effet, l'éthique

---

350.Sur ce point se rapporter à l'étude de M-T. Mazerol, *Le juge des enfants: Fonction et personne, approche clinique*, Centre de Recherche Interdisciplinaire de Vaucresson, 1986.

professionnelle du juge, comme son identité comporte une dimension personnelle qu'il s'agit de prendre en compte. Ainsi, l'éthique des magistrats tourne-t-elle autour de deux propositions essentielles que sont le respect de la loi et le respect de la personne humaine. Or, la signification de ces propositions dont tous les magistrats se réclament n'est absolument pas identique pour chacun d'eux. Cette signification est par essence subjective. D'ailleurs, comme le souligne Antoine Garapon, la loi implique cette dimension subjective, personnelle dans l'acte de juger. Des expressions comme « intime conviction » où « for intérieur » traduisent bien l'idée d'un tribunal intérieur (le for, étymologiquement c'est le tribunal [351]). En effet, la façon d'exercer la fonction de juge diffère assez considérablement d'un magistrat à l'autre dans la mesure où elle est liée à des prises de position dont les déterminants s'enracinent au plus profond de l'être. Seulement le magistrat n'en prend pas nécessairement conscience [352].

Aussi, un travail de sanction, c'est-à-dire d'analyse réflexive sur le processus de determination de la sanction permettrait-il d'éviter un certain nombre de difficultés. Celui qui juge n'est jamais vierge de tout préjugé comme le souligne Antoine Garapon. L'auteur rappelle en effet que « le jugement judiciaire s'articule sur un jugement social préalable, le plus souvent inconscient. C'est la raison pour laquelle bien juger réclame d'abord non pas tant une progression vers la décision qu'une régression vers ce jugement déjà là, ce préjugement, sinon ce préjugé. La première exigence du bien juger, c'est de formuler ce jugement implicite qui concurrence l'opération consciente pour lui substituer une délibération. Prise de conscience d'autant plus difficile qu'elle renvoie le juge à sa propre finitude, voire son impuissance (...) Sans ce travail intérieur, l'acte

351.A. Garapon, *Bien juger. Essai sur le rituel judiciaire*, 1997, Collection Opus, Odile Jacob, p. 310.

352.« Bien juger exige de motiver sérieusement les jugements, non pas seulement fournir une argumentation solide juridiquement, mais de dire celle qui a réellement guidé le juge. Il est toujours possible de trouver un habillage qui tienne la route juridiquement et qui permette de justifier une décision prise en réalité pour d'autres motifs », *op. cit.*, p. 313 et 314.

de juger s'expose à n'être que le jouet de logiques institutionnelles qui sont le plus souvent masquées » [353]. L'effort de bien juger demande au juge de « s'ériger en tiers » par rapport à lui même. Le juge n'atteindra au statut de tiers que grâce à une ascèse personnelle, une éthique » [354] : un travail de sanction.

Ce travail est une tâche difficile [355]. Elle exige à la fois « volonté et refus. Bien juger réclame autant un acte qu'une abstention. Juger, c'est se montrer apte à s'abstraire de soi, du monde, de l'impression d'audience [356] ». Ce n'est qu'après ce travail d'introspection que le juge sera en mesure de pouvoir appréhender et comprendre la subjectivité du délinquant (et de la victime). La personne (juge) comme substance, dégagée de tout préjugé, accède plus facilement à la subjectivité de l'autre qu'il a à juger.

Chapitre II. - Une approche institutionnelle de la personnalisation

Le processus de personnalisation de la peine ne prend sens et ne peut exister que dans un cadre institutionnel. L'institution judiciaire dans un premier temps, à laquelle succède l'institution pénitentiaire, permet l'application concrète du principe général de personnalisation. Il paraît en conséquence difficile de faire l'économie d'une réflexion sur ces institutions au sein desquelles la personnalisation prend forme.

Les développements précédents consacrés à l'approche multipersonnelle de la personnalisation [357] ont révélé la grande complexité d'approche du délinquant ; la façon selon laquelle celui-ci n'est pas saisissable en soi, mais s'appréhende dans un mouvement entre plusieurs réalités. Il semble que la mise en œuvre du principe de personnalisation de la peine soit gouvernée par le même principe de complexité. Elle est dans la rencontre des

353.*Op. cit.*, p. 311-312.

354.*Op. cit.*, p. 311,312 et 313.

355.*Op. cit.*, p. 314.

356.Ibid.

357.Voir *supra*, p. 155 et s.

différentes représentations que l'institution se fait de l'homme à juger, ainsi que dans la réflexion portée sur cette rencontre.

Un parallèle est possible entre les rapports qu'entretiennent l'institution scolaire et sa fonction première qui est le savoir. Par nécessités matérielles, organisationnelles, compte tenu de l'étendue actuelle des connaissances, l'institution scolaire se voit contrainte de « découper » voire compartimenter le savoir à enseigner en matières, disciplines, sections... Il en résulte pour l'élève une vision d'ensemble extrêmement éparse, parcellaire dépourvue de toute cohérence ce qui est absolument l'inverse ; l'ensemble de ces disciplines formant en effet un tout ; chacune d'entres elles répondent au souci de toujours mieux comprendre le monde. Il semble que la mise en œuvre de la personnalisation de la peine aboutisse au même paradoxe si aucune explication n'est fournie. À l'instar de l'élève, le délinquant (en phase présentencielle) puis le détenu (en phase post-sentencielle) se retrouve soumis aux aléas institutionnels, qui si l'on n'y prend pas garde, dénaturent le sens même de la personnalisation. Le sujet délinquant fait l'objet d'analyses et représentations extrêmement diverses en fonction des différents intervenants institutionnels judiciaires ou pénitentiaires. Chacun d'eux (le représentant du Ministère public, l'avocat, le juge d'application des peines et le psychologue) se représente le délinquant en fonction d'une logique qui lui est propre. L'Avocat Général ou le Procureur verra dans le délinquant la personne qui a enfreint la loi et porté un préjudice à l'ordre public. L'avocat verra le client à défendre. La défense consistant bien souvent à obtenir la peine minimale. Le juge d'application des peines quant à lui raisonnera en termes de réinsertion prenant en cela appui sur le comportement du délinquant au cours de l'exécution de sa peine.

Chacun d'eux aborde une facette de l'homme délinquant, qu'il analyse avec un regard qui lui est propre. Ils répondent en cela aux exigences institutionnelles : l'institution judiciaire a fait de l'Avocat Général ou du Procureur des représentants de la société, de l'avocat un défenseur... Ces regards différents sont nécessaires pour prendre toute la dimension de l'acte commis (dimension sociale, psychologique, familiale, légale) et représenter ainsi les différentes parties (délinquant, victime, société).

Ils présentent toutefois deux inconvénients majeurs ; celui d'enfermer chacun des intervenants dans sa logique, ou plus largement une culture professionnelle que l'institution lui impose [358]. Le second inconvénient consiste à compartimenter les réflexions et les regards sur le délinquant à juger. Le risque est ainsi de ne donner qu'une vision et représentation parcellaire de ce dernier, empêchant ainsi véritablement le processus de personnalisation de la peine de prendre tout son sens [359]. C'est ici que doit résider tout l'intérêt d'une analyse psycho-criminologique . Celle-ci va consister à montrer que chacun des intervenants institutionnels déploie une logique propre qui est utile et nécessaire pour une meilleure connaissance de l'homme à juger. C'est par la même occasion révéler toute la diversité mais également toute la complexité de l'homme délinquant. En ce sens, la personnalisation ne se situe pas dans un discours. Elle est dans le mouvement qui fait passer d'un discours à l'autre [360].

Le processus de determination de la sanction s'élabore à l'intérieur de l'institution judiciaire. Celle-ci obéit à une organisation qui lui est spécifique, établissant des règles propres pour la communauté qu'elle est amenée à gouverner. Cette institution juridique, qui se caractérise par une certaine organisation du droit suite à la commission d'une infraction, se traduit par des réalités assez variées. A dominante juridico-judiciaire dans un premier temps, l'institution concerne le prononcé de la peine ;

358.Sur ce point voir : A. Bertone, M. Melen, J. Py et A. Somat, *Témoins sous influences*, Grenoble, Presse Universitaire de Grenoble, 1995 ; A. Kojeve, *Esquisse d'une phénoménologie du droit*, Paris, Gallimard, 1982, C. Hennion et Y. Lemoine, *Juges et procureurs. Histoire d'une perversion*, Paris, recherches, 1980.

359.Tous les intervenants appartiennent au même cercle institutionnel même si chacun d'entre eux obéit à une logique qui lui est propre : « le vêtement enveloppe, un peu comme une poche maternelle, tous les professionnels du procès dans un seul corps. Ils n'ont plus qu'un seul corps, la robe, qu'un seul langage, le droit et qu'une seule âme, la justice », A. Garapon, *Bien juger, essai sur le rituel judiciaire*, Odile Jacob, Paris, 1997, p. 86.

360.V. *infra* note n° 309.

elle devient juridico-pénitentiaire dans un second temps au cours de l'exécution de la peine.

Au sein de cette diversité et variété juridique, l'approche psycho-criminologique permet de réaliser une analyse institutionnelle globale venant ainsi donner une cohérence aux différentes actions des intervenants. La globalité de l'analyse se caractérise par la prise en compte et l'influence de chacune des deux phases constituant le processus de determination de la peine.

L'approche psycho-criminologique permet en effet de donner toute sa cohérence à ce long processus qu'est la determination de la sanction ; processus à long terme initié par la commission d'une infraction, qui débute véritablement avec la phase de prononcé de la peine et se poursuit bien au-delà durant toute la phase d'exécution de la sanction. En ce sens, il rend possible la rencontre de discours, d'analyses et de perceptions différentes qui sont portés sur le sujet délinquant. Par son analyse, il contribue à ce que la peine s'inscrive dans une logique globale, c'est-à-dire dans un parcours de vie pour qu'elle puisse prendre véritablement sens.

Si l'analyse institutionnelle opérée par l'approche psycho-criminologique est globale, elle est également distanciée. L'approche psycho-criminologique œuvre dans le monde juridique sans y appartenir. C'est ici le fondement même de son intervention. C'est bien précisément parce qu'il n'appartient pas au monde juridique [361] que le psychocriminologue peut porter sur celui-ci un regard critique. Il est ainsi un analyste dans le monde juridique qu'il observe avec distance pour y repérer les enjeux implicites voire inconscients qui se mettent en place et qui peuvent nuire au bon déroulement du processus de determination de la sanction. Avec cette analyse institutionnelle de la personnalisation il s'agit donc de mettre à jour et de montrer, au moyen de l'approche psycho-criminologique, la façon selon laquelle deux logiques l'une institutionnelle l'autre personnelle peuvent être amenées à se rencontrer voire se confronter. Com-

361. Dont il a cependant une parfaite connaissance.

ment chacune d'elle tente de répondre à un souci de determination de la peine en fonction de la nature de l'agent, avec une logique qui lui est propre. La logique institutionnelle trouve comme fondement à la personnalisation une bonne adaptation aux exigences inhérentes à l'institution juridique, c'est-à-dire tout ce qui peut être extérieur à la personne délinquante. En cela, elle s'oppose à la logique personnelle du sujet délinquant qui fonde la personnalisation sur une adaptation à la nature de sa personnalité, c'est-à-dire ce qui peut être intérieur à la personne délinquante. Il s'agit de montrer la façon selon laquelle les divers intervenants du processus de determination de la peine ont des champs de compétences différents qui se manifestent par des interventions qui peuvent paraître disparates voire antagonistes mais qui au final s'inscrivent toutes dans un projet global de personnalisation.

Section I. - ***Une approche psycho-criminologique au niveau du prononcé de la peine***

La phase qui aboutit au prononcé de la peine est le produit d'une logique institutionnelle judiciaire complexe en ce qu'elle fait intervenir une pluralité d'acteurs qui répondent chacun à des fonctionnements qui leur sont propres [362].

362.Chaque intervenant judiciaire est presque une institution à lui tout seul. Ainsi le représentant du ministère public dont le rôle est répressif vient s'opposer à l'avocat chargé de défendre l'accusé ou le prévenu. De la même manière, le Président (du tribunal ou de la cour) par ses fonctions, est contraint à analyser les faits sous l'angle d'une certaine objectivité. En cela, il s'oppose à l'expert psychologue ou psychiatre qui quant à lui, tente d'appréhender la subjectivité de délinquant. Chacun de ces intervenants institutionnels dans l'exercice de leurs fonctions supportent deux types d'influences. Des influences inhérentes à l'institution à laquelle ils appartiennent, en l'espèce il s'agit de l'institution judiciaire. Ils ont à ce titre une parfaite conscience du rôle dont l'institution les a chargé. En revanche, ils ont une conscience beaucoup moins claire (pour ne pas dire inexistante) de l'influence qu'exerce sur eux c'est-à-dire sur leur personne et sur leur mode de raisonnement ce rôle institutionnel qui leur est dévolu.

Cette analyse portée sur chacun des intervenants de la phase judiciaire est à distinguer de celles réalisée précédemment. Il s'agissait dans un premier temps de réfléchir sur des personnes plus particulièrement le délinquant et la victime pour montrer toute la complexité de leur fonctionnement.

Cette analyse se devait d'être poursuivie par une réflexion sur les acteurs institutionnels. Ces personnes ne trouvent en effet leur fondement et leur existence qu'au sein de l'institution judiciaire qui leur donne véritablement vie. La personnalisation est

C'est précisément cette logique institutionnelle judiciaire qu'il s'agit de prendre en compte, au moyen de l'approche psycho-criminologique, pour permettre à la personnalisation de prendre tout son sens. A ce stade de la procédure, faire une application correcte du principe de personnalisation consiste, de manière aussi paradoxale [363] et surprenante que cela puisse paraître, à ne pas perdre de vue la personne à juger. Il s'agit d'éviter que l'omniprésence du rituel judiciaire ne vienne faire oublier la raison même de son existence, c'est-à-dire le sujet délinquant.

En effet, le Code pénal avec les dispositions de l'article 132-24 pose de nouveaux impératifs de compréhension de la personne délinquante qui peuvent paraître peu compatibles avec la traditionnelle logique institutionnelle judiciaire qui répond quant à elle à des impératifs de sanction. Le prononcé de la peine constitue en effet un acte institutionnel. Un acte précis qui intervient dans une institution obéissant à une dynamique propre, avec des acteurs institutionnels ayant chacun des rôles et fonctions spécifiques.

Ainsi, la prise en compte de ces deux logiques, juridico-judiciaire d'un coté et extra- judiciaire de l'autre, révèle tout l'enjeu mais également toute la difficulté de la mise en œuvre du principe de personnalisation.

---

représentée par des personnes qui elles-mêmes n'existent que parce qu'elles agissent dans un cadre institutionnel précis. Ce dernier donne vie et sens à leur action. C'est donc à partir de ce cadre de référence que doit s'analyser le processus de determination de la peine. Sur ce point voir : C. Cherki-Nickles, « D'une scène à l'autre. Phénoménologie du procès », *in Psychiatrie française*, 1994, Vol n°25, n° 1, 8-13 et du même auteur, « Phénoménologie du procès pénal », *in Criminologie et psychiatrie*, Ellipses, 1998, p. 595-600 ; C. Gadbois et S. Prunier-Poulmaire, Le temps du procès : une activité cognitive à l'épreuve des heures et des jours. Un procès au crible des sciences humaines : l'affaire Mc Ruby, *Droit et culture 1998*, n° 36, p. 95-111.

363.Le paradoxe est ici le suivant. Le fondement même du jugement réside dans la compréhension de l'acte commis. A la lumière du principe de personnalisation il s'agit de gouverner la determination de la peine à partir et pour la personne délinquante qui doit faire l'objet de toutes les attentions. Mais le processus pénal s'organise dans un cadre institutionnel, lui même soumis à des impératifs d'approches de l'auteur de l'infraction qui peuvent se révéler contradictoires. Le risque est alors important d'assister à un dérapage de logiques institutionnelles qui viennent plus se confronter entre elles qu'étudier véritablement le prévenu ou accusé.

§- I. - Logique institutionnelle juridico-judiciaire de type répressif

L'analyse de la phase du prononcé de la peine permet de constater que celle-ci comporte des impératifs institutionnels strictement juridiques. Ces impératifs, qui obéissent aux fonctions les plus traditionnelles du droit, sont représentés et incarnés par deux intervenants précis que sont le président du tribunal ou de la cour et le représentant du ministère public [364].

Traditionnellement, le juge dans l'exercice de ses fonctions doit répondre à un impératif de neutralité et d'impartialité. L'institution judiciaire impose à cet intervenant central d'instruire le dossier aussi bien à charge qu'à décharge pour le délinquant. On retrouve ici historiquement le premier type de determination de la peine, à caractère exclusivement objectif.

La fonction du représentant du ministère public, quant à elle, présente un caractère traditionnel par son aspect répressif. Historiquement, la peine avait en effet exclusivement pour mission de sanctionner l'acte ayant causé un préjudice à la société. Les fonctions de réinsertion, de resocialisation qui ont pu être attribuées à la peine ne l'ont été que secondairement.

A. - Le président : la personne historique

Il s'agit ici de montrer la façon selon laquelle cet intervenant central met en œuvre un raisonnement exclusivement objectif nécessaire d'un point de vue institutionnel mais peu compatible avec l'application du principe de personnalisation. Le président finit par s'enfermer dans un raisonnement exclusivement objectif, ne le rendant par conséquent plus en mesure d'apprécier la logique du délinquant qui, quant à elle, obéit à une analyse subjective.

364.C. Hennion et Y. Lemoine, *Juges et procureurs. Histoire d'une perversion*, Paris, recherches, 1980.

1. - L'intangibilité du raisonnement objectif

L'institution juridique oblige le président à penser en termes objectifs [365]. Le but est d'éviter tout jugement de valeur, toute généralisation abusive à partir d'un point de vue personnel. En cela le mode de pensée imposé par l'institution au magistrat est indispensable.

Ainsi, le juge entendu comme acteur institutionnel, pense exclusivement de manière objective. Il aborde donc le fait criminel d'un point de vue strictement juridique, c'est-à-dire matériel. Pour lui, la vérité est une vérité judiciaire qui est constituée d'éléments intangibles. La réalité juridique part des éléments du dossier résultant de l'enquête de police. Ces réalités et vérités matérielles sont constituées d'éléments précis incontestables : c'est la présence du cadavre, les empreintes de l'agresseur retrouvées sur les lieux du crime, ce sont des témoignages concordants de plusieurs personnes assurant de la présence de l'accusé ou du prévenu à l'endroit de la commission de l'infraction. Ce sont autant d'éléments de preuve, mais de preuve de l'imputabilité matérielle du délinquant.

L'appréciation du passage à l'acte criminel s'analyse de la même manière sous un angle purement objectif. Dans cette perspective, le crime se caractérise par le résultat d'une action. Le crime est alors constitué par le coup de couteau porté dans la région vitale du corps, par le coup de revolver... Dans ces circonstances, la preuve de l'action de tuer est toujours rapportée et établie de façon exclusivement objective.

De la même manière qu'elle est rattachée à la personne délinquante par des éléments de preuve de nature objective, la culpabilité juridique s'apprécie au travers d'une certaine matérialité. C'est à une conception tout aussi matérielle qu'obéit le concept juridique d'imputabilité [366] qui consiste à mettre sur le compte de l'auteur des faits l'infraction réalisée, en l'absence de

---

365. Voir *supra* p. 130et s.

366. Cette imputabilité matérielle est à distinguer de l'imputabilité intellectuelle qui correspond à la faculté de comprendre ses actes.

toute cause dite de non-imputabilité que sont la démence ou la contrainte.

En conséquence, la responsabilité juridique matérielle, qui consiste dans l'obligation de répondre de ses actes, peut-être établie. Celle-ci n'est que le résultat de la preuve de l'existence d'une culpabilité et de la preuve de l'inexistence de cause de non-imputabilité. Dans un tel contexte, il n'existe aucun moyen de contester la validité objective, matérielle et concrète de la responsabilité juridique ainsi établie. Elle ne peut pas être remise en cause objectivement puisqu'elle découle d'un raisonnement sans faille, d'une logique irréfutable. C'est ce raisonnement qu'applique le juge représentant de l'institution judiciaire.

2. - L'exclusivité piégeante du raisonnement objectif

Le nouveau principe de personnalisation visé à l'article 132-24 du Code pénal, en ce qu'il impose la prise en compte des caractéristiques de l'auteur de l'infraction dans le prononcé de la peine, semble peu compatible avec le raisonnement précité.

Les exigences institutionnelles qu'impose la fonction de président ne permettent que difficilement de prendre en compte la spécificité du délinquant. Le raisonnement tenu ne laisse absolument aucune place à la subjectivité délinquante. Le juge ne raisonne plus qu'à partir d'une analyse exclusivement objective. Il ne pense qu'au moyen de déterminants et critères exclusivement juridiques, donc objectifs. Il aboutit ainsi au paradoxe suivant : il parle, analyse et réfléchit sur le crime commis par le délinquant, sur sa culpabilité et responsabilité juridique, sans s'intéresser à ce qui constitue l'unicité, la spécificité de celui-ci, c'est-à-dire sa subjectivité.

Ainsi, pour le juge, l'action criminelle, élément ostensible et constatable n'a absolument rien à voir avec l'acte criminel du délinquant qui représente l'aboutissement d'une logique globale personnelle. Le crime n'a donc absolument pas la même signification pour chacun d'eux.

De la même manière, la vérité des faits avec l'ensemble des critères objectifs qui lui sont inhérents, répond à une vérité qui peut être qualifiée de judiciaire. Elle se distingue de la vérité psychique du sujet délinquant qui est, quant à elle, beaucoup plus complexe à appréhender. Inconnue de tous, y compris de son auteur, elle renferme plus que des éléments clairement identifiables. Elle porte en elle toute l'économie de l'acte. C'est-à-dire l'ensemble des éléments à la fois objectifs mais également et essentiellement subjectifs, voire inconscients ou à tout le moins non conscientisés, qui ont conduit le sujet à commettre cette infraction.

L'économie de l'acte veut rechercher comment cette infraction précise (avec toutes les modalités et le contexte qui ont été les siens) s'explique, trouve son fondement dans le parcours existentiel de cette personne. Ce n'est qu'une fois avoir dégagé ce fondement, que l'acte pourra prendre un sens dans la vie du sujet délinquant [367].

Enfin, le même enfermement dans un raisonnement tout objectif est tenu pour l'appréciation de l'existence ou non d'une culpabilité. En raisonnant de manière exclusive en termes de culpabilité juridique (constituée par la simple commission matérielle d'une infraction), aucune place n'est laissée à une culpabilité psychologique. Le délinquant est tout à fait capable de reconnaître le passage à l'acte matériel qui a été le sien. Il a effectivement porté le coup de couteau mortel. Il n'est toutefois pas en mesure de s'associer à l'acte posé. En conséquence, la sanction ne peut être que difficilement l'objet d'une appropriation de la part du sujet. Le juge se retrouve ainsi enfermé dans un raisonnement objectif [368]. Pris au piège des impératifs dictés par

---

367.Cette conception ne doit pas être confondue avec les mobiles de l'acte. La conception soutenue en l'espèce est beaucoup plus large que la simple motivation ponctuelle et subjective déterminant le délinquant à enfreindre la loi. Elle s'analyse sur le parcours de vie entier du délinquant et non sur la seule partie concernant la commission de l'infraction. En outre, elle ne se compose pas exclusivement d'éléments subjectifs mais comporte également des éléments objectifs.

368.Antoine Garapon fait à ce sujet une comparaison entre le rituel judiciaire et la névrose obsessionnelle : « les juristes sont constamment tentés d'appliquer le droit pour le droit, sans tenir compte de la réalité. Comme l'obsédé, ils sont fascinés par la forme. Ils se laissent envahir par elle, dévorer par un perfectionnisme qui les pousse à toujours plus de perfectionnement. A force de précisions, par exemple, les formules juridiques enflent jusqu'à devenir totalement incompréhensibles.

l'institution qu'il incarne, il n'est plus en mesure de rejoindre, ou à tout le moins d'entendre, le discours personnel et subjectif du délinquant. Les discours institutionnels et personnels ne peuvent que difficilement se rencontrer.

B. - Le représentant du Ministère Public : la personne légale

Qu'il soit Avocat Général ou Procureur de la République, le représentant du ministère public est toujours en charge de la même mission : défendre les intérêts de la société. Il va donc être amené à construire un raisonnement adapté aux fonctions qui sont les siennes. Cependant, ces obligations institutionnelles l'éloignent parfois fortement de celles imposées par l'article 132 - 24 du Code pénal.

1. - Caractère répressif du raisonnement sociétal

L'institution judiciaire a défini un rôle et une situation bien précis au représentant du ministère public dans le procès pénal. Celui-ci est chargé d'agir au nom de la société à laquelle l'infraction a porté atteinte. À ce titre, il est souvent considéré comme l'avocat de la société. Il exerce donc une action qui appartient à la société dont il est le représentant et au nom de laquelle il agit. Son but est de défendre les intérêts qui ont été lésés par la commission de l'infraction. Il incarne véritablement la société blessée. Il rappelle la loi et la façon selon laquelle

---

Un dossier criminel « bien ficelé », une bonne plaidoirie doivent *tout* expliquer. Avec quelques éléments de preuve dispersés, hétérogènes et discontinus, il leur faut « remplir les blancs », donner un mode opératoire, expliquer un emploi du temps, trouver des motivations, expliquer des causalités. Les témoignages sont souvent défaillants ou contradictoires et les expertises dubitatives, mais, le doute sur le moindre détail risquant de perturber le jury, il faut avoir réponse à tout. La sélection qu'opèrent le réquisitoire et la plaidoirie, après celle de l'enquête de police, s'apparente à une reconstruction de la réalité dans la salle d'audience afin d'échafauder une version cohérente (....). L'aspiration du juge à l'omnipotence est assouvie lorsque le monde est devenu l'expression de sa volonté et de sa conception des choses. Il a prouvé qu'il avait raison de penser comme il le faisait, que ses idées étaient conformes à la réalité [...]. La victoire de la logique sur les contradictions de la réalité est en même temps une victoire de la toute-puissance de la pensée », *Bien Juger, essai sur le rituel judiciaire*, Odile Jacob, Collection Opus, 1997, p. 210.

l'infraction commise est venue la remettre en cause. Ses fonctions institutionnelles de défenseur de la société l'amèneraient tout naturellement à réclamer le rétablissement de l'équilibre brisé. Ce rétablissement prend alors la forme d'une sanction qui doit dans son esprit être exemplaire [369].

Le Procureur de la République ou l'Avocat Général vont ainsi construire un raisonnement en rapport avec ces exigences institutionnelles. Ainsi, vont-ils être amenés à développer une conception stricte des faits, dans une perspective toute répressive [370]. Le représentant du ministère public pense en termes de réalité sociale, qu'il est possible de qualifier de répressive. Cette réalité sociale vient s'opposer à la réalité psychique du sujet délinquant. Les conceptions viennent parfois se confronter.

Ainsi amené à développer son point de vue sur les caractéristiques de l'auteur de l'infraction pour le choix de la peine, le représentant du Ministère Public va mener un raisonnement spécifique qui peut même paraître à certains égards paradoxal. Il relèvera par exemple les graves altérations des facultés mentales du délinquant au moment des faits, insistant ainsi sur la dangerosité qui est la sienne pour la société. Parallèlement, c'est précisément sur cette même dangerosité qu'il se fondera pour requérir la peine maximale de privation de liberté qu'est la réclusion criminelle à perpétuité. En d'autres termes, bien que responsable partiellement, l'auteur des faits n'en demeure pas moins dans cette conception, totalement punissable. Le but visé ici est moins de répondre aux exigences de personnalisation du nouveau Code pénal que d'assurer une fonction de réaffirmation des valeurs sociales protégées par la loi pénale voire une fonction d'élimination du délinquant.

De la même manière, lorsqu'il est amené à développer devant les jurés d'assises son point de vue quant au quantum de la

---

369.On retrouve ici de façon sous-jacente les fonctions expiatoires de la peine qui viennent s'ajouter aux fonctions classiques de répression.

370.Comme le souligne Antoine Garapon, «La figure du procureur est terrible. C'est lui qui dispose de la force publique. Il surprend, il arrête, il fait déférer, il accuse. A lui revient l'initiative du procès. C'est lui qui créer la rupture avec la vie quotidienne. Il lie les gens, au propre comme au figuré, en réclamant vengeance », *op. cit.*, p. 95.

peine, le représentant du Parquet développe un raisonnement qui lui est propre. Il ne pense pas en termes d'adaptation subjective à la nature du délinquant, mais plus souvent en termes objectifs pour ne pas dire quantitatifs, de nombre d'années de détention. Concrètement, il présente aux jurés une arithmétique de temps, un décompte précis regroupant l'ensemble des possibles remises de peine dont pourra bénéficier le condamné. Il est ainsi amené à se substituer aux jurés en effectuant à leur place le calcul pénal : trois mois par an sont accordés systématiquement pour toute peine supérieure à dix ans d'emprisonnement, auxquels s'ajoutent deux mois par an pour tout détenu montrant des gages sérieux de réadaptation, puis deux autres mois par an au titre de la grâce présidentielle. Il achève son raisonnement mathématique en insistant sur la possibilité, qui dans son discours prend plutôt la forme d'une certitude, qui est offerte au détenu de demander à bénéficier d'une libération conditionnelle à mi-peine. Pour être sûr d'avoir bien été compris, il illustre de manière concrète son raisonnement par des dates. En ne retenant bien évidemment que l'hypothèse la plus favorable à son argumentation répressive, il termine en rappelant que le détenu pourrait ainsi sortir telle année [371].

L'analyse de ce raisonnement montre que le mode de pensée du représentant du ministère public n'obéit absolument pas au principe de personnalisation des peines qui consiste à choisir une peine en fonction de l'adaptation aux spécificités de l'agent

---

371.Comme le souligne Henri Le Gall « Lorsque la loi place le juge dans cette situation [de determination de la peine], elle induit, dans sa réflexion sur le quantum de la peine, des considérations aux effets pervers. En effet, si le juge ou le juré veut reprendre la main et donner à la sanction qu'*il* prononce son *effectivité*, il va raisonner, non pas en termes de quantum de peine mais en termes d'échéance réelle de la sanction. Pour cela, dans son raisonnement, il va, d'une part ne pas tenir compte de la sanction déjà subie sous le régime de la détention provisoire et d'autre part anticiper sur l'érosion, réelle ou supposée, des peines pour en fixer le montant. Si le juge de jugement pense qu'il serait équitable que le condamné ne puisse sortir de prison avant dix ans, il va devoir ajouter à ce montant, le temps passé en détention provisoire, puis ajouter la durée, statistique -et donc hypothétique- de réductions de peines dont le condamné devrait logiquement bénéficier. Pour atteindre ce qui lui paraît être la juste sanction, le juge va devoir se livrer à un savant mais aléatoire calcul qui l'amènera à prononcer une peine de l'ordre de vingt ans de réclusion assortie d'une période de sûreté ! », H. Le Gall, « Le juge et la peine », *in L'individualisation de la peine : cent ans après Saleilles*, Erès, Collection criminologie et sciences de l'homme, 2001, p. 253.

délinquant. Le choix de la peine répond ici à une autre logique qui correspond à une adaptation du souci de sécurité de la société. Ce n'est donc pas à une réalité psychique que se conforment le Procureur de la République ou l'Avocat Général, mais bien à une réalité sociale.

2. - Réflexivité impossible du raisonnement sociétal

Dans une telle conception le délinquant,en tant que personne, est perdu de vue, contrairement aux dispositions prévues à l'article 132-24 Code pénal. Mais au-delà de cette non-reconnaissance de sa personnalité, c'est à une véritable instrumentalisation qu'est soumis le délinquant. Il devient véritablement, ou plutôt son crime, devient un enjeu social avec tout son lot de généralisation et d'abstraction.

Cet état de fait n'est pas en soi contestable, il est juste à constater. Il s'agit en effet d'un point de vue particulier parfaitement défendable.

Ce qui est en revanche plus contestable c'est la difficulté avec laquelle ce raisonnement institutionnel implicite voire inconscient, peut être débattu et discuté. L'ancrage institutionnel dont bénéficie le représentant du Ministère Public contribue en effet à rendre quasi-impossible toute remise en cause de son raisonnement. Vis-à-vis de lui-même d'abord, la remise en cause est difficile comme elle l'est pour toute personne qui essaie de réfléchir sur ses idées [372]. S'essayer à une certaine objectivité de penser, à un exercice de réflexivité est pour tout individu un travail ardu. Il l'est peut-être d'autant plus pour un membre du Parquet compte tenu des fonctions que lui confère l'institution judiciaire ; autorité suprême au pouvoir incontestable, le Procureur de la République ou l 'Avocat Général a en charge la représentation de l'ensemble des citoyens. Le poids de la fonc-

---

372.Sur ce point voir : N. Herpin, *L'application de la loi, deux poids deux mesures*, Seuil ; L. Gruel, *Pardons et Châtiments, Essai et Recherches*, Nathan, Paris, 1991 ; J-P. Leyens, *Sommes nous tous psychologues ?*, Mardaga, 1986.

372 I. Dréan-Rivette, « Les mécanismes de jugement dans l'élaboration de la sentence pénale », *Mémoire de DESS de Cliniques Criminologiques*, Rennes, 2000.

tion et du rituel est ici essentiel [373]. La fonction et la logique institutionnelles viennent se substituer à la personne du juge, qui dès lors, se retrouve prisonnière d'un raisonnement excluant la subjectivité du délinquant.

Cette prise au piège qu'impliquent les exigences institutionnelles pour le parquetier s'exerce également vis-à-vis des citoyens qu'il représente. Pour ces citoyens, dont les jurés en sont la plus parfaite illustration, cette institution du Ministère Public ne peut être remise en cause. Il existe en effet, un certain nombre de stéréotypes associés à cette autorité. Le Procureur de la République ou l'Avocat Général en qualité de représentant de la loi ne sauraient se tromper [374]. D'ailleurs, les remettre en cause reviendrait à remettre en cause la loi elle-même. À ce titre, le parquetier devient une sorte d'intouchable, le symbole d'une autorité magnifiée et idéalisée. L'enfermement dans son raisonnement ne se trouve dès lors que renforcé et l'avocat en face de lui ne constitue qu'un bien faible contradicteur. C'est bien ici toute la complexité de la mise en œuvre du principe du contradictoire dont il s'agit. C'est-à-dire qu'objectivement ce principe directeur du procès pénal est bien présent et respecté. Le principe du contradictoire est bien présent dans les textes. Il est également respecté dans le cadre de la procédure, qui veille à ce que chacun des intervenants dispose d'un temps de parole pour exprimer son point de vue

En revanche, la mise en oeuvre et la portée de ce principe s'avèrent symboliquement plus complexes. Ainsi l'avocat, compte tenu du rôle institutionnel qui est le sien, apparaît comme bien démuni face à cette autorité que représente le Ministère Public. Il l'est d'autant plus que les fonctions de défenseur sont-elles aussi, porteuses de stéréotypes qui jouent en défaveur de l'avocat du prévenu ou de l'accusé. Comment en effet, adhérer au raisonnement de celui qui ose remettre en cause le représentant de la loi et qui est traditionnellement

---

373.V. *supra*, p. 196.

374.Antoine Garapon note à ce sujet que « le procureur apparaît souvent comme un magistrat qui donne un avis public sur une affaire (..). Le Parquet est devenu le pivot de la politique pénale », *op. cit.*, p. 96.

considéré comme un manipulateur, capable de toutes les audaces pour sauver son client ?

§- II. - Une logique institutionnelle juridico-judiciaire de type restauratif

La phase pénale consacrée au prononcé de la sanction, est principalement dominée par des impératifs institutionnels majoritairement juridiques qui obéissent à une volonté de répression empêchant ainsi une réelle prise en compte de la subjectivité du délinquant. Le nouvel article 132-24 du Code pénal vient préciser que cette même phase comprend également d'autres obligations à dominante psychologique. Ces fonctions restauratives plus récentes à apparaître dans l'histoire du droit pénal sont représentées par deux intervenants précis que sont l'avocat de la défense et l'expert psychologue ou psychiatre. Toutefois, l'analyse des fonctions institutionnelles de ces deux acteurs du procès pénal montre bien que ceux-ci obéissent à une logique de type restauratif et qu'ils n'échappent pas au même piège [375]. Leurs fonctions les obligent à défendre des points de vue différents de ceux précités. L'avocat et l'expert ne raisonnent pas exclusivement en termes d'infraction objectivement commise, mais tentent de mettre en avant une perspective autre qui est toute humaine et subjective. En ce sens on pourrait croire qu'ils participent à une meilleure personnalisation de la peine. Or, c'est oublier qu'ils sont avant tout des acteurs institutionnels et qu'à ce titre, leurs points de vue sont développés au sein de l'institution judiciaire qui a préalablement défini leurs rôles et interventions. Ils sont donc soumis à des inconvénients de même nature que ceux rencontrés par le juge ou le représentant du ministère public.

Trop emportés dans leur logique restaurative, l'avocat ou l'expert oublient qu'ils demeurent avant tout des acteurs institutionnels soumis à des principes et à des logiques dont ils n'ont parfois plus conscience. Le résultat est finalement le même que

---

375. Ils présentent tous deux le même risque d'être confrontés à leur culture professionnelle qui devient ici un écueil.

celui du représentant du Ministère Public ou du président : ils se retrouvent prisonniers d'un raisonnement et d'une fonction ; ce qui ne les rend pas en mesure de rendre compte du caractère subjectif du délinquant.

A. - L'avocat : le personnage judiciaire

Auxiliaire de justice, l'avocat est un acteur institutionnel essentiel au sein du procès pénal [376]. Chargé de représenter la personne délinquante devant l'instance judiciaire, sa fonction consiste à présenter et développer le point de vue personnel de l'accusé ou du prévenu mais également à le défendre. Pour ce faire, l'avocat s'aide dans sa tâche des différents attributs que sa fonction de plaideur lui offre. En ce sens, il apparaît comme un intervenant de choix pour mettre en œuvre de manière concrète le principe de personnalisation de la peine. Pourtant, l'analyse portée sur son mode d'approche du crime ainsi que la façon dont il le présente et représente, met en lumière un certain nombre d'inconvénients.

1. - Souplesse d'un raisonnement singulier

Représentant de l'auteur de l'infraction, l'avocat est chargé à la fois de traduire et d'exprimer la pensée de celui-ci devant le Tribunal ou la Cour. Il se fait véritablement le porte-parole du délinquant qui n'est pas en mesure d'exposer son point de vue pour un certain nombre de raisons qui peuvent être personnelles (incapacité à verbaliser) sociales (absence d'instruction) contextuelle et psychologiques (c'est-à-dire que toute compréhension et a fortiori élaboration autour de l'acte sont, pour le sujet impossibles). Compte tenu de sa vie, des circonstances de l'infraction, son crime lui échappe. Il lui a échappé au moment de sa commission puisqu'il n'a pas été en mesure de se maîtriser pour s'abstenir de passer à l'acte. Il lui échappe toujours au moment du procès puisqu'il n'est pas en mesure de le comprendre. Le sujet délinquant se présente ainsi comme un homme anéanti et

---

376.Sur cet acteur particulier voir : D. Soulez-Larivière, *L'Avocature*, Paris, Ramsay, 1982 ; Henri Robert, *L'Avocat*, Paris, Hachette, 1923.

déstabilisé par un acte, mais au-delà, par une existence qu'il n'a pas comprise.

L'entreprise de l'avocat consiste alors à venir faire le lien entre cet homme et l'acte qu'il a commis. Il vient en effet, aider le délinquant à débuter le processus de prise de conscience qu'implique le principe de personnalisation de la peine et, dont la première étape doit se traduire par l'émergence d'un sens à donner au crime. Avec la parole de l'avocat, le sens peut progressivement se mettre en place parce qu'il pose des mots sur un vécu, sur une histoire sur des évolutions et perceptions. Il permet de sortir de cette impossibilité de verbalisation en venant nommer ce qui a été ressenti. Mais la tâche de l'avocat consiste également à jouer un rôle de traducteur juridique entre l'homme et l'institution judiciaire. C'est à lui que revient la tâche de traduire en termes juridiques quelles ont été les circonstances ayant entouré le passage à l'acte. Il vient exposer et permettre la discussion sur ce que le crime commis a de singulier, permettant ainsi une adaptation de la peine aux spécificités du délinquant. Son rôle et sa fonction sont précieux parce qu'ils font de lui la personne qui connaît la spécificité de chacune des logiques qui viennent ici se rencontrer : la logique juridique toute objective, qui porte sur les faits un regard extérieur très distancié et la logique personnelle du délinquant toute subjective qui analyse les faits avec un regard intérieur. Des discussions et débats peuvent alors avoir lieu sur des thèmes fondamentaux du procès comme par exemple celui de la liberté. Ainsi, l'avocat connaît la conception juridique du libre arbitre qui consiste à dire que celui-ci était bien présent dès lors qu'aucune contrainte [377] n'a été constatée ; et qu'en conséquence l'accusé ou le prévenu est pleinement responsable de son acte.

À cette conception il vient en opposer une autre. Il vient montrer que la contrainte peut également être psychologique. L'avocat est alors amené à décrire le raisonnement qui a gouverné le passage à l'acte, la façon selon laquelle il a une logique

377.La contrainte est définie à l'article 122-2 qui dispose "N'est pas pénalement responsable la personne qui a agi sous l'empire d'une force ou d'une contrainte à laquelle il n'a pu résister".

parfaitement cohérente mais absurde puisque fondée bien souvent sur des prémices faux. Il démontre comment cette analyse s'est imposée au délinquant ; qu'elle constitue le résultat d'un processus singulier qui l'a amené à un point de non-retour. En ce sens, l'avocat représente le principal maître d'œuvre du principe de personnalisation de la peine en ce qu'il vient dire et formuler la pensée, la vie du délinquant. Il contribue à renseigner sur les caractéristiques de l'auteur de l'infraction tout en assurant ses fonctions de représentant [378].

2. - Rhétorique dangereuse du raisonnement singulier

Dans l'exercice de ses fonctions, l'avocat est toutefois amené, pour des raisons institutionnelles, à perdre le contact avec son mandant notamment lorsque son rôle de représentant s'efface derrière celui de défenseur et de plaideur. Traditionnellement, la fonction d'avocat est associée à un certain nombre de fonctions spécifiques. Il doit porter la parole de son client devant le Tribunal ou la Cour mais également mettre tout en oeuvre pour que ce point de vue particulier soit entendu. Pour ce faire, il va recourir à différents moyens pour interpeller les juges. L'avocat va user de son pouvoir d'éloquence et de persuasion, pour emporter la conviction des juges. Pour exprimer sa perception des faits commis, il s'aide des différents attributs que sa fonction lui offre. Il va ainsi être amené à développer le point de vue du délinquant avec toute la subjectivité que celui-ci comporte, mais au moyen d'une rhétorique complexe. C'est à l'aide d'une emphase particulière que l'avocat va présenter et défendre l'histoire et l'acte de l'homme qu'il représente. Son but consiste à présenter de manière convaincante la singularité de l'homme à juger. Il ne doit pas seulement retracer l'histoire difficile de l'accusé ou du prévenu. Il doit expliquer pour convaincre en quoi ce parcours de vie singulier par ses aspects person-

378.Ces fonctions ne doivent toutefois pas transformer la personnalisation en un processus qui consisterait seulement dans la nécessité de la peine la plus faible. La personnalisation ne doit pas faire l'objet d'une analyse en termes d'indulgence systématique.

nels, familiaux, sociaux, psychologiques a pu un jour aboutir à la commission d'un tel acte.

Cependant, ce pouvoir de persuasion dont dispose l'avocat et sur lequel il construit tout son discours peut comporter des effets pervers. Toutefois, vouloir susciter l'émotion peut se révéler à double tranchant ; ou cela suscite une certaine empathie ou au contraire une pitié. Avec les moyens utilisés, il peut dénaturer la perception que le juge et les jurés se font de la nature du délinquant. La subjectivité du délinquant, même bien comprise et utilisée par l'avocat, est amenée à changer de nature dans l'esprit des jurés sous l'effet de la théâtralisation auquel elle est soumise. Les « effets de manche » transforment les faits en leur rendant un aspect véritablement caricatural. Ainsi, l'avocat qui veut replacer l'acte commis dans l'histoire de l'individu à juger pour montrer toute la singularité de celui-ci, est amené à évoquer par exemple les carences sévères subies lorsqu'il était jeune, se voit rapidement accusé d'utiliser le cliché de « l'enfance malheureuse » pour apitoyer les jurés. Alors qu'il fournit de véritables éléments permettant de comprendre la dynamique subjective du délinquant, l'avocat pris au piège de sa fonction ne peut-être cru.

De la même manière, les fonctions d'avocat sont traditionnellement associées à un certain nombre de stéréotypes et caractéristiques de cette profession, qui peuvent le desservir. S'il y a une personne dont il faut se méfier dans l'institution judiciaire c'est bien l'avocat. Cet auxiliaire de justice se retrouve en effet bien souvent enfermé dans un rôle de fourbe [379], prêt à tout pour sauver son client. Il est celui qui connaît et utilise toutes les arcanes de la procédure pénale pour gagner du temps ou mieux en permettre l'annulation. L'avocat est celui qui est capable de mentir pour rester cohérent avec le déni de son client. Il suscite également une certaine forme de fascination. Le bon avocat sait en effet captiver son auditoire.

379.Sur ce point voir, J. Vergès, *Le salaud lumineux*, conversations avec J-L. Romilleux, Michel Lafont, 1990.

L'ensemble de ces stéréotypes attachés à la profession d'avocat constitue autant d'éléments qui empêchent les juges et les jurés de réfléchir sur la réalité que le défenseur veut donner à voir et à comprendre. On aboutit ainsi à de véritables paradoxes où l'avocat qui affirme une réalité judiciaire non contestable ne sera pas cru. Par exemple, lorsqu'il est amené à apporter des corrections au décompte pénal réalisé par l'avocat général dans son réquisitoire, concernant les peines de sûreté, en précisant qu'il existe effectivement des remises de peines mais que celles-ci sont sans effet durant une certaine période, il n'est pas cru. Il se retrouve pris au piège de son rôle de défenseur prêt à toutes les manœuvres aux frontières de la légalité pour sauver son client. Aux yeux des jurés, magistrats non professionnels, il s'agit d'une manipulation procédurale supplémentaire.

Enfin, institutionnellement il est également pris dans un paradoxe. L'avocat doit certes défendre son client et à ce titre se substituer à lui, le représenter au sens juridique du terme. Mais cette substitution ne peut jamais être totale. Elle ne peut pas faire l'économie d'une évidence que pourtant ses fonctions essaient de nier. L'avocat est un membre à part entière, mais un membre de la justice. Il est un acteur judiciaire et en tant que tel il obéit à ce titre implicitement aux exigences que celle-ci pose. Ainsi, comme le souligne Antoine Garapon l'avocat est toute ambivalence « alors que l'avocat est considéré - et se vit lui même - comme un défenseur des individus contre le pouvoir de la justice, il remplit le plus souvent de fait un rôle de guide qui prépare les prévenus à leur « traitement » par l'institution judiciaire. Loin d'être un empêcheur de tourner en rond, il facilite au contraire le fonctionnement de la machine. Ses clients changeront plus fréquemment que les juges, les policiers, les huissiers et les autres fonctionnaires du tribunal avec lesquels il sera en contact permanent. Il a également intérêt à veiller dans le bon fonctionnement du rituel, ne serait-ce que dans le souci de reconnaissance par les partenaires de la juridiction » [380].

380.A. Garapon, *Bien juger, essai sur le rituel judiciaire*, Odile Jacob, Collection Opus, 1997, p. 97.

B. - L'expert : la personne pénale

La logique institutionnelle juridico-judiciaire de type restauratif qui vise à redonner une place au délinquant en tant qu'homme responsable de ses actes, n'est pas seulement représentée par l'avocat de la défense. Elle l'est également par l'expert [381] psychiatre ou psychologue.

Ce second intervenant chargé d'apporter son éclairage sur la nature du délinquant le fait toutefois dans une perspective bien différente de celle de l'avocat. La spécificité de son analyse ne le met pas plus que l'avocat à l'abri d'incohérences inhérentes au système institutionnel qui lui donne sa raison d'être.

1. - Indetermination du raisonnement subjectif

L'institution judiciaire est amenée à juger un homme et à déterminer une peine en fonction de sa personnalité. Cet impératif de determination subjective de la peine s'est traduit par le recours à des spécialistes en psychiatrie et psychologie. Ces derniers se sont donc vus reconnaître une place et un rôle au sein de l'institution. Elle leur confie la tâche d'éclairer les magistrats et jurés sur la personnalité délinquante qu'ils ont à juger. Ils sont des spécialistes d'un domaine particulier qui viennent apporter leur concours à l'institution judiciaire ; celle-ci leur offre un espace nouveau, l'espace de la vie judiciaire, pour venir exposer leurs représentations. La contrepartie pour eux consiste à exercer leurs fonctions dans le respect des règles et principes de fonctionnement de l'institution judiciaire. Or, c'est ici toute la difficulté de la tâche de l'expert, qui va devoir concilier ses impératifs professionnels et ceux imposés par l'institution judiciaire ; les deux ne relevant pas de la même logique.

La complexité de son travail consiste dans le fait « qu'il doit témoigner de quelque chose qui est une parole et qui échappe

---

381.Sur ce point voir : J-L. Viaux, « L'expertise, un acte psychologique », *Journal des psychologues*, n° 181, Octobre 2000 ; C. Audejean, « La crédibilité », *Journal des psychologues*, n° 181, Octobre 2000 ; H-L Caillard, « L'éthique et expertise », *Journal des psychologues*, n° 181, Octobre 2000.

aux questions et aux injonctions. Il a à parler d'un homme, d'une femme bref d'un sujet et non pas d'un acte ou d'un geste » [382].

Il ne doit pas parler « d'un sujet en soi mais d'un être au monde » avec ses modalités spécifiques. Il est supposé formuler quelques hypothèses fondées sur l'observation des éléments de dynamique intrapsychique et faire des propositions sur la manière dont cette dynamique et cette structure psychique ont influencé le sujet dans ses actes et dans son mode d'être au monde.

Les experts se situent donc exclusivement sur un terrain psychique [383]. Ils analysent non pas un acte objectif mais bien une vérité, une réalité psychique. Lorsque le psychiatre ou psychologue parle de vérité, de sincérité du sujet, de ses aveux, de sa culpabilité, il se situe sur un autre registre, dans un autre espace que celui du droit.

2. - Invalidation du raisonnement du subjectif

L'expert se retrouve bien souvent pris au piège de la fonction qui lui est dévolue. En ce sens, amené à faire part au Tribunal ou à la Cour de la représentation subjective de l'homme qui est à juger, il se laisse par la même occasion, guider bien souvent de manière exclusive par son raisonnement, ses représentations et son mode de pensée inhérent à sa matière en oubliant le public à qui il s'adresse. Ce faisant, l'expert est amené à faire deux types de psychologies, une « psychologie psychologique » alors qu'on lui demande de la « psychologie judiciaire » [384].

La tâche de l'expert présente une difficulté singulière. Elle se caractérise par la complexité de la représentation du délinquant qu'il doit présenter et expliciter. Cette complexité précitée vient se heurter aux impératifs institutionnels judiciaires qui posent des questions précises et attendent des réponses toutes aussi

---

382.S. Raymond, « Psychologie légale : spécificités et/ou monopoles », Dossier le sujet et la loi, *Journal des psychologues*, n° 80, septembre 1990, p. 35.

383.Dans cette étude il n'est fait référence qu'à l'expert psychologue ou psychiatre.

384.J. Selosse, « Psychologie judiciaire ou psychologie du juridique ? », *Journal des psychologues*, n°80, septembre 1990, p. 24.

précises : l'accusé ou le prévenu est-il coupable, réadaptable, présente-t-il un caractère dangereux?

La conception et la représentation du délinquant que se fait l'expert sont tout à fait spécifiques. Sa perspective se situe en dehors de toute répression ou non-répression. Elle exclut tout jugement sur la personne et son acte. Son rôle n'est pas de juger mais d'essayer de comprendre ce qui a poussé cet homme à commettre ce crime ou délit. Or, la difficulté consiste dans le fait que l'expert livre son analyse des faits bien souvent sans donner les clés permettant de comprendre sa pensée, c'est-à-dire avec ses représentations. Il est amené à construire une réalité criminelle nouvelle toute emprunte de subjectivité. Il pense, analyse les faits par rapport à l'homme auteur des faits. C'est ici le fondement même de son intervention au sein de l'institution judiciaire. Celle-ci a besoin de ce regard, de cette analyse subjective pour répondre aux exigences fixées par le principe de personnalisation de la peine.

Cependant, cette réalité criminelle nouvelle apportée par l'expert et qui oblige à penser en termes exclusivement subjectifs est extrêmement utile et nécessaire pour permettre une détermination de la peine en fonction de la nature de l'agent. Mais elle est également d'une grande complexité qui se traduit par une impossibilité, ou au moins une grande difficulté, pour les personnes à qui elle s'adresse en l'occurrence des juges et des jurés, à comprendre cette dimension subjective et à la coordonner avec la dimension juridique. Il en résulte une sorte de paradoxe au terme duquel la parole de l'expert qui trouve son fondement dans l'institution se retrouve dénaturée, invalidée voire critiquée par cette même institution [385].

385.Comme le souligne Serge Raymond, « L'expert, par sa capacité à dévoiler, est en effet un gêneur, dans la mesure où il réveille une angoisse de culpabilité latente. L'intensité de l'agression est variable, liée au personnage social de l'expert. Elle peut aller des questions, griefs, revendications, apostrophes ironiques à la barre jusqu'au déni de compétence souvent l'arme des avocats du délinquant. Bref il polarise sur sa personne l'agressivité réservée à ceux qui dévoilent les enjeux sociaux inconscients », in « Psychologie légale : spécificités et/ou monopoles », Dossier le sujet et la loi, *Journal des psychologues*, n° 80, septembre 1990, p. 35.

Section II. - *Une approche psycho-criminologique au niveau de l'exécution de la peine*

À ce stade de la peine, la logique institutionnelle dominante n'est pas la même. Elle est toute entière gouvernée par des enjeux sécuritaires [386]. Toutefois le problème qui se pose reste identique et se présente sous des aspects similaires. Le caractère impératif des exigences institutionnelles vient porter atteinte à la nécessité qui est faite au terme de l'article 132-24 ; et le risque est en effet grand d'être ébloui par les impératifs institutionnels. Le délinquant se retrouve finalement et paradoxalement absent de la réflexion qu'il a initié.

En effet, de la même manière que pour la phase du prononcé de la peine, les différents intervenants de la phase d'exécution de la peine sont amenés à penser et à agir en fonction du rôle que l'institution a défini pour chacun d'eux. Ils sont donc de la même manière que les intervenants judiciaires amenés à avoir une représentation spécifique du délinquant et de son acte à partir de laquelle ils construisent leurs raisonnements qui présentent les mêmes risques d'auto-enfermement que ceux évoqués pour les acteurs judiciaires. Le thème général sur lequel va porter leur raisonnement ne sera plus l'exigence de sanction comme c'était le cas lors de la phase de prononcé de la peine, mais portera sur l'exigence de sécurité. La forme, l'aspect de l'exigence changent mais l'objet reste finalement le même en ce qu'il répond à des exigences que l'on peut qualifier de « répression objective ». Or ces exigences institutionnelles ne correspondent pas à celles sous-tendues par le principe de personnalisation de la peine qui se rapprocherait plus d'une compréhension de type subjectif.

Ainsi, le juge d'application des peines sera favorable à l'octroi de mesures de libération conditionnelle pour un détenu ayant manifesté des « gages sérieux de réadaptation » ; c'est-à-dire qu'il fondera son raisonnement sur un ensemble de critères

---

386.On retrouve ici ce qui fait l'essence même de l'institution pénitentiaire c'est-à-dire la fonction qui consiste à protéger la société en la maintenant à l'abri de ceux qui ont été définis comme dangereux. Il faut assurer la sécurité.

exclusivement objectifs pas toujours révélateurs de la subjectivité du délinquant.

De la même manière, le bon comportement du détenu, son absence de contestation conduiront les agents pénitentiaires chargés de veiller à la sécurité, à considérer de fait, celui-ci comme un individu parfaitement apte à retourner à la vie sociale. Ils ne fondent leur représentation du détenu que sur le seul comportement que celui-ci donne à voir. En ce sens, ils pensent exclusivement en termes d'objectivité. Or, cette représentation du sujet est nécessaire mais nullement suffisante comme est amené à le préciser le législateur dans les dispositions de l'article 132-24. In fine, l'article vient préciser toute l'importance à accorder à la subjectivité du délinquant ; celle-ci permet en effet d'en compléter son approche.

Cette approche à dominante subjective est essentiellement incarnée par les représentants des services sociaux et thérapeutiques (en l'espèce les membres des services d'insertion et de probation et les thérapeutes médecins psychiatres, psychologues cliniciens ou « psychologues projet d'exécution de peine »). Ces derniers portent sur le délinquant un regard moins traditionnel en ce qu'ils obéissent à une logique analytique. Leur mode de compréhension se rattache à ce qu'on peut appeler une logique resocialisante. En cela, ils se différencient des représentants des services pénitentiaires (en l'espèce le juge d'application des peines et les membres de l'administration pénitentiaire) qui, quant à eux, obéissent plus classiquement à une logique sécuritaire [387] que l'on peut qualifier de comportementaliste. Les impératifs institutionnels sécuritaires qu'ils sont chargés de faire respecter les contraint à raisonner en termes de normalisation. Leur tâche consiste, sans même qu'ils en aient véritablement une conscience très claire, à tenter de réaliser une certaine entreprise de normalisation. Le but est de transformer les comportements du délinquant pour le rendre apte à la vie en société.

387.C'est-à-dire qu'ils répondent en cela à une mission de sûreté qui consiste à assurer la punition des personnes que le système répressif a condamné. Cette mission est alors très attachée en cela aux fondements punitifs de la peine.

§- I. - Une logique institutionnelle juridico [388]-pénitentiaire de type sécuritaire

On retrouve ici le but premier du monde pénitentiaire dans lequel se déroule la phase d'exécution de la peine : s'assurer et assurer une sécurité. À cette fonction essentielle, vient s'en ajouter une seconde plus récente qui répond à un souci de resocialisation. Ces missions sont assurées par deux types d'intervenants que sont le juge d'application des peines et le personnel de surveillance.

Le principe de personnalisation de la peine n'est pas absent à ce stade de la procédure. Il prend d'ailleurs ici tout son sens dans la personne du juge d'application des peines. Toutefois, l'analyse portée sur la mise en œuvre concrète des fonctions de chacun des intervenants précités révèle des différences entre le but poursuivi et les effets constatables.

A. - Le juge d'application des peines : la personne légale

Il s'agit ici de présenter ce personnage central de l'exécution des peines qu'est le juge d'application des peines et la façon selon laquelle il pense, se représente et applique la personnalisation de la peine[389] dont il a la charge. Cette analyse permettra de montrer comment cet intervenant peut se trouver piégé voire dépassé par des influences institutionnelles.

388.Le qualificatif de juridique vient ici traduire l'idée selon laquelle le droit est désormais présent tout au long du processus pénal. Il est tout autant présent lors du prononcé de la peine qu'au cours de l'exécution de celle-ci. La juridictionnalisation de l'application des peines va d'ailleurs dans ce sens. L'évolution du droit positif dans sa représentation la plus contemporaine, avec la loi n°2004-204 du 9 mars 2004 portant adaptation de la justice aux évolutions de la criminalité dite loi Perben II, poursuit le processus de juridictionnalisation de l'application des peines, initié par la loi du 15 juin 2000. Sur ce point voir : M. Giacopelli, « Réforme du droit de l'application des peines », D.2004, p.2589.

389.Les pouvoirs du JAP ont été considérablement renforcés par la loi du 9 mars 2004 qui fait de lui « une juridiction de premier degré ».

1. - Prédominance d'un raisonnement abstrait

Le juge d'application des peines est amené à jouer un rôle important lors de la mise à exécution des peines privatives de liberté [390]. Son rôle consiste en une procédure d'adaptation et d'aménagement de la peine prononcée, c'est-à-dire qu'il assure et veille aux différentes formes d'exécution de la peine ; lesquelles doivent être adaptées à la situation professionnelle, sociale, familiale et à la personnalité du condamné. En ce sens, il est censé poursuivre le travail de personnalisation initié au cours de la phase de prononcé de la sanction qui consiste à penser la peine comme l'outil qui doit être adapté à la nature de l'agent délinquant. La peine est considérée comme un processus à long terme qui se poursuit bien après la phase de jugement. Le juge de l'application des peines assure donc ici le rôle d'adaptateur de la peine en fonction de l'évolution du détenu [391].

Les modalités d'exercice des attributions du juge d'application des peines prennent toutefois en pratique un aspect bien abstrait. Force est de constater en effet, que le juge d'application des peines « ne rencontre finalement que très rarement les détenus, qu'il ne voit pas vivre au quotidien et les connaît donc infiniment moins bien que les personnels pénitentiaires » [392].

---

390. La présente étude ne s'intéresse qu'aux fonctions que le juge d'application des peines exerce dans un milieu fermé. Elle ne s'intéresse pas à ses fonctions s'exerçant dans un milieu ouvert.

391. Sur ce point voir : J-M. Coulon, *Du juge de l'application des peines au juge de l'exécution des peines*, thèse, Paris, 1972 ; M. Ancel, « La participation du juge à l'exécution de la sentence pénale » *études pénitentiaires*, n° 3, p. 6 ; G. du Mesnil du Buisson, Le juge de l'application des peines, *Répertoire Pénal Dalloz*, avril 1998 ; G-J. Guglielmi, « Le juge de l'application des peines est-il un chiroptère ? », *R.S.C* juillet-septembre 1991, p. 622 ; B. Lavielle, « Le juge de l'application des peines est-il toujours un chiroptère ? », *GP* 8 et 9 setembre 2000, p. 1522. Ce rôle est fondamentalement accru avec la loi Perben II. Le JAP se voit désormais reconnaître un « authentique pouvoir de transformation d'une peine en une autre (...) désormais le JAP est investi de plus larges prérogatives pour appliquer, modifier, transformer voire révoquer des peines ». Sur ce point voir : M. Janas, « Le nouveau juge de l'application des peines », Actualité Juridique Pénal n°11/2004, p.385 et s.

392. M. Herzog-Evans, *La gestion du comportement du détenu, essai de droit pénitentiaire*, L'Harmattan collection logique juridique, Paris, 1998, p. 199.

Et surtout, l'essentiel de son travail consiste à traiter des dossiers plus que des personnes. En ce sens, son pouvoir de personnalisation prend concrètement la forme de mesures qui, tout en s'appliquant à un cas d'espèce, demeurent particulièrement générales et abstraites. Ces mesures sont de deux ordres comme le précise la loi du 15 juin 2000 relative à la présomption d'innocence. Il s'agit des mesures d'administration judiciaire prises après avis de la commission de l'application des peines. Les décisions rendues par le juge d'application des peines n'ont pas à être motivées. La comparution du détenu n'est pas obligatoire. Les principales mesures d'administration judiciaire sont les réductions de peines générales ou spéciales, les autorisations de sortie[393] sous escorte et les permissions de sortie.

Il s'agit également des décisions juridictionnelles. Les décisions d'octroi, de refus, d'ajournement, de retrait ou de révocations relatives aux mesures de placement à l'extérieur, de semiliberté, de fractionnement et suspension de peine, de placement sous surveillance électronique et de libération conditionnelle dans certains cas sont depuis la loi du 15 juin 2000 des décisions juridictionnelles. Ce sont donc des décisions prises par une autorité juridique. Elles résultent d'une procédure contradictoire dans le respect des droits de la défense et sont susceptibles de faire l'objet d'un recours [394]. Le seul rapport qui existe entre le juge d'application des peines et le détenu est un rapport de

393.La du 9 mars 2004 apporte des modifications à ce type de décisions. Il s'agit ici de faire œuvre de nuance ou à tout le moins de prudence. « Si la loi Perben II supprime la notion de mesure d'administration judiciaire pour les trois décisions naguère visées à l'article 733-1 du CPP (réduction de peine, permission de sortir et autorisation de sortir sous escorte), pour autant leur régime juridique est hybride : elles demeurent prises sous forme d'ordonnance après avis de la CAP, sans débat contradictoire, ni défense (article 712-5 du CPP). En revanche, elles sont susceptibles d'un appel, lequel relève de la compétence non de la Chambre de l'application des peines, mais du pendant de cette formation. Lui même rend une ordonnance insusceptible de pourvoi », M. Herzog-Evans, Actualité Juridique Pénal n°11/2004, p.385 et s.

394.Cette juridictionnalisation d'un grand nombre de procédures de décision constitue la réforme la plus importante introduite par la loi du 15 juin 2000. Celle-ci a été parachevée par la loi Perben II.

nature décisionnel qui vient sanctionner un comportement au cours de la détention [395].

2. - Généralisation instrumentalisante du raisonnement abstrait

Le juge d'application des peines est très largement dépendant de l'administration pénitentiaire au sein de laquelle il est amené à exercer ses fonctions. Celle-ci exerce donc sur lui une influence institutionnelle qui ne semble pas aller dans le sens d'une personnalisation de la peine. Cette influence prend plusieurs aspects. Elle est documentaire, le juge d'application des peines tient l'essentiel des informations sur le détenu du personnel pénitentiaire. L'influence est également idéologique, c'est-à-dire qu'en exerçant ses fonctions à l'intérieur d'une institution, en prenant une décision dont les éléments de réflexion ont été donnés par les instances de cette même institution, le juge d'application des peines est donc implicitement amené à mettre en oeuvre les principes généraux gouvernant l'institution en question. En l'espèce, c'est donc le caractère sécuritaire et disciplinaire qui va constituer la principale référence à partir de laquelle se réalisera la personnalisation de la peine. La personnalité du détenu est appréciée du seul point de vue comportemental par le juge puisque les dossiers (établis par les membres de l'administration pénitentiaire) portent notamment sur l'existence ou non de sanctions disciplinaires prononcées contre lui.

Ainsi, le juge d'application des peines se retrouve prisonnier d'une logique institutionnelle qui se caractérise par le paradoxe suivant : il veut appliquer le principe de personnalisation de la peine en s'adressant à la personne du détenu, mais de manière concrète les mesures qu'il prend concernent moins des person-

---

395.P. Pelissier, « Le régime disciplinaire des détenus : un progrès inachevé », *GP* 19 juin 1997, p. 860 ; P. Poncela, « La responsabilité du service public pénitentiaire à l'égard de ses usagers détenus », *R.S.C* janvier-mars 2000, p. 232 ; F. Staechele, « Le juge de l'application des peines, magistrat du siège ou administrateur judiciaire ? », *R.S.C* avril-juin 1991, p. 385 ; M Herzog-Evans, « La loi présomption d'innocence et l'exécution des peines : des avancées sur fond d'aberrations juridiques », *Petites Affiches 24 et 25 août 2000*, n°169 et 170 ; G. Levasseur, « Aperçu sur la judiciarisation de l'exécution des sanctions répressives », *Revue Penit Droit Pénal*, 1983, p. 327.

nes que des comportements. Il se retrouve prisonnier de son raisonnement qui aboutit à une aporie. Le principe de personnalisation de la peine, en ce qu'il fait une place de choix au délinquant qu'il reconnaît comme sujet de sa peine, postule une certaine responsabilité de celui-ci [396]. La responsabilité et la liberté de l'homme se trouvent purement et simplement niées par le juge d'application des peines, qui sous l'influence institutionnelle pénitentiaire, entend réduire le détenu à l'objet d'un conditionnement interne à l'univers carcéral.

En faisant droit à des mesures, intervenant au titre du principe de la personnalisation de la peine, sur le seul bon comportement du détenu, ou à l'inverse en les refusant en cas de désobéissance le juge d'application des peines participe à une entreprise de normalisation. Il pense en termes de normalisation pas de personnalisation. Le juge d'application des peines procède de la construction intellectuelle suivante : il attend implicitement de la peine une transformation extérieure, une simple conformité aux normes sociales ou morales. Il pense que punir revient à produire des individus simplement obéissants. Ce faisant, la peine reste une simple soumission aux lois de la cité.

Il utilise pour fonder son raisonnement le comportement du délinquant en détention, qui, selon lui, préfigure son comportement en société [397]. Comme pour l'élève dans l'institution scolaire où les évaluations académiques servent, non pas à mesurer son intelligence mais bien sa capacité à répondre aux exigences du système, pour le délinquant dans l'institution carcérale son comportement est utilisé non pour réfléchir sur son évaluation personnelle mais bien pour apprécier sa capacité de soumission aux normes sociétales. Or, comme le rappelle Martine Herzog-Evans « l'indiscipline ne devrait pas nécessairement avoir de signification pour le juge car elle n'est pas obligatoirement le

---

396.C'est cette responsabilité qu'avait déjà retenue le tribunal pour entrer en voie de condamnation à son encontre.

397.Sur ce point voir : J. Faglin, *« Le Juge de l'application des peines et la réinsertion : des traitements en milieux ouvert et fermé »*, La réinsertion des délinquants, mythe ou réalité ?, Presse Universitaire d'Aix, 1996, p. 185.

signe d'un futur sombre »[398]. En effet, pour un certain nombre de détenus pratiquer l'insolence constitue une forme d'adaptation. Elle permet « de dresser une barrière entre l'individu et l'unité sociale à laquelle il est censé appartenir »[399].

Ainsi le juge d'application des peines est-il amené à nourrir inconsciemment le paradoxe suivant : il veut initier de la responsabilité chez le délinquant (au moyen notamment d'un principe de personnalisation de la peine) or il aboutit précisément à l'inverse. Cette irresponsabilité implicite, parce que non clairement nommée, ne se trouve qu'accentuée et alimentée par l'ensemble des mesures (dites de l'individualisation de la peine) dont la sémantique mérite d'ailleurs attention : permissions, autorisations, gages ou efforts sérieux... soit autant de termes scolaires qui participent à une certaine infantilisation, voire irresponsabilisation du détenu[400].

B. - Le personnel pénitentiaire : le personnage judiciaire

Le personnel pénitentiaire constitue un acteur important dans la phase d'exécution de la peine puisque que c'est par sa présence que celle-ci peut prendre forme[401]. À ce titre il participe de manière active au principe de personnalisation de la peine par sa connaissance quotidienne des détenus. En vivant tous les jours à leurs côtés il apprend à connaître le délinquant.

Toutefois une réflexion venant interroger sa façon de participer à la mise en oeuvre du principe de personnalisation, permet de nuancer le savoir qu'il peut avoir sur la personnalité singulière de chaque détenu. L'analyse montre en effet, que son

---

398.M. Herzog-Evans, « Le comportement en détention proprement dit... n'a pas de rapport avec les réussites ou échecs en permission de sortie ».

399.E. Goffman, *Asiles*, Les éditions de Minuit, 1968, p. 368.

400.Sur ce point Martine Herzog-Evans s'interroge ; « N'y a-t-il pas là uniquement une habile exploitation de la logique et des rouages du système que l'on connaît fort bien, ce, dans le but de bénéficier d'un maximum de mesures d'individualisation ? Une telle adaptation au milieu carcéral peut dès lors cacher l'absence totale de projet de réinsertion », *op. cit.*, p. 145.

401.Sur ce point voir : P. Mbanzoulou, *L'apport des surveillants de prison à la réinsertion sociale des condamnés à la privation de liberté en France*, thèse, Pau, 1999.

regard apparaît biaisé par la logique institutionnelle carcérale à laquelle il appartient.

1. - Prépondérance d'un raisonnement sécuritaire

La majorité des membres de l'administration pénitentiaire ont en charge l'accomplissement de la mission de surveillance. Un certain nombre de textes vient rappeler cette exigence fondamentale au premier rang desquels se trouve l'article D.188 du Code de procédure pénale qui confie à l'ensemble des personnels pénitentiaires la mission « d'assurer la mise à exécution des décisions judiciaires prononçant une peine privative de liberté ou ordonnant une incarcération provisoire et d'assurer la garde et l'entretien des personnes... » [402].

Cette mission de garde qui se caractérise par le fait de vivre de manière quotidienne auprès des détenus permet d'apprendre beaucoup de choses à leur sujet. Cela donne des indications sur leur personnalité et la façon selon laquelle ils vivent la détention.

Cette proximité quotidienne avec les détenus peut laisser penser que les surveillants ont une place de choix pour connaître l'individu délinquant dans sa singularité irréductible, dans sa personnalité singulière, avec son histoire ... Or, l'étude du regard qu'ils portent sur les détenus et l'analyse qu'ils en font permettent de mettre à jour l'influence de l'institution carcérale sur leur façon de se représenter et de participer au principe de personnalisation de la peine. Participer de manière concrète au principe de personnalisation consiste en effet en une connaissance toujours plus fine de la personne délinquante. Il s'agit de l'approcher pour l'apprécier dans ce qui constitue sa singularité irréductible. Personnaliser consiste donc à développer un savoir toujours plus précis sur le détenu.

402.Comme le fait observer Martine Herzog-Evans, on remarquera que le texte parle de garde et non de surveillance. Ceci est représentatif de l'esprit dans lequel est conçu le travail de surveillance : il s'agit avant tout d'une mission sécuritaire destinée à prévenir les troubles à l'ordre interne.

Cette nécessité de connaissances exhaustives personnelles sur le délinquant prend une forme particulière pour les surveillants puisqu'elle doit s'intégrer dans la mission de garde que l'institution leur attribue. C'est donc au travers du prisme de l'exigence sécuritaire, imposée par l'institution, que les surveillants vont être amenés à approcher et connaître le délinquant [403]. Ils sont donc amenés à penser et se représenter la personne délinquante en termes institutionnels ; c'est-à-dire que leurs rapports aux détenus sont gouvernés par les impératifs de sécurité qu'impose le système carcéral [404].

De manière concrète, la proximité qu'ils développent auprès des détenus prend des formes variées qui se caractérisent toutes par une surveillance de tous les instants sur le corps et le comportement de ceux-ci. L'environnement général de l'établissement dans lequel détenus et surveillants évoluent ensemble est emprunt de l'obligation de surveillance. L'architecture carcérale [405] correspond à cette exigence sécuritaire. « A l'extérieur, les miradors [406] et chemins de ronde donnent une vision d'ensemble des lieux et l'article D.268 impose d'assurer leur dégagement pour maintenir cette visibilité. À l'intérieur, les coursives et passerelles permettent aux surveillants opérant dans les étages supérieurs de regarder en dessous ou en face. De même, les établissements modernes ont de nombreux postes de

403.L'exigence sécuritaire est ici fondamentale. Elle permet également au représentant de l'administration pénitentiaire de donner un sens à leurs fonctions. Elle constitue pour eux le moyen de s'opposer et ainsi de se distinguer des détenus, précisément pour ne pas être confondu avec eux.

404.Sur ce point voir : Vesse, "Le personnel pénitentiaire et sa formation", Colloque centenaire de la Société Générale des Prisons, *Revue Pénitentiaire*, 1976, p. 767 ; Lale, " Le personnel pénitentiaire », *Revue Pénitentiaire*, 1981, p. 169 ; Leteneur, « Personnel pénitentiaire et prison », *Revue Pénitentiaire*, 1980, p. 271.

405.Sur ce point voir : J-D. Espinas, « Révolution pénitentiaire : les chemins de l'architecture », *Revue Déviance et Société*, 1989, p. 367 ; J. Bentham, *Panoptique, Mémoire sur un nouveau principe pour reconstruire des maisons d'inspection et notamment des maisons de force*, Imprimerie Nationale, 1791 ; M. Foucault, *Surveiller et Punir. Naissance de la prison*, Gallimard, Paris, 1975.

406.M. Herzoz-Evans, *La gestion du comportement du détenu. Essai de droit pénitentiaire*, L'Harmattan, Collection Logiques juridiques, 1998, p. 157-158.

surveillance électronique et caméras disposées dans des points de passage, dans les parloirs et c. ... » [407].

Cette visibilité qui caractérise la proximité et la visibilité entre détenus et surveillants est symbolisée par l'œilleton, moyen matériel qui permet de surveiller constamment leurs faits et gestes. Outre l'architecture, il existe un certain nombre de pratiques carcérales destinées à avoir en permanence une connaissance du détenu : ce sont les fouilles de locaux, les fouilles corporelles, le contrôle de ses correspondances écrites et téléphoniques... En fait la multiplication de ces exemples et leurs analyses montrent la façon selon laquelle les pratiques carcérales emportent une connaissance parfaite du comportement du détenu. Or, ce savoir comportemental doit être distingué du savoir portant sur la connaissance de la personne du détenu. Le premier est une construction qui trouve son fondement dans des exigences (extérieures) d'ordre institutionnel de type sécuritaire qui sont les mêmes pour tous les détenus. La deuxième répond, quant à elle, à des impératifs (intérieurs) d'ordre existentiel propre à chaque détenu.

2. - Généralisation comportementale du raisonnement sécuritaire

Il convient d'interroger ainsi le regard que portent les surveillants sur les détenus pour démontrer comment, figés par les exigences institutionnelles, ceux-ci sont amenés à développer un système qui va totalement à l'encontre de la personnalisation de la peine.

Les membres de l'administration pénitentiaire, aux premiers rangs desquels se trouvent les surveillants, se représentent le détenu en fonction des exigences inhérentes à l'institution carcérale : c'est-à-dire qu'ils portent sur lui un regard qui se limite aux seuls aspects comportementaux. Pour les surveillants, une application satisfaisante du principe de personnalisation de la peine se caractérise par un comportement de « détenu modèle ».

407.C. Chevalier, » Architecture carcérale », *Revue Déviance et Société*, 1989, p. 353 et suivantes.

Celui dont la détention ne pose aucun problème [408]. Or comme le souligne l'auteur, l'idéalisation de ce portrait présente des risques. « De tels détenus ne sont pas fréquents » (...). Cela revient en effet, à « définir un détenu arrivé en prison par hasard ou accident, dont l'identité véritable n'est pas celle de la marginalité délinquante. Or les détenus présentent rarement un tel profil. À ceci s'ajoute la difficulté constituée par la pertinence du profil familial idéal. Car outre sa rareté, même lorsque existe une telle famille, elle a été incompétente à prévenir le passage à l'acte délinquant. Aussi ne saurait-elle garantir l'absence de récidive » [409]. C'est la pertinence du mode de représentation des surveillants qui est ici à interroger. Ceux-ci prennent en effet comme référence ce qui il y a lieu d'appeler « le bon détenu » ; référence pour le moins utopique, puisque que le détenu idéal tel qu'il est représenté n'existe pas, sinon il ne serait par là. Le bon détenu est donc une construction intellectuelle pénitentiaire au terme de laquelle celui-ci est appréhendé au seul niveau comportemental.

Il est en effet, apprécié à travers une certaine caricature (un rôle qui lui est attribuée par l'institution carcérale) et qui se limite à une apparence. Concrètement le bon détenu n'est pas tant celui dont le comportement est irréprochable, mais celui qui a compris quel comportement il fallait adopter, au moins en apparence, pour être considéré comme irréprochable. La différence est ici fondamentale. Dans le second cas, qui est le plus fré-

---

408.Martine Herzog-Evans dans son ouvrage précité dresse le portrait de ce détenu socialement idéal. « Il est irréprochable disciplinairement. Il doit se remettre à niveau au plan scolaire ou professionnel et il doit travailler. Il vaut d'ailleurs mieux qu'il ait lui-même demandé à suivre ces activités et non pas s'y être résolu pour vaincre l'ennui, sur proposition de l'Administration. Il faut, de la même manière, qu'en dehors de ses heures de travail, il fasse du sport, qu'il emprunte des livres à la bibliothèque, qu'il lira le soir en cellule, au lieu d'allumer le téléviseur. Il n'a pas besoin de somnifères (...) et il ne réclame jamais de calmants. Ses activités sont si assidues qu'il n'a pas le temps d'avoir des contacts trop fréquents avec des détenus peu fréquentables (...) Il échangera une correspondance régulière avec sa famille. Les siens viendront le voir régulièrement (...) Il fera montre globalement d'un « sens des responsabilités » par exemple en sollicitant des informations sur la façon de s'acquitter de ses amendes ou d'indemniser la partie civile, voire en adressant à sa femme des mandats prélevés sur ses maigres gains », *op. cit.*, p. 142.

409.*Op. cit.*, p. 143-144.

quent, le bon détenu est celui qui a compris quel rôle il devait jouer sur la scène pénitentiaire. Il a intégré la façon selon laquelle il devait s'adapter aux normes carcérales imposées implicitement par l'institution.

Un tel contexte rend impossible toute personnalisation, qui est la compréhension du sujet délinquant dans son individualité propre, dans sa singularité irréductible. Au contraire on aboutit même au processus inverse au terme duquel c'est le délinquant qui doit comprendre et s'adapter à la généralité du système dans lequel il évolue.

§- II. - Une logique institutionnelle juridico-pénitentiaire de type restauratif

À côté du juge d'application des peines et du personnel de surveillance essentiellement chargés d'assurer la mission répressive et de l'exécution de la peine, il existe d'autres intervenants dont la fonction se veut plus restaurative.

Les deux principaux représentants de ce courant sont constitués par l'ensemble des travailleurs sociaux et thérapeutiques agissants auprès des détenus. Leur but est de permettre au délinquant de développer une approche différente de son acte dans une perspective de compréhension et de réinsertion.

A. - Les travailleurs sociaux : la personne historique

1. - Spécificité du raisonnement social

De création récente [410], les services pénitentiaires d'insertion et de probation (SPIP) sont venus se substituer aux comités de

---

410.Les services pénitentiaires d'insertion et de probation sont issus du décret n° 99- 276 du 13 avril 1999 et de l'arrêté du 7 juin 1999. Les dispositions de la loi Perben II du 9 mars 2004 modifie le rôle des services pénitentiaires d'insertion et de probation (SPIP): « vis à vis de ce JAP-Juridiction, le SPIP, dont l'avis sera requis lors du débat contradictoire prévu à l'article 712-6al3 du CPP aura à trouver un nouveau positionnement », P. Garreau, « Les SPIP et le volet application des peines de la loi du 9 mars 2004 : l'écueil de l'ambiguité-l'impératif de crédibilité », Actualité Juridique Pénal n°11/2004, p.397 et s.

probation et d'assistance aux libertés ainsi qu'aux services socio-éducatifs des établissements pénitentiaires. Autrefois composés d'assistantes sociales et d'éducateurs, l'ensemble de ces travailleurs sociaux sont désormais appelés conseillers d'insertion et de probation (CIP).

De manière générale, au terme de l'article D.460 du Code de procédure pénale « le service pénitentiaire d'insertion et de probation a pour mission de participer à la prévention des effets désocialisants de l'emprisonnement sur les détenus, de favoriser le maintien des liens sociaux et familiaux et de les aider à préparer leur réinsertion sociale. Il assure les liaisons avec les divers services sociaux, éducatifs, médico-sociaux et prend tous contacts qu'il juge nécessaire pour la réinsertion des détenus ».

L'article D.461 poursuit « le service pénitentiaire d'insertion et de probation est chargé de rechercher les moyens propres à favoriser l'individualisation de la situation pénale des détenus, notamment dans le cadre des orientations données par le juge d'application des peines ».

L'alinéa 2 précise à ce sujet que « chaque fois que la demande leur en est faite ou à leur initiative les travailleurs sociaux du service pénitentiaire d'insertion et de probation fournissent à l'autorité judiciaire et aux services de l'administration pénitentiaire les éléments permettant de mieux individualiser l'exécution de la mesure privative de liberté de chaque détenu » [411].

411.Il n'est fait état que des fonctions de comité d'insertion et de probation au niveau de la phase d'exécution de la peine. Elles ne se limitent pourtant pas à ce seul domaine. Le comité d'insertion et de probation peut en effet intervenir à la période présentencielle. L'article D. 574 du Code de procédure pénale alinéa 1 rappelle à ce titre que « le service pénitentiaire d'insertion et de probation concourt, sur saisine des autorités judiciaires, à la préparation des décisions de justice à caractère pénal ; il peut être chargé de l'exécution des enquêtes et des mesures préalables au jugement. En effet, il effectue les vérifications sur la situation matérielle, familiale et sociale des personnes faisant l'objet d'enquêtes ou de poursuites judiciaires afin de permettre une meilleure individualisation des mesures ou peines et de favoriser l'insertion des intéressés ».

L'alinéa 2 du même article précise que le comité d'insertion est probation intervient également en période post-sentencielle : « il assure le suivi et le contrôle des personnes placées sous contrôle judiciaire (...) il met en oeuvre les mesures de contrôle et veille au

La lecture des articles précités permet de voir que le comité d'insertion et de probation représente un acteur privilégié dans la phase d'exécution de la peine. Son rôle est en effet moins emprunt de répression comme c'est le cas pour le juge d'application des peines. De même, à l'inverse du surveillant il n'a pas en charge le respect de l'impératif sécuritaire imposé par l'institution. Le conseiller d'insertion et de probation peut donc donner l'impression d'évoluer et d'agir sur un terrain non répressif et non sécuritaire, laissant ainsi place à une relation de confiance entre lui-même et le détenu.

L'analyse de ses attributions permet toutefois d'en douter. Si les moyens dont il dispose pour participer à la personnalisation de la peine sont différents, il s'avère que la fin qu'il poursuit est finalement la même que celle du juge d'application des peines ou des surveillants. Il semble en effet que le conseiller d'insertion et de probation se retrouve également prisonnier des mêmes impératifs institutionnels.

2. - Spécificité apparente du raisonnement social

Les conseillers d'insertion et de probation, à raison de leur champ de compétences autre que répressif, représentent un intérêt pour mieux appréhender le délinquant dans sa trajectoire propre.

Pourtant, lorsqu'on interroge leur place et leur fonction au sein de l'institution carcérale, cet intérêt va décroissant. Certes, les modalités d'exercice des attributions du comité d'insertion et de probation s'exercent dans un cadre socio-familial et non pas pénal. À ce titre, il est ainsi amené à détenir un certain nombre d'informations. Comme le souligne Martine Herzog- Evans « si leurs relations avec les détenus sont a priori moins étroites et fréquentes que celles que peuvent avoir les surveillants, sur le plan strictement social, il est clair qu'ils possèdent généralement plus d'information que ces derniers » [412].

---

respect des obligations imposées aux condamnés à l'emprisonnement avec sursis et mise à l'épreuve ou à un travail d'intérêt général... ».

412.*Op. cit.*, p. 184.

Toutefois le conseiller d'insertion et de probation s'inscrit dans la même ligne d'action que les autres intervenants pénitentiaires. Il pense et agit en termes de conformité extérieure aux normes et participe à ce titre à l'entreprise de normalisation précitée. Son action ne répond pas à la volonté de normaliser du juge d'application des peines, ni à celle de conditionner du surveillant. Elle répond à une volonté de resocialiser, de réinsérer. Les modalités d'exercice de chacun de ses intervenants sont différents mais elles obéissent néanmoins toutes aux mêmes buts qui consistent à « transformer le délinquant pour le réhabiliter socialement et le rendre à nouveau apte a une vie sociale ».

« On veut transformer un individu, mais en le soumettant à des normes extérieures » [413]. Dans un tel contexte, la peine vise la conformité extérieure aux normes sociales. Elle devient alors un instrument à produire des individus simplement obéissants, dont on s'est appliqué à transformer les comportements. Ce faisant, le comité d'insertion et de probation obéit autant explicitement qu'implicitement à la logique institutionnelle. Explicitement parce qu'il est un membre à part entière de l'institution carcérale. L'appellation du service auquel il est rattaché le lui rappelle : il s'agit du service pénitentiaire d'insertion et de probation. Il est donc logique qu'à ce titre il soit amené à penser la peine de manière institutionnelle.

Ce qui est plus surprenant c'est qu'implicitement il se représente également le délinquant de manière institutionnelle c'est-à-dire comme un être modelable qui peut faire l'objet d'une sorte de conditionnement intérieur.

Dans ces conditions, il n'est pas étonnant que « les détenus les considèrent (...) comme des personnes qui cherchent surtout à les transformer et pour cela tentent des ingérences dans leur

413.A. Garapon, F. Gros, T. Pech *Et ce sera justice, punir en démocratie*, Odile Jacob, Paris, 2001, p. 93 spécialement l'article de F. Gros, « Les quatre foyers de sens de la peine », p. 17 et s.

vie privée et dans leur esprit (...) le tout, au service de l'administration dont ils sont, pensent-ils, les alliés objectifs »[414].

Le comité d'insertion et de probation aux prises avec la toute puissance de la pensée institutionnelle, se retrouve prisonnier d'une logique paradoxale qu'il alimente. Il a tout à fait saisi l'intérêt de s'adresser à la personne du délinquant sur un terrain autre que purement répressif. C'est en effet, en questionnant et s'adressant à sa personnalité singulière, à son intériorité qu'un changement peut s'opérer ; seulement il s'exécute sur le mode de la normalisation institutionnelle avec toute l'extériorité et la directivité voire l'intrusitivité qui la caractérise. Aussi, il n'est pas étonnant qu'une telle injonction paradoxale suscite le rejet du détenu.

En conséquence, le conseiller d'insertion et de probation n'est pas en mesure de s'adresser à la personne détenue dans son intériorité, d'apprécier celle-ci dans l'épaisseur de son existence concrète. Il reste au niveau de l'apparence, de ce que la personne du détenu donne à voir.

B. - Les thérapeutes : la personne pénale

L'appellation thérapeute doit ici être prise dans une acception large. Il s'agit en l'espèce de l'ensemble des personnels qualifiés qui s'adresse et travaille de manière générale à la subjectivité de la personne délinquante. Ce groupe de thérapeutes comprend donc à la fois des psychiatres, des psychothérapeutes,

---

414.Cette qualité « d'agent de l'administration » perçue par les détenus n'est totalement pas dépourvue de sens comme l'illustre la notion de secret susceptible de plusieurs utilisations selon les contextes. En effet, l'article D. 162 prévoit, en ce qui concerne le dossier individuel de chaque détenu condamné à une longue peine, l'obligation pour le comité d'insertion et de probation à ce que « les éléments ou documents recueillis [par eux soient] couverts par le secret professionnel et [qu'ils ne] peuvent être consulté que par le service socio-éducatif ».

Or dans le même temps les dispositions de l'article D. 462 prévoit [au contraire] que « chaque fois que la demande leur en est faite ou à leur initiative, *ils fournissent* à l'autorité judiciaire ou à l'administration pénitentiaire les éléments permettant de mieux individualiser la situation pénale des détenus ». Pas étonnant comme le souligne Martine Herzog Evans que pour les détenus cela peut apparaître « comme la preuve de l'alliance objective avec les autorités, déjà présumée du fait du lien d'emploi, donc de subordination avec l'administration », *op. cit.*, p. 185.

mais également des « psychologues projet d'exécution de peine ».

Ces spécialistes qui obéissent à une logique qui leur est propre, accèdent à une certaine compréhension psychologique du sujet détenu. En ce sens, ils sont ceux qui approchent au plus près de la personne pénale[415]. Toutefois, comme tout agent institutionnel, entendu comme personne agissant à l'intérieur d'une institution, ils se retrouvent confrontés à un véritable dilemme quant à l'utilisation de leur savoir sur le délinquant.

1. - Exclusivité d'un raisonnement psychique

Dans l'exercice de ses fonctions, le thérapeute est amené à réfléchir et agir en termes non répressifs. Il se situe en dehors de toute moralisation, répression ou jugement de valeur réprobateur. La spécificité de ses fonctions l'oblige à faire preuve d'empathie à l'égard des détenus. Pour lui la tâche ne consiste pas à répondre à l'exactitude des faits mais de tenter d'approcher la position subjective de la personne délinquante. Le thérapeute se situe du coté de la vérité du sujet. Ce faisant, le spécialiste développe un autre regard sur la pénalité. Il a donc une manière spécifique de penser la pénalité. Le passage à l'acte est à rattacher à la compréhension psychologique du sujet qui est faite par le thérapeute. L'infraction vient toujours prendre place à l'intérieur de l'irréductibilité d'une histoire propre.

La représentation qu'il se fait de la peine est donc particulière. Il ne pense pas en termes de normalisation comme le juge d'application des peines, le surveillant ou même le conseiller d'insertion et de probation. La peine n'est pas pour le thérapeute une exigence de conformité à des normes extérieures qui s'imposent à l'individu. Pour lui, la peine doit être un outil permettant de venir interroger les motifs de l'acte délinquant, ses sources psychologiques. Elle est toujours à rattacher à l'histoire du sujet.

415.Sur ce point V. *supra*, p. 175.

La différence de point de vue est fondamentale. Dans cette perspective, il ne s'agit pas pour le détenu de s'approprier sa peine ; ce qui serait absurde car cela reviendrait à lui demander d'approuver et de s'engager et participer à un processus pénal qui par essence est douloureux. Il s'agit pour le détenu de se réapproprier son histoire pour y intégrer l'acte et donc comprendre sa peine [416]. Ainsi ce n'est pas une transformation de l'individu comme tel qui a lieu mais une transformation de la relation sociale de l'individu, ce qui est tout à fait différent.

Pour le thérapeute, la peine n'a pas à restaurer un rapport à l'autre mais d'abord un rapport à soi car c'est d'abord une dimension intérieure que vient remettre en cause le crime. La peine doit donc viser l'inclination intérieure. La réalité est exclusivement psychique, elle n'est pas matérielle.

Dans un tel contexte, la peine doit permettre de produire dans l'histoire du sujet une césure, une véritable mutation qui le rende comme étranger à lui-même pour (idéalement) le faire renaître. Il s'agit ici d'une conception toute platonicienne de la peine [417] au terme de laquelle il ne s'agit pas de conditionner, ni de moraliser ou socialiser l'individu, mais bien de l'instruire. Comme le souligne Frédéric Gros « la peine s'entend alors comme l'éducation de l'âme, psychopédagogie active. Le système platonicien s'épanouit dans une psychologie individuelle. Punir pour Platon c'est restaurer une harmonie de l'âme, c'est réintroduire une justice. Punir c'est éduquer. Le sens de la peine se voit entièrement ordonné à l'individu. Le sujet de la peine est

---

416.La peine est ici seconde. L'essentiel consiste à aider le sujet à donner un sens existentiel à sa trajectoire historique dans laquelle l'infraction à pris corps. Ce n'est que dans un second temps que la peine peut prendre sens et se rattacher à un travail de peine.

Voir également : M-D. Barré et P.Tournier, « La mesure du temps carcéral, observation suivie d'une cohorte d'entrants »,1988, *Déviance et contrôle social*, n°48, Paris, C.E.S.D.I.P ; B. Brahmy et G. Lemire, « L'accompagnement, le soin, l'éducation », in Sens de la peine et droits de l'homme, *Actes du colloque international inaugural de l'E.N.A.P à Agen des 8, 9 et 10 novembre 2000*, p. 195-227 ; J. Faget, *Justice et travail social, le rhizome pénal*, Erès, Toulouse, 1992 ; J. Selosse, « Mise en perspective des interventions et théorisations psychologiques dans le champ judiciaire et pénal », in *Cahiers de cliniques psychologiques*, 16,5-19.

417.*La République*, Livres I de 334 a à 335 e. *Les Lois*, livre IX in oeuvres complètes XII-2, 853b, trad A. Diès, Paris, les Belles Lettres, 1956, p. 98.

donc bien ici le sujet psychologique (...) La psychologie entend faire autre chose que de transformer des comportements. Elle veut révéler des identités. Il ne s'agit pas de transformer le fond d'un être ou de menacer sa liberté d'être soi, mais au contraire de l'aider à devenir lui-même. On ne travaille pas sur le sujet de la peine, mais avec et pour lui-même. Ainsi s'ouvre un nouvel espace de la peine : un espace psychopédagogique où l'individu est incité à se trouver, se retrouver » [418].

2. - Contradiction d'un raisonnement psychique

Le thérapeute a ainsi accès, dans une certaine mesure à la personne pénale en ce qu'il approche le délinquant dans son individualité propre. Il accède à une connaissance approfondie de la position subjective du sujet. La réalité psychique du délinquant vient éclairer d'un jour nouveau la réalité matérielle des faits.

Cette connaissance spécifique représente pour l'institution carcérale un moyen supplémentaire d'une grande utilité pour poursuivre son entreprise de personnalisation de la peine. Ce savoir thérapeutique constitue théoriquement en effet un outil privilégié permettant une determination de la peine toujours plus adaptée aux spécificités de l'agent délinquant.

Toutefois, la mise en œuvre concrète de ce principe de personnalisation s'avère plus nuancée. L'utilisation que l'institution compte faire de ce savoir demeure l'entreprise de normalisation précitée. Plus précisément le sens que l'institution donne au principe de personnalisation reste identique.

Le thérapeute par son mode de penser, différent de celui de l'institution, est en mesure de se rendre compte de leurs deux visions divergentes de conception de la personnalisation. Il parvient à identifier que la même appellation ne renferme pas le

418.A. Garapon, F. Gros, T.Pech *Et ce sera justice, punir en démocratie,* Odile Jacob, Paris 2001 et spécialement l'article de F. Gros, « Les quatre foyers de sens de la peine », p. 94 et 96.

même sens pour chacun d'eux. Pour le thérapeute, la personnalisation est une réalité psychique singulière tout à fait unique pour chaque délinquant. Pour l'institution elle représente le moyen de transformer un individu pour le normaliser c'est-à-dire le rendre identique à l'ensemble des citoyens.

Face à cette divergence de conception, le thérapeute se retrouve face à un dilemme : ou il décide de partager avec l'institution son savoir sur la réalité psychique du détenu et il prend alors le risque d'instrumentaliser celui-ci qui devient l'objet d'un processus général de normalisation [419]., ou bien il décide de ne pas partager ce savoir, auquel cas il prend le risque de ne pas faire connaître véritablement la réalité subjective profonde du délinquant. Il porte ainsi atteinte fondamentale à la mise en œuvre du principe de personnalisation. Le dilemme est donc conséquent pour le thérapeute qui se retrouve lui aussi prisonnier des exigences de l'institution. Au même titre que les autres intervenants institutionnels, il se retrouve prisonnier d'une dynamique supérieure qui s'impose à lui et dont le résultat se caractérise par une personnalisation qui n'est pas pleine et entière.

419.Pour se protéger contre cette emprise institutionnelle le thérapeute est ainsi amené à s'affirmer par son éthique.

Sur ce point voir : A. Badiou, *Essai sur la conscience du Mal*, Collection Optiques Philosophiques, Hatier, 1998 ; H-L. Caillard, « L'éthique et expertise », *Journal des Psychologues n°181*, octobre 2000, dans cet article l'auteur évoque les risques d'une « réduction du sujet, d'une instrumentalisation, d'une intrusion et dépossession et plus largement de l'utilisation de la psychologie dans « l'intrumentalisation » pénale ».

Bibliographie

ALEXANDER F., STAUB H., *Le criminel et ses juges*, Paris, Gallimard, 1934.

ALFANDARI E., *L'insertion*, Paris, PUF, 1990.

ALLENDY R., *La justice intérieure*, Editions du Piranha, 1980.

ANCEL M., *La défense sociale nouvelle*, Paris, Cujas, 1981.

ANQUETIL M., BUFFARD S., CASTAN Y., PONCELA P., RAINGEARD DE LA BLETIERE L-M., ROBERT P., *La peine, quel avenir?* Approche pluridisciplaire de la peine judiciaire, Ed. CERF, 1983.

ARDOINO J., L'analyse multiréférentielle des situations sociales *in Psychologie clinique*, n° 3, Paris, Klincksieck, 1990.

ARENDT H., *Juger, Sur la philosophie politique de Kant*, Paris, Seuil, 1991.

ARNAUD A-J., *Essai d'analyse structurale du Code civil français, La règle du jeu dans la paix bourgeoise*, LGDJ, 1973.

ATIAS C., Quelle procédure pénale pour quel droit?, Ed. *R.I.D.P, 1997*, n° 1&2.

ATIAS C., *Epistémologie du droit*, Paris, PUF, 1994, Que sais-je?, n° 2840.

AUBERT J-L., *Introduction au droit et thèmes fondamentaux du droit civil*, Paris, Dalloz, 2002, Armand Colin.

BALIER C., *Psychanalyse des comportements violents*, 1993, Coll. Le fil rouge.

BARUS-MICHEL J., *Le sujet social. Etude de psychologie sociale clinique*, Ed. Dunod, 1987.

BASAGLIA F., *L'institution en négation*, Paris, Ed. Seuil, 1970.

BECCARIA C., *Des délits et des peines*, Ed. Flammarion, Réed1991.

BECKER H-S., *Outsiders*, Ed. A. Metailié, 1985.

BENTHAM J., *Panoptique*, Mémoire sur un nouveau principe pour reconstruire des maisons d'inspection et notamment des maisons de force, Imprimerie Nationale, 1791.

BERGERET J., *Psychologie pathologique théorique et clinique*, 8ème édition, Masson, 2000.

BERNARD A. ET CARIO R., *Les politiques publiques interministérielles d'aide aux victimes*, L'Harmattan, 2001, Coll Traité de sciences criminelles.

BERTONE A., MÉLEN M., PY J., SOMAT A., *Témoins sous influences. Recherche de psychologie sociale et cognitive*, Presse Universitaire de Grenoble, 1995.

BILGER P., *Un avocat général s'est échappé*, Ed. Seuil, 2003.

BONNET G., *Le remords. Psychanalyse d'un meurtrier*, PUF, 2000, Collection Psychanalyses.

BOULOC B., *Pénologie, exécution des sanctions adultes et mineurs*, 2ème édition, Ed. Précis Dalloz, 1998.

BOURE R., *La crise de l'institution judiciaire*, Paris, Ed. Christian Bourgeois, 1977.

BUFFARD S., *Le froid pénitentiaire*, Ed. Seuil, 1973.

CAMUS A., *L'étranger*, Gallimard, 1942.

CARBASSE J-M., *Introduction historique au droit pénal*, PUF,1990, Coll. Droit fondamental.

CARBONNIER J., *Flexible Droit, Pour une sociologie du droit sans rigueur*, Paris, LGDJ, 2001.

CARBONNIER J., *Sociologie juridique*, Paris, PUF, 1978.

CARIO R., SALAS D., *Œuvre de justice et victime*, L'Harmattan, 2001, Coll Sciences Criminelles.

CARIO R., *De l'effraction du lien subjectif à la restauration sociale*, 2e édition 2001, L'Harmattan, Coll. Traité de sciences criminelles.

CARIO R., *Victimologie, Les textes essentiels*, Ed. L'Harmattan, 2001, t. 1 Coll Sciences Criminelles.

CARIO R., *Victimologie, Les textes essentiels*, Ed. L'Harmattan, 2001, t. 2. Coll Sciences Criminelles.

CARIO R., *Pour une approche globale et intégrée du phénomène criminel.* Introduction aux Sciences Criminelles, Ed. L'Harmattan, 4ème édition 2003.

CARIO R., *Jeunes délinquants à la recherche de la socialisation perdue*, Ed. L'Harmattan, 1999, Coll Sciences Criminelles..

CHANOIT P-F., *La psychothérapie institutionnelle*, PUF, 1995, Coll. Que sais-je?.

CHAPPUIS R., *Psychologie des relations humaines*, PUF, 1986, Coll. Que sais-je?.

CHASSAN M., *Essai sur la symbolique du droit*, Paris, Videcoq, 1847.

CHERKI-NICKLES C., DUBEC M., Crimes et sentiments, Ed. Seuil, 1992.

CLAVREUL J., *Le Désir et la Loi, Approches psychanalytiques*, Paris, Denoël, 1987.

COMMAILLE J., *L'esprit sociologique des lois. Essai de sociologie politique du droit*, Paris, PUF, 1994, Coll. Droit Ethique Société.

COMTE P., MAISTRE DU CHAMBON P., *Droit Pénal Général,* Paris, Ed. Armand Colin, 2002.

COMTE P., MAISTRE DU CHAMBON P., *Procédure Pénale*, Paris, Ed. Armand Colin, 1998.

CORNU G., *Linguistique Juridique,* Domat, Montchrétien, 1990, Collection Droit Privé.

CORNU G., *Dictionnaire de vocabulaire juridique*, PUF, 1998.

CUSSON M., *Criminologie actuelle*, PUF, 1998, Coll. Sociologies.

DAMIANI C., *Les victimes : violences publiques, crimes privés*, Paris, Ed. Bayard, 1997.

DE SAUSSURE F., *Cours de linguistique générale*, Payot, 1972.

DEBUYST C., DIGNEFFE F., PIRES A-P., *Histoire des savoirs sur le crime et la peine*, De Boeck Université, Presse Universitaire de Montréal, 1995, tome 1 : Des savoirs diffus à la notion de criminel-né.

DEBUYST C., DIGNEFFE F., PIRES A.P., Histoire *des savoirs sur le crime et la peine*, De Boeck Université, Presse Universitaire de Montréal, 1995, tome 2 : La rationalité pénale et la naissance de la criminologie.

DELMAS-MARTY M., *Modèles et mouvements de politique criminelle*, Paris, Economica, 1983.

DELMAS-MARTY M., *Les grands systèmes de politique criminelle*, Thémis, PUF, 1992.

DESPORTES F., LE GUHENEC F., *Le nouveau droit pénal*, Droit pénal général, Ed. Economica, 2000, t. 2.

DILTHEY W., *Introduction à l'étude des sciences humaines*, ed 1883, traduction française PUF, 1942.

DUBOUCHET P., *Sémiotique juridique*, Paris, PUF, 1990, Coll. Les voies du droit.

DURKHEIM E., *Les règles de la méthode sociologique*, 13ème édition, 1956.

DURKHEIM E., *Le suicide*, Paris, 1897.

ENGUÉLÉGUÉLÉ S., *Les politiques pénales* (1958-1995), L'Harmattan, 1998, Coll. Logiques Politiques.

FAGET J., *Justice et travail social. Le rhizome pénal*, Ed.Eres, 1992, Coll.Trajets.

FAGLIN J., *Le Juge de l'application des peines et la réinsertion : des traitements en milieux ouvert et fermé : la réinsertion des délinquants*, Presse Universitaire d'Aix, 1996.

FAUGERON C., CHAUVENET A., COMBESSIE P., *Approches de la prison*, De Boeck Université, Presse Universitaire de Montréal, 1996.

FAVARD J., *Le labyrinthe pénitentiaire*, Ed. Le Centurion, 1981.

FAVARD J., *Les prisons*, 1994, Collection Dominos.

FISCHER G.N., *Les concepts fondamentaux de la psychologie sociale*, Ed. Dunod, 1987.

FOUCAULT M., *Surveiller et punir, Naissance de la prison*, Paris, Gallimard, 1975.

FOUCAULT M., *Moi Pierre Rivière ayant égorgé ma mère ma sœur et mon frère.* Un cas de parricide au XIXe siècle présenté par Michel Foucault, Ed. Folio Histoire, 1994.

FOUCAULT M., *Les mots et les choses, Une archéologie des sciences humaines*, Paris, Gallimard, 1966.

FREUD S., *Totem et tabou*, Ed. Payot, 1965.

FUSTIER P., *Le travail d'équipe en institution. Clinique de l'institution médico-sociale et psychiatrique*, Paris, Dunod, 1999.

GARAPON A., GROS F., PECH T. *Et ce sera justice, Punir en démocratie*, Odile Jacob, 2001.

GARAPON A., *Bien juger, Essai sur le rituel judiciaire,* Paris, Odile Jacob, 1997, Collection Opus.

GARAPON A., SALAS D., *La justice et le mal*, Paris, Ed. Odile Jacob, 1997, Collection Opus.

GASSIN R., *Criminologie*, 3ème édition, Ed. Précis Dalloz, 1994.

GAUCHET M., *La démocratie contre elle même*, Gallimard, 2002.

GIRARD R., Le Bouc émissaire, Paris, Ed. Grasset, 1982.

GOFFMAN E., *Asiles. Etudes sur la condition sociale des malades mentaux*, Paris, Ed. Minuit, 1990.

GOLBERT J., *Le sujet, la loi, la petite délinquance, approche juridique et psychanalytique*, Ed. Eres, 1988.

GOYARD-FABRE S., *Essai de critique phénoménologique du droit*, Klincksieck, Paris, 1972.

GRAMATICA F., *Principes de Défense Sociale*, Ed. Cujas, 1963.

GRUEL L., *Pardons et Châtiments, Essai et Recherches*, Paris, Nathan, 1991.

HENNION C., LEMOINE Y., *Juges et procureurs. Histoire d'une perversion*, Paris, recherches, 1980.

HERPIN N., *L'application de la loi, deux poids deux mesures*, Seuil.

HERZOG-EVANS M., *Droit de l'application des peines*, Ed.Dalloz, 2002, Collection Dalloz référence.

HERZOG-EVANS M., *La gestion du comportement du détenu, Essai de droit pénitentiaire,* L'Harmattan, 1998, Collection Logiques Juridiques.

IMBERT J., LEVASSEUR G., *Le pouvoir, les juges et les bourreaux*, Paris, Ed. Hachette, 1972.

JULLIEN F., *Du « temps ». Elément d'une philosophie du vivre*, Ed. Grasset, 2001.

KAËS R., *L'institution et les institutions. Etudes psychanalytiques*, Paris, Dunod, 1988.

KAËS R., *Souffrance et psychopathologie des liens institutionnels. Éléments de la pratique psychanalytique en institution*, Paris, Dunod, 1996.

KALINOWSKI G., *Introduction à la logique juridique. Éléments de sémiotique juridique, logique des normes et logique juridique*, Paris, LGDJ, 1965.

KELLENS K., *Précis de pénologie et de droit des sanctions*, Fac Droit Liège, 1991.

KOJEVE A., *Esquisse d'une phénoménologie du droit*, Paris, Gallimard, 1982.

LABADIE J-M., *Approche épistémologique de quelques discours sur le criminel, Les mots du crime,* De Boeck Université, Presse Universitaire de Montréal, 1995.

LAGACHE D., *Le psychologue et le criminel*, Œuvres II : 1947-1952, Paris, PUF, 1979.

LAMEYRE X., *Les violences sexuelles*, Milan, 2001, Les essentiels.

LAMEYRE X., *La criminalité sexuelle*, Flammarion, 2003, Collection Dominos.

LAMEYRE X. et LAVIELLE B., *Le guide des peines. Prononcé. Application,* Guides Dalloz, 2002.

LARGUIER J., *Criminologie et science pénitentiaire*, Ed. Dalloz, 1999, Mémento.

LAURAU R., ARDOINO J., *Les pédagogies institutionnelles*, PUF, 1994, Coll. pédagogues et pédagogies.

LAZERGES C., *La politique criminelle*, Paris, PUF, 1987, Collection Que-sais-je ?.

LAZERGES C., ouvrage collectif sous la direction de, *Réflexions sur le nouveau code pénal,* Pédone, 1995.

LE CAISNE L., *Prison. Une ethnologue en centrale*, Ed. Odile Jacob, 2000.

LE MONDE M., « *Le rôle des médias* », Procédures Pénales d'Europe sous la direction de M. Delmas-Marty, Paris, PUF, 1995.

LEAUTE J., *Les prisons*, PUF, 1990, Coll. Que sais-je?.

LECLERC H., THOLLEYRE J-M, *Les médias et la justice*, Paris, CFPJ, 1996.

LEGENDRE P., *Le crime du caporal Lortie, Traité sur le père*, Paris, Fayard, 1989.

LEVASSEUR G., *Le pouvoir, les juges et les bourreaux*, Hachette, 1972.

LEVASSEUR G., CHAVANNE A., MONTREUIL J., BOULOC B., MATSOPOULOU H., *Droit pénal général et procédure pénale*, Sirey, 2002.

LEYENS J-P., *Sommes nous tous psychologues?*, Mardaga, 1986.

LOFTUS E-F., KETCHMAN K., *Le syndrome des faux souvenirs et le mythe des souvenirs refoulés,* Paris, Ed. Exergue, 1997.

LOURAN R., ARDOINO J., *Les pédagogies institutionnelles*, PUF, 1994, Collection pédagogues et pédagogies.

MACCORMICK N., *Raisonnement juridique et théorie du droit,* Paris, PUF, 1996, Coll. Les voies du droit.

MAILLET L., *Psychologie des organisations*, Ottawa, Ed.Agence d'Arc Inc, 1988.

MARTUCCELLI D., *Grammaires de l'individu*, Gallimard, 2002, Folio essais inédit.

MAZEROL M-T., *Evolution et devenir du criminel*, Ed. Le Centurion, 1977.

MAZEROL M-T., *Le juge des enfants : Fonction et personne, approche clinique*, Centre de Recherche Interdisciplinaire de Vaucresson, 1986.

MERLE R., *La pénitence et la peine*, Ed. Cujas, Coll. Ethique et Société, 1985.

MERLE R., VITU A., *Traité de droit criminel*, 7ème édition, Ed. Cujas, 1997, t. 1.

MOUNIER E., *Le personnalisme*, PUF, 1995, Coll. Que sais-je?.

MUCCHIELLI R., *Introduction à la psychologie structurale*, Psychologie et Sciences Humaines, Dessart, Bruxelles, 1966.

MUCCHIELLI R., *Analyse existentielle et psychothérapie phénoméno-structurale*, Bruxelles, Dessart, 1967.

NEGRIER-DORMONT L., TZITZIS S., *Criminologie de l'acte et philosophie pénale* (De l'ontologie criminelle des Anciens à la victimologie appliquée des Modernes), Paris, Ed. Litec, 2000, Manuels Jurisclasseur.

OPPETIT B., *Philosophie du droit*, Ed. Précis Dalloz, 1999.

OTTENHOF R., FAVARD A-M, *Nouvelles approches de criminologie clinique*, Ed. Eres, 1991.

PANSIER F-J., *La peine et le droit*, PUF, 1994, Coll. Que sais-je?.

PECHILLON E., *Sécurité et droit du service pénitentiaire*, LGDJ, 1999.

PERELMAN CH., *Méthodes du droit, Logique juridique Nouvelle rhétorique*, Dalloz, 1979.

PINATEL J., *Criminologie*, Ed Spes, 1ere édition 1960 et 3ème édition 1979.

PINATEL J., *Traité de droit pénal et de criminologie*, t.III, Criminologie, 1ere édition 1963 et 3ème édition,1975.

PONCELA P., *Droit de la peine*, PUF, 2001, Coll. Thémis Droit Privé.

PRADEL J., *La condition juridique du détenu*, Ed.Cujas, 1994.

PRADEL J., *Droit pénal général*, Ed. Cujas, 2000.

PRADEL J., *Procédure Pénale*, Ed. Cujas, 1997.

PRAIRAT E., *La sanction. Petites méditations à l'usage des éducateurs*, Ed. L'Harmattan, 1997, Coll. Forum de l'IFRAS.

Projet de Nouveau Code Pénal, Paris, Dalloz, 1988.

REICK T., *Le besoin d'avouer, psychanalyse du crime et du châtiment*, Paris, Ed. Payot, 1973.

REUCHLIN M., *Psychologie*, PUF, 1988.

REYNAUD A., *Les droits de l'homme dans les prisons*, Les éditions de Conseil de l'Europe, 1986.

RICOEUR P., *Le juste*, Paris, Ed. Esprit, 1995.

ROBELIN J., *La petite fabrique du droit*, Paris, Ed. Edition Kimé, 1994, Coll. Philosophie Épistémologie.

ROBERT H., *L'Avocat*, Paris, Hachette, 1923.

ROBERT J., *La télévision à l'audience* ?, Paris, Dalloz, 1986.

ROBERT P., *Les politiques de prévention de la délinquance à l'aune de la recherche*, Ed. L'Harmattan, 1991, Coll. Logiques juridiques.

ROSENCZVEIG J-P., VERDIER P., *Le secret professionnel en travail social,* Ed. Dunod, 1996, Ed. Jeunesse et droit, Coll. Cent questions sur.

ROSTAING C., *La relation carcérale. Identités et rapports sociaux dans les prisons de femmes*, PUF, 1997.

SALAS D., *Du procès pénal. Eléments pour une théorie inter-dicisplinaire du procès*, Paris, PUF, 1991, Coll. Les voies du droit.

SALAS D., *Justice et psychiatrie*, ouvrage collectif. Normes, responsabilité, éthique, sous la dir. de D. Salas et C. Louzoum, Ed. Eres, 1998.

SALEILLES R., *L'individualisation de la peine*, Paris, Alcan, 1898.

SELOSSE J., VILLERBU L-M., *Adolescence, violences et déviances*, Ed. Matrice ARCP, 1997.

SOULEZ-LARIVIÈRE D., *Du cirque médiatico-judiciaire et des manières d'en sortir*, Paris, Seuil, 1993.

SOURIOUX J-L, LERAT P., *Le langage du droit*, 1ère édition, PUF, 1975, Collection SUP.

STEFANI G.,LEVASSEUR G., BOULOC B., *Procédure Pénale*, Ed. Précis Dalloz, 2000.

STÉPHANI G., LEVASSEUR G., BOULOC B., *Droit Pénal Général*, 17ème édition, Précis Dalloz, 2000.

SYR J-H., *Punir et réhabiliter*, Ed. Economica, 1990.

SZABO D., LEBLANC M. (Dir.), *Traité de criminologie empirique*, 2ème Ed, PU Montréal, 1994.

TIMSIT G., *Les figures du jugement*, Paris, PUF, 1993, Coll. Les voies du droit.

TRUCHE P., *Juger, être jugé, le magistrat face aux autres et à lui-même*, Ed. Fayard, 2001.

TULKENS F., Acteur social et délinquance. Une grille de lecture du système de justice pénale, Bruxelles, Ed.Mardaga, 1990, Hommage à C. Debuyst.

TYRODE Y., ALBERNHE T., Psychiatrie légale, sociale, expertale, hospitalière, Ed. Ellipses, 1995.

VAILLANT M., La réparation, de la délinquance à la découverte de la responsabilité, Ed. Gallimard, 1999, Coll. Sur le Champ.

VALLERAND R-J., Les fondements de la psychologie sociale, Ed. Gaétan Morin, 1994.

VAN KALMTHOUT A-M., DERKS J.T.M., Probation and Probation Services, a european perspective, 2000.

VASSEUR V., Médecin-chef à la prison de la Santé, Ed. Le Cherche Midi, 2000.

VIAUX J-L., VILLERBU L-M. ethique et pratique psychologique dans l'expertise, Coll. Psycho-Logiques, Ed. L'Harmattan, 1998.

VIAUX J-L., VILLERBU L-M., Expertise psychologique, psychopathologie et méthodologie, Coll. Psycho-Logiques, Ed. L'Harmattan, 1999.

VILLERBU L-M., ouvrage collectif sous la direction de, Dangerosité et vulnérabilité en psychocriminologie, l'Harmattan, 2003.

VILLEY M., Philosophie du droit, tome 1er, deuxième édition, 1978.

VILLEY M., Philosophie du droit. Définitions et fins du droit. Les moyens du droit, Paris, Ed. Dalloz, 2001.

VILLEY M., Leçons d'histoire de la philosophie du droit, Ed. Dalloz, 1962.

ZENATI F., Le procès, lieu social, Paris Sirey, LGDJ, 1995, Archives de Philosophie du Droit.

ZIWIE W-F., Droits des détenus et droits de défense, Petite collection Maspéro, 1979.

Index Alphabéthique

R

Table des matières

chevé d'imprimer sur rotative numérique par Book It !
ıns les ateliers de l'Imprimerie Nouvelle Firmin Didot
e Mesnil-sur-l'Estrée

° d'impression : 76276
épôt légal : Novembre 2005

nprimé en France

559484 - Mars 2014
Achevé d'imprimer par

1livre.com
du rêve à la réalité !

www.ingramcontent.com/pod-product-compliance
Lightning Source LLC
LaVergne TN
LVHW050644051026
849532LV00002B/517